A NOSSA SEGUNDA GUERRA

Os brasileiros em combate, 1942-1945

Proibida a reprodução total ou parcial em qualquer mídia
sem a autorização escrita da editora.
Os infratores estão sujeitos às penas da lei.

Os autores são responsáveis pelo conteúdo dos livros de sua autoria,
incluindo fatos narrados e juízos emitidos.

Consulte nosso catálogo completo e últimos lançamentos em **www.editoracontexto.com.br**.

Ricardo Bonalume Neto

A NOSSA SEGUNDA GUERRA

Os brasileiros em combate, 1942-1945

Posfácio de Leão Serva

Copyright © 2021 Anita Galvão

Todos os direitos desta edição reservados à
Editora Contexto (Editora Pinsky Ltda.)

Montagem de capa e diagramação
Gustavo S. Vilas Boas

Preparação de textos
Lilian Aquino

Revisão
Ana Paula Luccisano

Dados Internacionais de Catalogação na Publicação (CIP)

Bonalume Neto, Ricardo
A nossa Segunda Guerra : os brasileiros em combate
1942-1945 / Ricardo Bonalume Neto. – 2. ed., 1ª reimpressão. –
São Paulo : Contexto, 2025.
256 p.

Bibliografia
ISBN 978-65-5541-069-3

1. Guerra Mundial, 1939-1945 – Histórias dos
regimentos – Brasil 2. Brasil – Exército – Força
Expedicionária Brasileira – História I. Título

21-1134   CDD 940.541281

Angélica Ilacqua CRB-8/7057

Índice para catálogo sistemático:
1. Guerra Mundial, 1939-1945 – Brasil – História

2025

EDITORA CONTEXTO
Diretor editorial: *Jaime Pinsky*

Rua Dr. José Elias, 520 – Alto da Lapa
05083-030 – São Paulo – SP
PABX: (11) 3832 5838
contato@editoracontexto.com.br
www.editoracontexto.com.br

Sumário

Apresentação à nova edição • 7

Uma introdução necessária, 50 anos depois • 9

Neutro, mas não muito • 33

Massacre no mar do Nordeste • 49

A improvisada guerra da Marinha • 63

Uma Força Aérea nasce com a guerra • 97

A cobra aprende a fumar • 133

Um revés em Sommocolonia • 163

Um monte chamado Castelo • 189

Montese e a ofensiva final • 221

Um repórter múltiplo • 243

Bibliografia • 251

Apresentação
à nova edição

A importância da participação do Brasil na II Guerra Mundial não pode ser avaliada apenas a partir de parâmetros quantitativos tão a gosto de cronistas de assuntos bélicos. É fundamental considerar que o país não tem um histórico de participação em conflitos. Pelo contrário, considerando nossa extensão territorial, população, importância estratégica, o número de vizinhos, e mesmo o histórico de intervenção militar para resolver conflitos internos, nossa presença em guerras além-fronteiras é bastante rara. Assim, a primeira coisa a considerar são os motivos que levaram o Brasil a entrar no conflito que teve seu epicentro na Europa e no Extremo Oriente. Mormente, considerando que, por convicções pessoais e influência de alguns seguidores, Getúlio Vargas estava mais propenso a ficar do lado do Eixo e não dos países democráticos...

Importantes autores indicam o fortalecimento do sentimento democrático em nosso país, ao longo da guerra (1939-1945) como um fator relevante para a queda do regime getulista e a realização de eleições democráticas. Ou seja, a decisão de Vargas, pressionado pela opinião pública, de participar do conflito contra os nazifascistas acabou se constituindo em fator decisivo (embora não único) para a queda de Vargas. Contradição? Apenas ironia?

O livro de Bonalume, que a Editora Contexto tem a satisfação de trazer para o público leitor, é considerado a melhor narrativa sobre a participação do Brasil na guerra. Não é um simples balanço de armas envolvidas, nem uma obra destinada a mostrar a falta de experiência de nossos soldados (isso é óbvio), ou ainda um diário expandido. Não apela para o sentimentalismo, mas fornece elementos para chegarmos sozinhos a nos sentir ao lado de nossos pracinhas, tanto nos momentos de coragem, quanto nos de medo.

Nesta nova edição da obra de Bonalume, acrescida de belo posfácio do jornalista Leão Serva, a Contexto realizou importante trabalho de conferência de informações, assim como de seleção de imagens. Temos a convicção de estar entregando ao público uma obra relevante, que resistiu bravamente ao tempo, por conta de sua qualidade. De resto, é leitura apaixonante.

Os editores

Uma introdução necessária, 50 anos depois

Este livro é uma reportagem escrita com 50 anos de atraso por um repórter curioso sobre fatos acontecidos mais de meio século atrás. Apesar disso tem a pretensão de retratar, mesmo que de modo sucinto, um período da história recente brasileira – a participação das Forças Armadas do país em combate na Segunda Guerra Mundial. Mas não é um livro estritamente sobre militares, apesar de centrado em mostrar como foi seu desempenho em ação. Pelas suas dimensões, o conflito exigiu a participação de milhões de reservistas de todos os países envolvidos. A sociedade de massas criou a guerra feita não mais por milhares de soldados profissionais, mas por toda a população recrutada seja para o combate, seja para produzir armas ou alimentos em escala gigantesca. O desenvolvimento dos meios de comunicação – rádio, jornais e revistas de grande circulação – contribuiu para disciplinar e justificar esse esforço perante a população. A Segunda Guerra é, portanto, um tema fascinante não só para historiadores militares, mas para estudiosos da sociedade em geral. Foi um daqueles raros momentos em que o conceito de "nação em armas" deixou de ser ideologia e virou realidade. O Brasil teve uma participação modesta, compatível com um país subdesenvolvido. Justamente por isso o impacto na sociedade brasileira foi grande, apesar de nossos combatentes não serem medidos em milhões. Houve um aporte considerável de reservistas nas Forças Armadas, cuja influência dentro delas e depois, na sociedade civil, ainda não foi devidamente medida.

Uma série de repetições desconcertantes me fez alterar o primeiro capítulo várias vezes. Descobri que este livro precisava de algum tipo de "introdução" ao comentar, com pessoas muito diferentes entre si, qual era o tema sobre o qual eu estava escrevendo. Recebia a mesma pergunta: "Você vai falar mal ou bem da FEB?" O mais curioso é que eram todas pessoas que sabiam que FEB não quer dizer Federação de Escoteiros do Brasil, nem Federação Espírita Brasileira. Duvido que eu tivesse recebido a mesma pergunta se o tema fosse outro. Mesmo que escrevesse sobre política, futebol ou religião, a pergunta provavelmente seria algo como "O que você vai dizer? Descobriu algo novo?" Quando se trata de certos temas, é raro que uma discussão ou uma análise no Brasil sejam pautadas por nuanças. Geralmente os *partisans* exigem uma definição: ou se está contra ou se está a favor.

"O seu livro é contra ou a favor da FEB, afinal?"

Peço desculpas antecipadas a quem tiver pressa de saber a resposta.

Não é, pelas óbvias dimensões, uma obra exaustiva sobre o tema, mas pretende mostrar o essencial para quem não costuma ler obras especializadas de história militar. Adaptando um pouco uma frase clássica, acredito que a história da guerra é um assunto sério demais para ser deixado aos generais.

Como em toda reportagem, este livro tenta responder a algumas perguntas: O quê? Quem? Onde? Como? Por que desse jeito e não daquele?

Uma introdução necessária, 50 anos depois

Além desses fatos básicos, alguns episódios e a participação de algumas pessoas foram descritos em maior detalhe. A escolha não foi ao acaso, embora eu tenha trombado com alguns dos entrevistados por pura sorte. Os que aparecem com mais destaque são representativos de determinado tipo de situação vivida por jovens brasileiros entre 1942 e 1945, quando o país passou por algo raro e único neste século: ter de enviar gente para o combate no exterior e mesmo nas costas do país. Cada veterano, brasileiro ou de outros países, é uma mina de informações. Infelizmente, não há espaço para todas as histórias. Cada livro ou diário ou documento permite inúmeras especulações. Mas como acontece com toda pesquisa histórica, e mesmo na minha mais modesta atividade de reportagem, é preciso em determinado momento arranjar força de vontade para parar de fuçar fatos e procurar fontes (o trabalho mais divertido), e iniciar o mais árduo trabalho de redação. Se não fosse pelo meu editor pedindo mais rapidez, eu ainda estaria pesquisando, e este livro jamais sairia.

E como toda reportagem, tem vícios e virtudes típicos.

Os leitores de jornal convivem com isso diariamente (embora aquilo que é o vício de um possa ser a virtude para outro). Um mesmo texto é "superficial" ou "conciso"; "preciso" ou "detalhista"; "simplista" ou "didático". Isso se aplica tanto à descrição de um jogo de futebol como à notícia da descoberta de uma nova galáxia.

Como seria, então, relatar o que aconteceu há 50 anos em uma guerra, a mais devastadora da história humana? O repórter não havia nascido. Quando nasceu, a capital do país tinha recém-deixado de ser a mais bela cidade do hemisfério sul e se mudara para aquele monstro burocrático de arquitetura totalitária no Planalto Central.

O Brasil de 1939 era basicamente um exótico país sul-americano produtor de café, um lugar primitivo onde um europeu poderia contrair uma variedade razoável de doenças tropicais, onde um explorador inglês podia desaparecer no mato e onde um perigoso bandido chamado Lampião fora morto depois de aterrorizar parte do Nordeste com seu bando. E era esse Brasil que teria de lutar contra os inventores da guerra-relâmpago (a *Blitzkrieg* – foi graças a ela que as batidas policiais ganharam novo nome).

11

A nossa Segunda Guerra

A guerra é algo ainda mais difícil de ser reportado. "A primeira vítima, quando começa a guerra, é a verdade", disse um senador americano em 1917, e desde então foi raro o momento em que a imprensa conseguiu descrever a contento um conflito, pelo menos enquanto acontecia.[1]

A propaganda de guerra praticamente sufocava o trabalho de jornalistas honestos em todos os países entre 1939-1945. No caso dos brasileiros era pior, pois o país não era uma democracia. Os correspondentes brasileiros junto à Força Expedicionária Brasileira não tinham tantas facilidades de locomoção e acesso à frente de batalha e a informações como seus colegas Aliados, diz o correspondente e escritor Rubem Braga. "Tivemos, além disso, até certa altura da campanha o peso de três censuras, das quais apenas uma era legítima e razoável."[2] Se quisessem falar "mal", não teriam como. Os comandantes brasileiros temiam o impacto negativo que seria a eventual morte de um jornalista e não davam a eles as mesmas facilidades que os americanos tinham em suas unidades.

Mesmo um repórter devotado a dizer a "verdade" pensa algumas vezes antes de escrever algo, caso o fato possa ser útil ao inimigo de seu país. Por mais que os pacifistas achem que não, existem as tais "guerras justas", que não chegam a opor o "bem" contra o "mal", mas pelo menos o "não tão ruim" contra o "abominável". A Segunda Guerra foi uma delas, apesar de todos os crimes cometidos pelos Aliados, como o bombardeio de Dresden ou o uso de duas bombas atômicas contra o Japão (são crimes contra a humanidade que só não têm esse nome nos livros escolares porque os Aliados venceram a guerra). O inimigo básico era a Alemanha nazista, convém lembrar. Qualquer guerra contra o nazismo é uma guerra justa. Nesse ponto, foi justo que os brasileiros tenham lutado contra o Terceiro Reich de Adolf Hitler. Como eles lutaram e qual a ajuda que o país e seu governo deram a eles são outras histórias.

A participação brasileira na guerra é um desses episódios difíceis de descrever, mesmo 50 anos depois, e ainda polêmicos. Joel Silveira e Thassilo Mitke, jornalistas que acompanharam a FEB na Itália, acham que não. Eles escreveram que "meio século passado, já é possível avaliar, sem paixão, sem preconceito e sem medo de errar, o papel da FEB como Divisão, apenas uma entre tantas, integrante do V Exército norte-americano".[3]

O que vem a seguir no livro dos dois prova que não é bem assim. Para a última edição, de 1993, eles incluíram três textos adicionais – dos generais brasileiros Carlos de Meira Matos e Plínio Pitaluga, que foram oficiais da FEB; e do historiador militar americano Frank D. McCann, do Departamento de História da Universidade de New Hampshire (nos EUA, a história militar é assunto acadêmico sério). Os três textos são uma reação a um outro livro, publicado em 1985 pelo brasileiro William José Waack, *As duas faces da glória: a FEB vista pelos seus aliados e inimigos.*[4] Curiosamente, até o subtítulo do livro de Silveira e Mitke mudou. Na capa da segunda edição, o subtítulo era *A Força Expedicionária Brasileira – FEB – na II Guerra Mundial*; na edição pós-Waack, é *A FEB 50 anos depois: uma visão crítica*. Isso mostra que a percepção do que foi a FEB evolui constantemente. Será curioso ver o que será escrito daqui a outros 50 anos. "Visão crítica" não é sinônimo nem de falar bem, nem de falar mal.

Waack partiu de uma premissa correta. Praticamente tudo o que se publicou sobre a FEB no Brasil desde 1945 foi escrito por brasileiros. Também foram publicadas algumas poucas traduções de livros de oficiais que trabalharam com os brasileiros, como Willis D. Crittenberger, general que comandava o 4º Corpo, ao qual a FEB estava agregada, e Vernon A. Walters, que era o oficial de ligação que agia como intérprete para o general João Batista Mascarenhas de Morais, comandante da FEB.[5]

O livro de Waack tem essa inegável virtude: foi além do que se costumava falar no país. Entrevistou veteranos alemães, fuçou nos arquivos que restam da Wehrmacht (as Forças Armadas alemãs da Segunda Guerra) e nos completíssimos arquivos americanos.[6] Ele publicou seu livro em 1985, quando o Brasil finalmente voltava a ser uma democracia – e a culpa da demora foi dos militares. Disse ele:

> Este trabalho é dirigido em primeiro lugar à minha geração, que é chamada agora a participar da direção dos destinos de seu país e desconhece a própria história. Minha pretensão é pintar um quadro do que ocorreu em 1944 para entender também o que veio em 1964, e ambos os fatos são fundamentais para a compreensão do Brasil de 1985.[7]

Concordo, e sou de uma geração ligeiramente mais nova, que conhece ainda menos a história. Mas Waack foi profundamente injusto com a FEB,

13

por motivos que surgirão ao longo deste livro. Não acho que tenha sido por má-fé. Ignorância de história militar é uma explicação mais razoável, como mostram as várias críticas feitas por McCann ao livro de Waack. Basta ver que os brasileiros começaram a guerra em um setor mais tranquilo da frente, para serem testados. Se tivessem falhado, teriam ficado ali o resto da guerra, como ficaram as tropas da pouco aguerrida 92ª Divisão de Infantaria americana, formada por negros que não tinham moral elevado para combater porque eram comandados por brancos, repetindo na guerra a segregação da qual eram vítimas em casa. Dali a FEB foi para a região central da frente, onde poderia ter causado graves problemas se fosse tão ruim como o livro de Waack parece querer demonstrar. Na ofensiva final e antes dela, a FEB lutou nessa região ao lado de divisões da primeira categoria, como a 10ª de Montanha, a 1ª Blindada ou a 88ª de Infantaria. Cumpriu as missões que lhe foram confiadas. Que mais pedir?

Waack contrasta o teor dos relatórios com a "grandiloquência" de muitas obras sobre a FEB, o que é correto. De fato, a história militar brasileira tem falhas graves. Curiosamente, os relatos de como o Brasil lutou na guerra – seja na Itália, seja na defesa do litoral ou na Marinha mercante – foram escritos basicamente por militares. Os historiadores acadêmicos esqueceram o assunto, e as duas visões seriam necessárias para criar um campo de conhecimento sólido.

Um dos motivos, talvez o principal deles, é fácil de entender. Depois do golpe militar de 64 as relações entre a Universidade e as Forças Armadas não foram nada amistosas. Houve exílios, perseguições políticas e coisas piores. E houve um grave prejuízo para a compreensão de parte da história contemporânea brasileira. O período de 1964 a 1985 também não foi bom para jornalistas livres, e a obra de Waack traz subjacente esse ressentimento contra os militares (eu, em compensação, nunca sofri censura governamental. Comecei a trabalhar em 1982 e, na "grande imprensa" dos jornais diários e revistas, apenas em 1985). O resultado é que poucos jornalistas e historiadores brasileiros, principalmente os de esquerda, dão atenção às tecnicidades da profissão militar, que, ao contrário do que se pensa, não é nem a primeira nem a segunda mais antiga da humanidade. Só nos dois últimos séculos – e, no Brasil, metade disso – é que a carreira militar deixou de ser passatempo de aristocratas para virar uma profissão, entendida como uma atividade especializada que exige formação própria. É tão difícil a um leigo palpitar sobre a conduta de uma operação de guerra quanto meter o bedelho em uma cirurgia. Por isso convém perguntar às pessoas certas. Um jornalista pode até transmitir a arrogância natural da sua profissão no texto impresso. Mas tem de ter humildade para perguntar, e muito, na hora de apurar um fato.

Essas tecnicidades ajudam a explicar por que a FEB terminou sendo bem-sucedida em combate (isso é falar "bem"?), apesar de falhas terríveis de organização e treinamento (isso é falar "mal"?). Pode ser tedioso – eu prometo tentar poupar o leitor de excessos –, mas até um fator simples como a dotação de metralhadoras de um pelotão pode influenciar, e muito, o desenrolar de uma ação. Como os brasileiros, nesse último meio século, só têm uma campanha militar para estudar, vê-se que as tecnicidades ganham ainda mais importância. Como jornalista especializado em divulgação científica, costumo tentar ser didático, e repetitivo. Em um livro repleto de regimentos, batalhões, companhias, pelotões, ou de destróieres, corvetas e caça-submarinos, a repetição de certos termos é necessária. Peço paciência aos especialistas.

O impacto do livro de Waack foi grande entre os ex-combatentes, que se sentiram feridos em seu amor-próprio (colocado na balança, o livro dele fala mais "mal" do que "bem" da FEB). Esse impacto foi realçado por uma característica típica brasileira: dar excessiva importância ao que os estrangeiros dizem do país, num espetáculo de provincianismo infindável (qualquer coisa que a imprensa estrangeira escreva sobre o Brasil repercute imediatamente na imprensa daqui. "Deu no *New York Times*" está virando expressão idiomática. Até presidentes da República se dão ao trabalho de responder reportagens escritas em revistas como *Time* e *Newsweek*). As críticas ficam ainda mais doloridas quando feitas por americanos, dada a relação de amor-ódio que todo latino-americano devota ao "gringo". O brasileiro é um dos latinos mais americanizados (alguém se lembra da entrega de pizza em domicílio? Hoje em dia é *delivery*). E é inegável que foi a participação na guerra ao lado dos gringos que deu início a essa americanização desenfreada.

15

O outro lado, livros que só falam "bem", é mais comum – aquilo que Rubem Braga chama de "simples literatura de exaltação cívica".[8] Tem o defeito oposto: mitificar a participação do país na guerra. Acredito que o efeito desse tipo de obra é contraproducente, como qualquer meia-verdade. Pode até gerar reações contrárias apaixonadas – seja o livro de Waack, seja uma excrescência como o filme *Rádio Auriverde*, meu candidato para o pior documentário de todos os tempos.

Em meio século muita coisa muda. A frase ainda não era popular, mas a FEB fez 50 anos em cinco. As Forças Armadas que eu tive a chance de conhecer 50 anos depois – noticiando realizações tecnológicas da Marinha, viajando em aviões da Força Aérea Brasileira (FAB) ou até mesmo visitando um contingente do Exército Brasileiro na força de paz em Moçambique – são fruto direto daquelas que tiveram que improvisar meios para lutar contra o Reich que deveria durar mil anos. Elas se tornaram profissionais graças aos minúsculos caça-submarinos patrulhando o litoral ou aos pelotões escorregando na neve dos Apeninos. Em 1994, e de novo em 1995, o Exército pôde planejar o envio de forças de paz a outro continente totalmente equipadas com material nacional e transportadas em navios e aviões da Marinha e da FAB – um contraste gritante com a dependência quase total em relação aos americanos em 1944.

Os resultados políticos dessa participação na guerra foram enormes. Um "vírus democrático", de defesa das instituições, foi inoculado com as missões do pré-guerra vindas de democracias ocidentais – missão francesa no Exército, americana na Marinha – e foi reforçado com a FEB e a Força Naval do Nordeste. Demorou a fazer efeito e houve recaídas perigosas, mas em 1995, eu acredito (e espero) que o ciclo de intervenção militar na política tenha virado história.

O Exército de 1939 tinha muito pouco a ver com a força expedicionária que voltou em 1945, assim como a Marinha de 1945 não era a mesma que sofreu, em 1910, uma revolta porque marinheiros ainda eram chicoteados.

Os governos mudam igualmente devagar, talvez até mais que as instituições militares. O escandaloso tratamento dado aos veteranos é uma prova. Dezenas de leis, decretos e portarias tratam do ex-combatente, mas ainda assim é fácil ver os mais necessitados mendigando algum benefício.

16

Uma introdução necessária, 50 anos depois

Uma visita a uma associação de veteranos é instrutiva. Os derrotados alemães tratam muito melhor os seus ex-combatentes. Políticos demagogos que estenderam os parcos benefícios a praticamente todos os sujeitos em farda entre 1942 e 1945 – mesmo que tenham ficado "vigiando" um quartel no interior do país – causaram muito mais mal do que ajudaram.

O "vírus democrático", paradoxalmente, habita os campos de batalha. Declarações de veteranos são praticamente unânimes: não havia lugar para autoritarismo na frente, ou em uma corveta patrulhando o litoral e correndo o risco de ser atingido por um torpedo a qualquer momento. Um original livro de um militar e psicólogo inglês – combinação rara, mas que hoje existe no Exército Brasileiro –, Norman F. Dixon, deixou claro: autoritarismo gera incompetência em combate.[9] A personalidade autoritária não tem flexibilidade suficiente para fazer frente às emergências do campo de batalha. Instituições rigidamente hierarquizadas, como as Forças Armadas, podem permitir que medíocres galguem postos e comandem. Mas o teste do combate, se feito em condições em que a mediocridade cause prejuízo, tende a podar esses galhos podres. E havia galhos podres na FEB, assim como havia heróis.

Muitos oficiais da FEB apoiaram o golpe de 64, e o primeiro presidente do ciclo autoritário foi um ex-febiano, Humberto de Alencar Castelo Branco, tenente-coronel na Itália. Mas também foram os febianos os porta-vozes de um novo tipo de relacionamento entre oficiais e praças, que passou a respeitar estes últimos como seres humanos. O contato íntimo com os americanos, seja na Itália, seja na defesa do Nordeste, marcou não só pelo assombro com a opulência material do aliado, mas também pelo respeito que dedicavam a cada soldado. Os EUA são tanto a terra do *fast-food* como do *Bill of Rights*, da comida rápida e dos direitos humanos. Os reservistas brasileiros, que por terem vindo da vida civil não estavam acostumados a ser maltratados por tiranetes, foram os principais instrumentos de mudanças.

A vasta literatura de memórias deixada pelos militares que participaram da Segunda Guerra, tanto aliados como do Eixo, é essencialmente honesta. Dignas de nota são as reminiscências de oficiais e soldados de várias armas publicadas em alguns números da *Revista do Exército Brasileiro* na década de 1980. Ao contrário do que se poderia esperar – por ser uma publicação oficial e por ser notório que militares costumam reagir mal a

17

críticas à instituição –, esses relatos contêm às vezes pesadas críticas ao Exército que organizou a FEB, e mesmo ao que a recebeu de volta e foi aos poucos sendo modificado por ela.

Nenhuma autobiografia é, porém, completamente isenta.[10] Um comandante tende a tentar desculpar seus fracassos, colócando a culpa no seu equipamento inferior, no tempo adverso, na superioridade numérica do inimigo. Em alguns casos ele pode jogar a culpa para outros – oficiais subalternos que não obedecem a ordens, soldados covardes e relaxados (Napoleão dizia que não existem maus soldados, apenas maus oficiais). Reconhecer os próprios erros é um sinal de grandeza que se pode procurar nos livros dos participantes de conflito. Outra falha frequente é o inverso: atribuir a si mesmo a maior parte da responsabilidade pela vitória.

Os livros de memórias escritos pelos participantes brasileiros compõem um mosaico complexo, que só com muita paciência e interesse se pode entender. Nos últimos anos houve uma enxurrada de livros com depoimentos pessoais, o que muito facilitou o meu trabalho. Geralmente, cada um falou de sua experiência, relatando a sua visão de campo de batalha. Essa visão é extremamente variada. Existem livros escritos por generais e soldados. Há quem enxergue a floresta de um avião; há quem esteja debaixo de uma árvore; e outros ainda que percebem os contornos de um pequeno bosque. O general que comanda uma divisão – uma unidade de cerca de 10 mil a 15 mil combatentes – como a Força Expedicionária Brasileira enxerga uma frente de alguns quilômetros; o general que comanda um corpo, formado de algumas divisões, enxerga mais além. Já o soldado formado em sua trincheira individual vê apenas o que está imediatamente próximo. O que ele enxerga, porém, tem tanta importância para a compreensão do que aconteceu quanto a percepção mais rarefeita de seus comandantes distantes.

Confesso um preconceito: gosto mais dos relatos dos soldados, sargentos e tenentes que estavam na linha de frente do que do depoimento dos oficiais superiores na retaguarda. Uns fizeram a guerra; outros mandaram fazer. É claro que um exército precisa ter uma estrutura específica, que não muda de país para país e que exige um número maior de pessoas na retaguarda do que na linha de frente (os americanos chamam isso de os "dentes" e o "rabo" do Exército – as tropas de linha de frente e as que dão apoio atrás, suprindo

Uma introdução necessária, 50 anos depois

alimento, munição e administrando tanto o esforço de guerra como descanso e recreação para os soldados). Também é certo que os relatos posteriores de quem comandou grandes unidades são úteis para se ter a visão da floresta. Mas é natural ter mais simpatia por quem sofreu mais, e essa foi a infantaria.

"Acho que todas as outras armas existem porque a infantaria existe e que é a esta que cabe a mais árdua, sórdida, difícil, sublime, cansativa, imunda e decisiva parte em ganhar uma guerra", escreveu Tulio C. Campello de Souza, que comandou um pelotão de fuzileiros no 6º Regimento de Infantaria da FEB e perdeu uma perna em um campo de minas.[11]

Tulio tem grande admiração por Ernie Pyle, o correspondente de guerra americano que preferiu contar a vida do soldado na trincheira a relatar os feitos dos grandes corpos de exércitos, que preferia ser amigo de soldados do que de generais. Com isso, ele provavelmente foi o jornalista mais lido nos Estados Unidos durante a Segunda Guerra (era publicado em 300 jornais diários e 100 mil semanários). "Amo a infantaria porque eles são os que estão por baixo. Eles são os homens da lama-chuva-geada-vento. Não têm confortos e até aprendem a viver sem as necessidades básicas. E no final das contas são eles os caras sem os quais as guerras não podem ser ganhas", escreveu Pyle, morto quase no final da guerra, seis dias depois da morte do presidente Franklin Roosevelt.[12] Outro sujeito da estirpe de Pyle era o cartunista Bill Mauldin, cujos cartuns defendendo o soldado e escarnecendo oficiais arrogantes chegavam a incomodar generais. Mauldin disse sobre a morte de Pyle: "A única diferença entre a morte de Ernie e a de qualquer outro bom sujeito é que a morte do outro sujeito é lamentada pela sua Companhia. Ernie é pranteado pelo Exército".[13]

Repórteres costumam dar baixa prioridade a adjetivos. Estes ocupam espaço que seria mais bem ocupado por verbos e substantivos. Não que adjetivos sejam intrinsecamente ruins; ao contrário, são valiosíssimos, e por isso mesmo devem ser usados com parcimônia para não perderem o valor. Jornalistas sabem, porém, que não existe objetividade em nenhum texto, que algum tipo de opinião sempre será veiculada por quem escreve e tem de escolher palavras e temas. Essa discussão é tediosa para o profissional da área (já nas faculdades, não se fala de outra coisa. Não existe muita coisa para se fazer em uma escola de "comunicação"). Basta concluir que, mesmo que essa objetividade seja um mito, o correto é que o jornalista corra

19

atrás dela, apesar de saber que ela é inatingível, em uma tarefa que se repete todo dia. Sísifo e Tântalo são os patronos verdadeiros da profissão.

Já muitos dos textos escritos por militares – e pela imprensa de 50 anos atrás – abusam de adjetivos, geralmente os mesmos. O "bravo Regimento", o "intrépido Batalhão", o "heroico tenente", o "valoroso sargento" são alguns dos lugares-comuns que tornam irritante a leitura de certas obras, a grandiloquência que fez Waack ir no caminho diametralmente oposto. Essa repetição constante faz com que percam o sentido. Mais uma vez: é contraproducente. Tornam-se palavras vazias que até mesmo fazem o leitor desconfiar se elas não procuram esconder algo, especialmente se quem as usa está se elogiando mais ou menos diretamente, como o comandante de uma unidade que a chama de "heroica". O próprio heroísmo passa a ser algo suspeito. Um cozinheiro na retaguarda pode ser ferido por uma granada de artilharia enquanto limpava panelas. Seria um "herói"? Há quem diga que sim. Mais correto seria chamá-lo de azarado.

Rubem Braga também criticou essa mania de dizer que todo mundo é herói. Uma notícia de jornal informava logo após a guerra que chegariam ao Brasil mais 2.300 soldados brasileiros. Ele aproveita para comentar:

> E o matutino põe esse título de uma boa vontade ingênua, mas fastidiosa, quase irritante, "Regressam 2.300 heróis da FEB".
>
> Não, em 2.300 homens não há 2.300 heróis. Há muito poucos heróis, e vi alguns; e o que mais me espanta neles é seu ar de homens comuns, e, mais do que o ar, é serem eles homens comuns. Numa hora em que outros hesitam, ou se deixam tomar pelo furor das coisas, o herói resiste, e vai, e repete dentro e fora de si mesmo o gesto melhor do homem comum, e insiste neste gesto com um surdo desespero. É um gesto de fraternidade com o destino mais duro e melhor, e ele existe dentro de qualquer um; o herói representa-o numa patética teimosia, ele é o homem comum que se desdobra em um friso de minutos, horas e dias que então ficam eternos. Ele dá o lance, e o aguenta para sempre.[14]

Acho que encontrei alguns heróis assim, e quis compartilhar essa descoberta com o leitor.

Alguns livros sobre a participação brasileira na guerra tornaram-se clássicos, outros são menos conhecidos. As crônicas de Rubem Braga não informam sobre o andamento da campanha, apesar de ser esta a vontade original do autor, frustrada pelas condições da cobertura, como ele afirmou. Mas essas crônicas são excepcionais como literatura. Apesar do seu militarês, *O Brasil na II Grande Guerra*, de Manoel Thomaz Castelo Branco, que foi oficial de comunicações do 1º Regimento de Infantaria da FEB, é utilíssimo para se acompanhar a campanha.[15] A história do 1º Grupo de Caça da Força Aérea Brasileira (FAB) teve um excelente cronista em um de seus pilotos, Rui Moreira Lima.[16] A Marinha foi abençoada com comandantes de navios que depois da guerra se tornaram almirantes e historiadores navais fidedignos e dedicados, como Artur Oscar Saldanha da Gama e Hélio Leôncio Martins.[17] Outros livros são mais raros, mas nem por isso menos valiosos. Um verdadeiro trabalho de arqueologia foi necessário para desenterrar alguns deles.

Além de fontes publicadas, esta reportagem atrasada em 50 anos se valeu de entrevistas, cujas respostas foram ponderadas e comparadas com outras descrições. Não é o simples fato de ser a memória de eventos acontecidos há meio século, contada por senhores septuagenários e octogenários. "Toda memória prega peças, e nenhuma faz isso melhor do que a do combatente, com a sua necessidade de esquecer o pior", afirmou o historiador militar americano S. L. A. Marshall,[18] pioneiro na técnica de entrevistar grupos de soldados para reconstituir um combate.

Ter feito entrevistas recentes é outro motivo pelo qual se torna difícil, mesmo agora, contar essa história "sem paixão, sem preconceito e sem medo de errar", como disseram Silveira e Mitke. Medo de errar eu tenho sempre. Muitos participantes estão vivos e eu tive a sorte de me encontrar com alguns deles em São Paulo e no Rio de Janeiro. Fui particularmente feliz em ter ido à Itália em 1994, tantos anos depois dos acontecimentos narrados no livro, junto a um grupo de ex-combatentes, ver os locais onde lutaram. Alguns são hoje mais do que "fontes" de um jornalista: são meus amigos.

Há uma citação que eu costumo repetir sempre: "sorte – ou a falta dela – faz um bocado de diferença na carreira de um repórter".[19] Eu tive sorte: entre aqueles que foram à Itália naquela viagem estavam 2 dos 16 autores do polêmico livro escrito por oficiais da reserva sobre a FEB, José Alfio Piason e José Gonçalves (é um livro que fala bem e mal de um bocado de coisa. Mereceria ser reeditado).

21

Mais sorte ainda: um deles (Piason) foi oficial de informações do 1º Batalhão do 6º Regimento de Infantaria (6º RI), de Caçapava (SP). Tinha, portanto, a visão de uma parte da floresta; o outro (Gonçalves) comandou um pelotão de infantaria – ou seja, olhou as árvores bem de perto. Na mesma viagem estava um soldado do pelotão de Gonçalves, Vicente Gratagliano; e ainda outro soldado, Ferdinando Palermo, que, embora não fosse do pelotão, vivia agregado a ele pela sua função (bem perigosa, aliás) de cuidar dos fios telefônicos. Outro companheiro de viagem, Gerson Machado Pires, também comandou um pelotão na 8ª Companhia do mesmo regimento. Outros amigos ainda, como Rômulo Flávio Machado França e Jairo Junqueira da Silva, fizeram o necessário contraponto regimental – o primeiro foi do 1º RI, o segundo foi do 11º RI (o "onze"). Provavelmente serei acusado de dar destaque demais ao 6º RI por ser eu, como o regimento, paulista; mas essa foi uma escolha imposta mais pela facilidade de acesso a essas pessoas em São Paulo, e também pelo fato de ter sido esse o regimento que chegou em primeiro lugar à Itália. E, ainda mais importante, todas as unidades da FEB tinham gente de todo o país. O próprio 6º RI tinha gente de vários estados do Sul e mesmo do Norte e Nordeste – o comandante do seu 3º Batalhão, por exemplo, era nordestino. O Exército Brasileiro pode ter seus defeitos, mas uma de suas inegáveis virtudes, pelo menos hoje, é a insistência em não cultivar bairrismos e regionalismos.

Outro veterano a quem eu pude importunar com frequência, o carioca Luiz Paulino Bomfim – oficial de informação na FEB e depois oficial de ligação com a 10ª Divisão de Montanha americana –, tornou-se um especialista em história militar, e me deu conselhos úteis, apesar de eu provavelmente não ter seguido todos os que deveria.

Cinco décadas depois, esses senhores ainda têm orgulho não apenas de terem pertencido à FEB, mas especificamente do seu Regimento, do seu Batalhão, da sua Companhia, do seu Pelotão – e muitos se encontram todo mês para lembrar velhas histórias. Cinquenta anos depois, os oficiais dos minúsculos caça-submarinos que patrulharam as costas brasileiras ainda fazem um jantar anual. Cinquenta anos depois, pilotos do 1º Grupo de Caça ainda se reúnem mensalmente.

Cinquenta anos depois, eu fiquei curioso sobre o que eles fizeram 50 anos atrás.

Uma introdução necessária, 50 anos depois

A FOTOGRAFIA ENTRE 1939-1945
E AS FOTOS DA FEB

A Segunda Guerra Mundial produziu fotografias clássicas. Uma delas até virou um monumento – aquela que mostra fuzileiros navais americanos plantando a bandeira de seu país no topo do Monte Suribachi, na ilha de Iwo Jima, em fevereiro de 1945. Provavelmente é a foto mais reproduzida do conflito, porque se tornou um instrumento de propaganda fortíssimo. Quando Hollywood filmou *As areias de Iwo Jima* com John Wayne, não faltou a reconstituição do hasteamento da bandeira, incluindo tiros de japoneses e a morte do herói nesse momento de intenso patriotismo. A foto feita pelo correspondente Joe Rosenthal, da agência Associated Press, transformou-se depois em uma estátua gigantesca em Washington. Como toda foto famosa, deu origem a várias lendas, a começar pela visão romanceada do cinema (ninguém que hasteou a bandeira morreu naquele momento). A mais simples dessas versões é que teria sido uma foto posada, armada pelo fotógrafo com a ajuda dos soldados. Não é esse o caso; a foto é autêntica. Mas não representa o primeiro hasteamento de bandeira em Iwo Jima – e sim o segundo. A primeira bandeira levada pelos marines era pequena e também foi fotografada, pelo sargento Louis Lowery, da revista dos fuzileiros, *Leatherneck Magazine*. Em seguida, decidiu-se trocá-la por uma bandeira maior, e Rosenthal fez a foto clássica.[20]

Se a foto mais famosa da guerra tem uma história complicada, o que dizer das outras milhões, quem sabe bilhões de fotos? Muitas das imagens mais conhecidas da guerra foram posadas, como a clássica sequência da captura de um tanquista alemão por um soldado inglês de baioneta calada. Foram feitas no Egito, com soldados posando com um tanque alemão capturado. A cena de Hitler saltitando em Paris era uma montagem cinematográfica.

Propaganda, portanto, é a palavra-chave para se entender o uso de imagens na guerra. Os alemães foram, sem dúvida, os que melhor compreenderam isso, muito antes de os americanos inventarem o conceito de ganhar corações e mentes da população vietnamita. A máquina de propaganda alemã era extremamente profissional. Recrutaram até uma brasileira para fazer transmissões de rádio para a FEB. Em um Estado totalitário, não poderia haver uma imprensa independente. Repórteres e fotógrafos alemães trabalhavam em unidades militares próprias, as PK (Propaganda Kompanien). Eram considerados soldados como os outros, andavam uniformizados e acompanhavam unidades em combate. Eram armados principalmente com máquinas fotográficas e de filmagem, mas também levavam armas para defesa pessoal. A revista militar alemã *Signal*, traduzida em vinte línguas, tinha a maior circulação entre as revistas europeias de 1940 a 1945. Em 1943, sua tiragem era de 2,5 milhões.

No campo aliado não havia uma arregimentação como essa, mas esperava-se que os jornalistas e fotógrafos fossem "patriotas". O fotógrafo Chris Boot, da agência Magnum Photos, resume a história:

> Os fotógrafos da Segunda Guerra Mundial eram modelos de lealdade e nunca saíam da linha. Nós pensamos nos repórteres fotográficos agora (ou, pelo menos, os melhores deles) como testemunhas independentes, com arbítrio próprio, combinando individualidade com preocupações universais que estão acima do simples nacionalismo. As raízes dessas características podem ser traçadas até a Segunda Guerra, mas a característica notável da fotografia durante a guerra foi a extensão em que os fotógrafos envolvidos consistentemente e profissionalmente serviam aos interesses de guerra de seus governos nacionais.
>
> Não é que os fotógrafos sejam exatamente propagandistas; eles não eram empregados para conceber estratégias de propaganda ou para manipular a informação e raramente eram os seus próprios editores. Mas, seja trabalhando para órgãos civis ou militares, tudo o que produziam era avaliado e examinado pelo seu valor de propaganda – mesmo se as autoridades de cada nação raramente tinham a mesma ideia do que isso fosse. O general Eisenhower, o americano que se tornou comandante supremo das forças aliadas na Europa, foi inequívoco: "Correspondentes têm em uma guerra um trabalho tão essencial quanto o pessoal militar... Fundamentalmente a opinião pública ganha guerras". O negócio de relações públicas envolvia a produção, distribuição e uso de imagens retóricas para ganhar os corações e mentes, para promover ou opor-se à verdade dependendo das circunstâncias, para chamar atenção ao sucesso e qualificar ou disfarçar o fracasso. Centrais ao esforço de guerra de cada nação envolvida, os fotógrafos eram a infantaria dos propagandistas.[21]

Posto isso, e o caso brasileiro? Já se viu o que Rubem Braga tinha a dizer sobre o jornalismo da guerra – o peso de três censuras. As fotos que os brasileiros viram entre 1939-1945 também passaram por vários filtros.

Como país aliado, o Brasil passou a se "beneficiar" da máquina de propaganda americana. Ainda hoje, fuçando os arquivos de fotos da época dos jornais brasileiros, é possível ver ecos da propaganda aliada em ação. As fotos carimbadas SIH – Serviço de Informações do Hemisfério da Coordenação de Assuntos Interamericanos, agência de divulgação dos EUA – tomam bons espaços nas páginas dos jornais da época. São as "Fotos da Interamericana".

Outra grande fonte são as fotos da Agência Nacional, cuja estética mereceria estudos acadêmicos mais amplos. São particularmente interessantes as fotos que pretendem mostrar o preparo do país para enfrentar a agressão externa – como navios passando orgulhosos pela barra do Rio de Janeiro, marinheiros apontando suas metralhadoras para o céu demonstrando a prontidão das Forças Armadas. Outras fotos comuns são de desfiles militares. Getúlio parecia ser obcecado por eles. Mas por trás das poses de desafio se escondia a obsolescência do equipamento mostrado. Em 1942, um submarino poderia passar por baixo daqueles engalanados navios navegando em frente ao Pão de Açúcar.

Com a formação da FEB surge um novo alvo para as objetivas. O governo, interessado em controlar tudo o que se publicava sobre a Força Expedicionária, de início não quis que os jornais mandassem correspondentes. Depois eles foram aceitos. Além dos repórteres encarregados de texto, o grupo incluiu pessoal de imagem, como os cinegrafistas e fotógrafos Fernando Stamato, do Departamento de Imprensa e Propaganda (DIP), e Horácio de Gusmão Coelho Sobrinho. Também havia o americano Alan Fisher, da Coordenação de Assuntos Interamericanos.

A participação brasileira na guerra era algo que os americanos faziam questão de noticiar. Publicar fotos de soldados brasileiros lutando contra o inimigo comum era tão importante quanto um filme de Carmen Miranda para a política de boa vizinhança.

Os americanos também enviaram à FEB um oficial de relações públicas, o coronel Carroll E. Peeke. Ele já veio com o primeiro escalão e acompanhou a FEB durante a campanha. Peeke deve ter gostado da função, pois em 1969 fez um artigo elogioso sobre a FEB para a revista da Organização dos Estados Americanos (OEA).[22]

Tão logo chegou na frente de combate, a FEB foi fotografada por americanos. As Forças Armadas dos EUA tinham um bom número de fotógrafos, incluindo um de tipo especial que faltou à FEB, o *combat photographer*, um sujeito que acompanhava as tropas em combate aonde quer que fossem. Algumas dessas fotos, de notável qualidade, constam ainda hoje de arquivos da imprensa brasileira, distribuídas que foram 50 anos atrás pelo Serviço de Informações do Hemisfério.

Uma dessas fotos, encontrada por acaso naquele que foi o arquivo do antigo *Correio da Manhã*, hoje no Arquivo Nacional, mostra de perto o soldado Paulo Maretti, de Jundiaí, interior de São Paulo. Ele foi do 1º Pelotão, 2ª Companhia, 1º Batalhão do 6º Regimento de Infantaria (mais adiante esses nomes todos serão explicados). Aparece sorrindo, de bigode e cavanhaque crescidos durante um período na frente. "Estava na linha de frente. Passei dois dias em Firenze (Florença) e uns repórteres americanos me chamaram, em português, e tiraram a foto, que foi publicada nos jornais daqui", disse Maretti, 50 anos depois, em uma entrevista por telefone ao autor (ele ainda mora em Jundiaí). Curiosamente, quando conhecidos viram a foto de Maretti à época, surgiu o boato de que ele tinha morrido.

A técnica dos fotógrafos e repórteres americanos incluía dar o nome e a cidade natal daqueles fotografados e entrevistados. Em um país que tinha milhões de homens vindos de milhares de cidadezinhas, muitas das quais tinham seu pequeno jornal, era uma técnica importante. Por outro lado, a necessidade de segredo militar faz com que as legendas das fotos tiradas na frente nunca digam exatamente o local onde foram feitas.

Os arquivos americanos têm, portanto, uma pletora de informações esperando por pesquisadores brasileiros. Não apenas da FEB. Com a presença de navios e aviões dos EUA no Brasil, notadamente no Nordeste, há um bom número de fotos que mostram uma parte do país em guerra.

O Arquivo Nacional brasileiro tem fotos da FEB na Itália, mas infelizmente estas não estão ainda organizadas. Os negativos estão meramente guardados em envelopes sem identificação precisa. Descobrir o que elas retratam exigirá batalhões de pesquisadores dedicados. Uma foto pode valer por mil palavras, mas eu trocaria um monte delas por algumas poucas legendas que identificassem locais e pessoas. Pior ainda: os arquivos não têm

Uma introdução necessária, 50 anos depois

O couraçado Minas Geraes ancorado como fortaleza flutuante na entrada do porto de Salvador. Era o navio mais poderoso do mundo em 1910, mas em 1942 era inegavelmente obsoleto.

identificação dos autores (algumas são assinadas por Horácio Coelho, ou têm alguma identificação que lembra sua letra). Saber a autoria permitiria avaliar melhor nuanças de estilo entre as fotos. Paciência. Este livro não é um ensaio sobre a fotografia brasileira na guerra.

Não há fotos da FEB que mostrem os soldados brasileiros em ação do mesmo modo como os fotógrafos de combate americanos faziam. Um bom exemplo é a morte do sargento Max Wolff Filho. Ele foi fotografado pela imprensa antes de sair na patrulha em que morreria (um fator que ajudou a transformá-lo em ícone). Os fotógrafos não puderam ir junto.

Há muitas fotos que mostram soldados da FEB em poses de combate. São geralmente isso: poses, fotos montadas feitas na retaguarda para mostrar à população no país como lutavam seus soldados. Não há nada tão dramático como as fotos de Robert Capa ou dos soldados alemães das PK. Em algumas das piores dessas fotos é fácil perceber a armação. Um soldado aponta a metralhadora por sobre um monte de neve; atrás dele outros soldados conversam.

Uma maneira de checar a autenticidade de uma pose é mostrar a foto a veteranos. As respostas são elucidativas. Ao ver uma foto de vários soldados juntos: "A gente nunca se agrupava desse jeito, senão o tedesco pegava"; ao ver uma foto em que aparecem vários soldados com fuzis em uma trincheira e um oficial ao telefone: "não tinha trincheira desse tipo, nossas trincheiras eram individuais, isso é coisa da Primeira Guerra". E assim por diante. As vítimas da autenticidade são geralmente fotos da infantaria. Os artilheiros, por ficarem na retaguarda, eram um alvo mais fácil para fotógrafos que não tinham permissão de acompanhar patrulhas.

As fotos sem legenda dos arquivos brasileiros obrigam a exercícios de interpretação, por exemplo, prestando-se atenção ao uniforme dos soldados ou a detalhes da paisagem. Determinados uniformes foram usados nos primeiros dias, outros, notadamente o material americano, só foram entregues depois de certa data já na Itália.

Tentar achar as legendas dá um trabalho equivalente a escrever um livro. Mas eu acho que isso é essencial, e tentei identificar o que foi possível. Cada soldado é um indivíduo. "Cinquenta anos depois, o mínimo que se espera é que, ao se reproduzir a foto, se diga o nome do sujeito", me disse o brigadeiro Rui Moreira Lima em março de 1995. Ele está certo.

Há um outro tipo de fotografia, de certo modo mais autêntica, embora tenha geralmente qualidade técnica inferior: as fotos feitas pelos próprios combatentes. São comuns as afirmações do tipo "nem sei quem tirou essa foto" ou "lá na frente ninguém fotografava". Mas todos têm algum tipo de foto em seus álbuns pessoais, muitas tiradas em momentos mais relaxados na retaguarda, mas também muitas da linha de frente. São fotos que escaparam da máquina de propaganda. Além da maior espontaneidade, são documentos mais bem identificados.

Não me lembro de ter visto alguma foto oficial, por exemplo, do tenente José Maria Pinto Duarte, morto no contra-ataque alemão de 31 de outubro de 1944 (episódio descrito no capítulo "Um revés em Sommocolonia"). Fui achar fotos do tenente nos álbuns pessoais de seus colegas de batalhão. É um exemplo simples do potencial da documentação iconográfica sobre um momento importante da história brasileira recente. Seria preciso um esforço dedicado para catalogar essas fotos. Mas se até no Arquivo Nacional ainda não foi possível fazer isso com o acervo da Agência Nacional, o mais provável é que um pedaço da história do país acabe se perdendo. Elza Cansanção, que foi uma das enfermeiras enviadas à Itália, reúne fotos em um arquivo no Comando Militar do Leste, no Rio. Mas ela também não tem identificações precisas delas.

As fotos feitas pelos soldados, aviadores e marinheiros brasileiros não são os únicos documentos visuais espontâneos e autênticos da guerra. Também havia quem desenhasse. É o caso do gaúcho Carlos Scliar, que foi da artilharia (serviu no I/1º Regimento de Obuses Autorrebocados, denominado 1º Grupo de Obuses na FEB). Scliar produziu a impressionante quantidade de 800 desenhos mostrando diversos aspectos da campanha. Vou furtar mais umas palavras de Rubem Braga, que escreveu uma introdução para um livro de desenhos de Scliar que acabou não sendo publicado à época:

> o cabo-artilheiro Carlos Scliar não é um repórter, nem estava fazendo reportagem. Trabalhava na Central de Tiro de seu Grupo; mas às vezes largava o transferidor sobre a carta e, olhando a paisagem cinzenta pela janela de vidros baços e partidos, esquecia o controle horizontal. Comovem-me essas paisagens simples que ele rabiscava então; umas árvores em

Marzolara, um ângulo de montanha de Porretta, uma casa de pedras esburacada em Gaggio-Montano. [...] Durante esses meses, o pintor Scliar teve de largar suas telas e tintas; mas o desenhista avançou pelo caminho da simplicidade. A guerra ensina a esquecer as abstrações, e aborrece tudo que é sofisticado; sua arte passou por esse filtro. Mas a nossa guerra era na Itália, e a Itália é uma espantosa lição de beleza.[23]

Os heróis/homens comuns de que fala Rubem Braga combinam com a simplicidade dos desenhos de Scliar. A guerra parece dispensar o barroco. Talvez por isso que outro artilheiro, Boris Schnaiderman, crítico literário e professor da USP, escreveu um livro com o título *Guerra em surdina*.[24]

As fotos incluídas neste livro são representativas desses diversos tipos – a foto de propaganda americana ou brasileira, a foto de arquivo pessoal de autoridade ou de pessoa comum e algumas já consideradas clássicas. Entre as fotos da FEB, algumas naturalmente tendem a ser mais reproduzidas que outras (com uma variação grande de legendas), por vários motivos – um deles, prosaico, é sua maior disponibilidade. Algumas merecem. É o caso da conhecida foto do soldado negro com ar pensativo montando guarda aos prisioneiros alemães. Sem dúvida é uma foto que vale por mil palavras.

Notas

[1] A frase do senador Hiram Johnson virou título do clássico livro sobre os correspondentes de guerra, *A primeira vítima (The First Casualty)*, do jornalista Phillip Knightley. A primeira edição, de 1975, foi publicada no Brasil pela editora Nova Fronteira (Rio de Janeiro, 1978). Há uma edição ampliada, que contém comentários sobre a Guerra das Malvinas, de 1982. Jornalistas americanos também têm ótimos livros sobre o tema, discutindo notadamente a manipulação da imprensa durante a Guerra do Golfo, de 1991. Veja, por exemplo, *The Hotel Warriors: Covering the Gulf*, de John J. Fialka, Washington, D.C., The Media Studies Project/Woodrow Wilson Center, 1992.

[2] Rubem Braga, *Crônicas da guerra na Itália*, Rio de Janeiro, Record, 1985, p. 7. O livro tem duas edições anteriores: a de 1945, com o título *Com a FEB na Itália*, e a de 1964, como *Crônicas da guerra*. A edição de 1985 traz novos textos.

[3] Joel Silveira e Thassilo Mitke, *A luta dos pracinhas*, 3. ed. ver. e aum., Rio de Janeiro, Record, 1993, p. 8. (A primeira edição é de 1983.)

[4] William Waack, *As duas faces da glória: a FEB visto pelos seus aliados e inimigos*, Rio de Janeiro, Nova Fronteira, 1985.

[5] Willis D. Crittenberger, *Campanha ao Noroeste do Itália, 14 de abril a 2 de maio de 1945*, Rio de Janeiro, Biblioteca do Exército, 1952; Vernon A. Walters, *Missões silenciosas*, Rio de Janeiro, Biblioteca do Exército, 1986.

[6] Com a queda do muro de Berlim, surgiu uma excelente oportunidade para os historiadores especializados na Segunda Guerra, que permitirá uma visão muito melhor do lado alemão. Foram encontrados em Dornburg, na antiga Alemanha Oriental, os arquivos da Wehrmacht que eram considerados perdidos – 11 milhões de dossiês ocupando 2,5 km de comprimento sobre os soldados do III Reich! Eles estavam secretos; com a consulta liberada a historiadores, nos próximos anos deverá surgir toda uma série de novas descobertas sobre o conflito. "Onze milhões de dossiês enumerados metodicamente, não somente a data e o lugar da morte dos soldados do exército de Hitler mortos na frente, mas também os menores capítulos de seu destino obscuro: doenças, ferimentos, mudanças, montante do soldo, avanço em posto, condecorações", diz uma reportagem sobre a descoberta no jornal francês *Le Monde*, de 23/24 (sábado/domingo) de fevereiro de 1991.

[7] William Waack, op. cit. p. 14.
[8] Rubem Braga, op. cit., p. 8.
[9] Norman F. Dixon, *On the Psychology of Military Incompetence*, London, Jonathan Cape, 1976. (Reimpresso em 1979, 1983, 1985 e 1988 pela Futura Publications.)
[10] "Autobiografia só deve ser acreditada quando revela algo vergonhoso. Um homem que fala bem de si próprio provavelmente está mentindo, porque qualquer vida quando vista de dentro é apenas uma série de derrotas", escreveu em 1944 o escritor inglês George Orwell (ver *The Collected Essays, Journalism and Letters of George Orwell*, Londres, Penguin Books, 1970, v. 3, As I Please, 1943-1945, p. 185).
[11] Demócrito C. Arruda et al., *Depoimento de oficiais da reserva sobre a FEB*, 2. ed., São Paulo, Ipê, 1949, pp. 203-4. A primeira edição, segundo o prefácio da segunda, esgotou-se em apenas duas semanas. Teve três edições e é um dos livros mais honestos – e, portanto, polêmicos – sobre a FEB. O historiador americano Frank McCann o considera "um dos livros mais úteis sobre a FEB". Concordo plenamente.
[12] Citado na biografia de Pyle, *The Story of Ernie Pyle*, de Lee G. Miller (New York: Viking Press, 1950, p. 252).
[13] Idem, p. 427.
[14] Rubem Braga, op. cit., p. 272.
[15] Manoel Thomaz Castelo Branco, *O Brasil na II Grande Guerra*, Rio de Janeiro, Biblioteca do Exército, 1960. Apesar do nome, não era parente do presidente Castelo Branco.
[16] Rui Moreira Lima, *Senta a pua!*, 2. ed. ampl., Belo Horizonte/Rio de Janeiro, Itatiaia/Instituto Histórico-Cultural da Aeronáutica, 1989 (a primeira edição é de 1979).
[17] Artur Oscar Saldanha da Gama, *A Marinha do Brasil na Segunda Guerra Mundial*, Rio de Janeiro, Capemi, 1982. Essa obra contém o resultado de pesquisas detalhadas que o autor fez na Europa. Em 1985 foi lançado o quinto volume, tomo II, da *História naval brasileira*, pelo Serviço de Documentação Geral da Marinha (hoje Serviço de Documentação da Marinha), que focaliza o período entre 1918 e 1945. Um dos principais colaboradores, o almirante Hélio Leôncio Martins, "refundiu", como ele diz, o trabalho de Saldanha da Gama com outros dados disponíveis. Leôncio Martins é um dos principais especialistas na história moderna da Marinha; levou cinco anos para fazer o tomo relativo à Revolta da Armada de 1893, coletando documentos inéditos em um trabalho exaustivo.
[18] Samuel Lyman Atwood Marshall, *Vietnam: Three Battles*, New York, Da Capo Press, p. 1. (A primeira edição do livro é de 1971.)
[19] A frase, obviamente, foi dita por outro repórter, o americano David Halberstam. É a primeira frase de seu livro *The Making of a Quagmire*, um clássico sobre os primórdios da intervenção americana no Vietnã: "Luck – or lack of it – makes a lot of difference in a reporter's career".
[20] Um relato completo dessa história está na revista americana *Military History* de fevereiro de 1995, pp. 38-44 e 88.
[21] Chris Boot, *Great Photographers of World War II*, London, Magna Books, 1993, pp. 6-7.
[22] Carroll E. Peeke, "A cobra fumando", em *Américas*, v. 21, n. 7, pp. 9-15, 1969. A revista é editada em inglês e espanhol.
[23] Rubem Braga, op. cit., pp. 273-4.
[24] Boris Schnaiderman, *Guerra em surdina*, 2. ed., São Paulo, Brasiliense, 1985.

Neutro, mas não muito

É difícil permanecer neutro quando acontece uma guerra mundial. Se o país não vai à guerra, a guerra pode vir a ele. Países fracos militarmente têm ainda menos opção. Foi o caso do Brasil.

Nas "guerras mundiais" que aconteceram antes das chamadas Primeira (1914-1918) e Segunda (1939-1945), Portugal e sua colônia Brasil não tiveram muita escolha. Quando houve a Guerra de Sucessão da Espanha, no começo do século XVIII, envolvendo as principais potências europeias, Portugal tentou ficar neutro, ensaiou apoio à França, mas terminou aliado da Inglaterra, amarrado a ela economicamente pelo Tratado de Panos e Vinhos. Foi nessa guerra que o Rio de Janeiro terminou saqueado por um corsário francês, René Duguay-Trouin, apesar de os cariocas não estarem nem um pouco interessados em quem detinha o trono espanhol. Quando a França Revolucionária e Napoleão, um século depois, voltaram a fazer toda a Europa pegar em armas, Portugal teve ainda menos sorte e virou campo de batalha. A invasão francesa fez a Corte portuguesa se refugiar no Brasil, deslanchando o processo de independência. A guerra é uma grande parteira da história.

Em 1914-1918, tanto Brasil como Portugal terminaram se juntando aos Aliados. Em 1939, os dois países se esforçaram para se manter neutros. Portugal teve sucesso; o Brasil acabou declarando guerra à Alemanha e à Itália em 1942.

A decisão foi irônica. Em 1939, a ditadura de Getúlio Vargas tinha mais pontos em comum com os governos fascista da Itália e nazista da Alemanha do que com as duas democracias ocidentais, França e Reino Unido. Havia um tradicional apego à cultura francesa e uma dependência de setores da economia britânica (a própria independência do país foi facilitada pelo interesse britânico). Mas também havia duas numerosas colônias de imigrantes estrangeiros no Sul e Sudeste: alemães e italianos. Ao mesmo tempo, a principal potência do hemisfério, os Estados Unidos, era simpática à causa franco-britânica, a quem já ajudara vencer os alemães na Primeira Guerra. E o Brasil era mais dependente economicamente dos EUA do que dos países europeus, dependência que só tendia a crescer com a guerra.

O balé diplomático tornou-se mais intenso depois de 10 de setembro de 1939, quando tropas alemãs invadiram a Polônia. A um país em guerra interessa ter aliados, ou pelo menos neutros que não atrapalhem. Essa necessidade aumentaria depois que a guerra europeia de setembro de 1939 se espalhasse pelo mundo, afetando todos os outros continentes.

O Brasil não tinha Forças Armadas poderosas que pudessem auxiliar decisivamente seja o Eixo, seja os Aliados. Havia duas coisas que poderiam interessar a um beligerante: matérias-primas, como a borracha e o ferro, produtos agrícolas, como o café e o açúcar, e uma posição geográfica

34

estratégica. A costa do Nordeste é, no continente americano, o ponto mais perto da África. Forças baseadas na região podem patrulhar com mais facilidade essa "cintura fina" do Atlântico. O Nordeste também é um trampolim para a África, e viria a ser um dos pontos vitais da rede mundial de transporte aéreo dos Aliados.

Nos primeiros anos da guerra, o Eixo Berlim-Roma-Tóquio estava ganhando. Depois da conquista da Polônia em 1939, houve a espetacular derrota francesa em 1940, a tomada de Holanda, Bélgica, Noruega, Dinamarca, Grécia, Iugoslávia etc. A Grã-Bretanha permaneceu um tempo sozinha, lutando para sobreviver. Apesar de terem impedido uma invasão alemã em 1940, ao derrotarem a Força Aérea alemã, a Luftwaffe, os britânicos corriam risco sério de serem estrangulados pelo bloqueio submarino de suas ilhas. A ameaça submarina, confessou depois o primeiro-ministro Winston Churchill, foi sua maior preocupação durante a guerra. Em 1941, entraram na guerra os dois países que iriam definir seu resultado: a União Soviética, atacada pelos alemães em junho, e os Estados Unidos, atacados pelos japoneses em dezembro. O potencial industrial e humano desses dois países faria reverter a maré de conquistas do Eixo. A Segunda Guerra não foi caracterizada pela *finesse*. Ganhou quem construiu mais tanques, canhões, navios, aviões e caminhões, e pôde armar e alimentar forças mais poderosas. Mas no começo de 1942, quem estava cambaleando eram a URSS e os EUA.

Esse sucesso dos países autoritários tendia a dar força ao grupo de simpatizantes do Eixo no governo brasileiro, como o chefe da polícia, Filinto Müller, ou os generais Pedro Aurélio de Góis Monteiro e Eurico Gaspar Dutra, em detrimento dos pró-americanos, como o chanceler Oswaldo Aranha.[1] O próprio Vargas deu a entender que não ficaria chateado com uma vitória alemã. Um discurso do presidente-ditador ficou famoso e causou polêmica. Em 11 de junho de 1940, discursando a bordo do couraçado Minas Geraes por ocasião do aniversário da Batalha do Riachuelo, ele criticou os "liberalismos imprevidentes" das democracias ocidentais. Oswaldo Aranha teve de pôr panos quentes na crise que poderia ter surgido com os EUA.

Vargas tentou usar seus dotes políticos indiscutíveis para tentar concessões dos dois lados, manobrando habilmente até onde foi possível. A

35

entrada dos EUA na guerra pôs fim a esses malabarismos, cujo ponto máximo foi conseguir apoio americano para a construção da indústria siderúrgica em Volta Redonda. Depois de Pearl Harbor, não havia como tolerar um país sul-americano pró-Eixo em uma posição estratégica no Atlântico Sul. Foi possível à Argentina manter sua posição de neutralidade benevolente ao Eixo até 1945, pois não se tratava de um país que pudesse afetar o esforço de guerra aliado. Já o país detentor do saliente Nordeste tinha que cooperar – caso contrário, os EUA teriam de invadir a região. Havia planos para essa ocupação militar do Nordeste, embora o caminho da diplomacia fosse certamente mais indicado e foi o escolhido. Apenas em caso de relutância brasileira em ceder bases aos americanos é que a força poderia ter sido usada.

Um primeiro encontro de chanceleres das Américas ocorreu já em 1939, no Panamá, depois da invasão da Polônia. Os países do hemisfério – com exceção do Canadá, aliado da Grã-Bretanha – optaram pela neutralidade, estabelecendo mesmo uma zona neutra no mar em torno do continente.

O segundo encontro de ministros das Relações Exteriores das Américas, em Havana em 1940, após a queda da França, procurou debater a questão das colônias europeias dos países tomados pelos nazistas. Os EUA estavam preocupados com a possibilidade de colônias como as Guianas francesa e holandesa, ou ilhas do Caribe como Curaçau ou Martinica, ficarem de posse dos alemães. O encontro terminou com a declaração de que um ataque a um país do continente seria considerado um ataque a todos os outros. A ofensiva diplomática americana levou até a uma proposta, sugerida mais tarde, pelo Uruguai, de considerar que se um país do hemisfério fosse atacado e estivesse em uma guerra defensiva contra um país de fora região, esse país deveria ser ainda considerado "neutro" aos olhos dos outros. Pelo direito internacional tradicional, uma belonave de um país em guerra não pode permanecer muito tempo em um porto neutro. Ou seja, isso deixaria de ser aplicado no caso dos navios americanos.

Depois do ataque japonês, os EUA procuraram arregimentar seus vizinhos latinos. Dessa vez, em conferência no Rio dos chanceleres em 15 de janeiro de 1942, o objetivo era fazer os latino-americanos romperem

Neutro, mas não muito

Os responsáveis pela defesa do Brasil. Da esquerda para a direita, almirante José Maria Neiva (Comando Naval do Nordeste), almirante Jonas Ingram (4ª Esquadra dos EUA), general Eurico Dutra (ministro da Guerra), general Robert Walsh (comandante das Forças do Exército americano no Atlântico Sul), brigadeiro Eduardo Gomes (2ª Zona Aérea) e almirante Carlos Soares Dutra (Força Naval do Nordeste).

relações com o Eixo. Alguns países do Caribe e América Central já tinham declarado guerra ao lado dos americanos e outros haviam cortado relações. A ofensiva americana deu bons resultados. Só Chile e Argentina não cortaram relações com o Eixo. O Brasil rompeu relações diplomáticas e comerciais com Alemanha, Japão e Itália em 28 de janeiro de 1942.

Mas antes disso os americanos já estavam "invadindo" o Nordeste.

Em 1941, o país recebeu várias visitas de navios americanos, essencialmente cruzadores e destróieres. No final do ano, logo após o ataque japonês a Pearl Harbor, chegou a Natal uma parte do esquadrão naval VP-52, equipado com hidraviões Catalina (em abril/maio de 1942, ele foi substituído pelo esquadrão VP-83). Foram os primeiros aviões dos EUA baseados no Brasil.

Também começou a ser baseada no país uma força-tarefa americana, a *Task-Force 3*, depois renomeada *Task-Force 23*, comandada pelo contra-almirante (depois, vice-almirante) Jonas Howard Ingram. Mais tarde ainda, quando atingiu um tamanho considerável, passou a ser a 4ª Esquadra (*4th Fleet*). Desde junho de 1941 que os cruzadores e destróieres dessa esquadra usavam os portos de Recife e Salvador em suas missões de patrulha no Atlântico Sul.

Os EUA basearam no Nordeste uma esquadra razoável, composta de navios que não seriam muito adequados para a luta no Pacífico contra os japoneses, mas que estavam plenamente equipados para fazer frente aos dois tipos de ação inimiga no Atlântico Sul – submarinos e navios mercantes do Eixo rompedores de bloqueio (*blockade runners*). Esses navios tentavam comerciar com o Japão, trazendo matérias-primas importantes para a Europa ocupada. Os navios americanos no Nordeste patrulhavam a "cintura" entre Brasil e África em busca dos rompedores. Vários foram afundados durante a guerra.

A principal força americana eram os cruzadores leves da classe Omaha, com suas características quatro chaminés, que costumam aparecer no fundo das fotos feitas por veteranos da FEB durante a viagem à Europa, pois participavam das escoltas. Foram construídos nos primeiros anos da década de 1920, portanto seu projeto lembrava mais os navios da Primeira Guerra do que os da Segunda. Eram armados com 12 canhões de 6 polegadas

(152 mm), mas dispostos de tal modo que só 8 poderiam disparar de cada bordo. Com suas 7.500 toneladas eram leves demais para combater os modernos e grandes cruzadores japoneses, mas eram mais que suficientes para caçar os rompedores.[2]

Muitos dos destróieres americanos que operavam no Nordeste tinham o inconveniente de não dispor de canhões capazes de duplo emprego eficiente, isto é, de atirar com igual capacidade contra navios e aviões. Eram navios da classe Somer, como o Jouett e o Warrington, ou da classe Porter, como o Moffett e o Winslow, armados com 8 canhões de 5 polegadas (127 mm) que os tornavam até mais fortes que os "minicruzadores" brasileiros Bahia e Rio Grande do Sul (que tinham 10 canhões de 4,7 polegadas – 120 mm –, mas que só podiam disparar metade deles por cada bordo). Os destróieres dessas duas classes eram navios grandes, bons para a patrulha oceânica, e a falta de uma boa artilharia antiaérea não causava problema, pois o risco de ataque aéreo no Nordeste passou a ser inexistente de 1943 em diante.

O navio capitânia da frota americana era o cruzador Memphis, da classe Omaha. Serviu de fevereiro de 1925 até dezembro de 1945 e teve uma carreira invejável em termos diplomáticos – levou vários presidentes de República a bordo, um aviador famoso e um rei.

Como que antecipando seu futuro papel ao Sul, já no seu começo de vida ativa, em abril de 1925, o Memphis fez uma visita a Trinidad, que viria a ser a base da qual chegavam e partiam os comboios para o Brasil. No ano seguinte, ele foi visitado pelo rei da Espanha, Alfonso XII, durante uma visita a Santander. Em 1927, o Memphis transportou o aviador Charles Lindbergh de volta aos EUA depois de ter cruzado o Atlântico pela primeira vez em um avião sem escalas. Em 1928, o cruzador escoltou o presidente americano Calvin Coolidge – sem hospedá-lo, porém. A área de navegação habitual do navio era o Caribe. Quando o presidente nicaraguense Juan Sacasa assumiu, ele estava por ali patrulhando.

Ironicamente, os dois primeiros anos da guerra europeia viram o navio sair do quente Caribe para o gelado Alasca. Mas quando o clima esquentou no Atlântico, ele voltou para seus mares habituais, visitando Recife em 10 de maio de 1941.

Quando houve a Conferência de Casablanca entre o presidente americano Franklin Roosevelt e o primeiro-ministro britânico Winston Churchill, em janeiro de 1943, foi o Memphis que transportou o chefe de Estado americano. Getúlio Vargas e o presidente uruguaio também estiveram a bordo, em 1944. O cruzador foi à Europa no começo do ano seguinte, onde mais uma vez recebeu visitantes ilustres – o almirante Ernest King e o general George Marshall, *joint chiefs of staff* (dois chefes supremos da máquina militar americana).[3]

Esse "talento diplomático" do navio tinha a contrapartida ideal no almirante Jonas Ingram. Os brasileiros não poderiam ter escolhido alguém melhor para lidar. Coalizões e alianças militares são pródigas em atritos e mal-entendidos. Ingram soube ser diplomático ao extremo e fazer seu comando funcionar. Os brasileiros estavam vivendo uma situação potencialmente humilhante, tendo de deixar parte considerável da defesa do próprio país a cargo de estrangeiros. Ingram soube entender essa situação, e não foi condescendente com seus aliados mais fracos. Vargas foi um dos que confiaram imediatamente no almirante, e foi logo colocando a esquadra brasileira sob seu comando. Não há dúvida sobre o motivo: estabelecer um comando unificado é um princípio militar básico. Quando dois mandam, cria-se confusão na cabeça de quem recebe ordens.

O historiador Hélio Silva resumiu como isso foi feito:

> A coordenação das Forças Navais brasileiras e norte-americanas conduziu à conveniência de adoção do princípio do comando único. O convênio, estabelecido entre os dois governos, e a Resolução n° 11, de 1943, da Comissão Mista de Defesa Brasil-Estados Unidos conferiram ao Comando da 4ª Esquadra dos Estados Unidos a direção estratégica das operações da área oeste do Atlântico Centro-Meridional, todas as Forças Aliadas operando na mesma área. Consequentemente, as Forças Navais brasileiras foram incorporadas à 4ª Esquadra. O vice-almirante Jonas Howard Ingram exerceu esse comando até 14 de novembro de 1944, quando o transmitiu ao vice-almirante William R. Munroe. Nessa ocasião o vice-almirante Ingram assumiu o comando-em-chefe da Esquadra dos Estados Unidos do Atlântico.[4]

Era sensato dar o comando ao parceiro mais forte. Ingram e Vargas logo se entenderam. A decisão era tão radical que houve quem achasse que era blefe dos brasileiros, como o secretário (ministro) da Marinha dos EUA, Frank Knox. Ele passou pelo Brasil ainda em 1942, e teve uma entrevista tensa com Ingram. O relato franco do que aconteceu foi feito na primeira versão da História da 4ª Esquadra, um texto preparado ainda antes de a guerra acabar – história instantânea – e que deixou de ser secreto em 1959:

> A 27 de setembro, o almirante Ingram deixou Recife para ir a Natal se encontrar com o Secretário da Marinha, coronel Frank Knox. O propósito era escoltá-lo de lá ao Rio, para uma conferência com o presidente Vargas e autoridades brasileiras. O secretário Knox chegou de avião no dia 28 e passou a noite em Natal nas acomodações muito primitivas que a instalação naval podia fornecer. No dia seguinte eles foram ao Rio, chegando no final da tarde e encontrando uma recepção popular.

> O presidente Vargas chamou o almirante imediatamente e a entrevista nessa ocasião foi quase tão momentosa quanto seu primeiro encontro em Poços de Caldas em abril. O presidente declarou que suas Forças Armadas não eram capazes de trabalhar em união, e portanto ele propôs colocar todos os três ramos sob controle operacional do almirante americano para a defesa do Brasil. Isso envolveria qualquer operação, ofensiva ou defensiva, que pudesse ser necessária para a proteção da costa e das cidades costeiras. Era uma grande responsabilidade para ser assumida mas o Almirante aceitou-a e relatou ter feito isso ao coronel Knox à noite. A reação do Secretário foi violentamente desfavorável. Nenhum país com respeito próprio, disse ele, pode sinceramente tomar o passo que o Brasil tomou; portanto esse país não está de fato agindo seriamente. Ao aceitar, o almirante fez papel de "pateta", nas palavras do secretário. Uma conversa acalorada se seguiu, durante a qual o almirante Ingram declarou que se suas ações não são aprovadas, ele deveria ser exonerado de seu comando imediatamente. Isso seria necessário, ele disse, porque uma conferência já tinha acontecido entre ele e os chefes das três forças brasileiras e planos preliminares já traçados para cooperação conjunta. Se os planos não puderem ir adiante, então seria justo que os brasileiros fossem informados de que uma mudança estava iminente. O secretário não se propôs a fazer nada tão radical, mas permaneceu insatisfeito. Como era necessário ao almirante voltar a seu quartel-general em Recife para continuar com a guerra, ele deixou o secretário no Rio e voou de volta. A tarefa de aplacar o coronel Knox e de explicar o ponto de vista brasileiro a ele ficou a cargo do embaixador Caffery. Alguns dias depois, o secretário passou por Recife de volta para casa e parecia bem mais acalmado.[5]

A nossa Segunda Guerra

Nem todos os americanos sabiam se comportar como Ingram, e nem todos os brasileiros estavam preparados para esse tipo de situação de dependência, que se repetia em graus variados na FEB, na FAB e na Marinha. Basta ver o livro de memórias de guerra de um oficial que foi chefe do Estado-Maior Geral da FEB, Floriano de Lima Brayner. O ressentimento com os americanos é uma constante no livro.[6] Ele e os brasileiros em geral não estão sozinhos. Os franceses viveram o mesmo problema em dose bem maior. Com o país ocupado pelos alemães, as forças francesas livres de Charles de Gaulle dependiam em tudo dos britânicos e americanos – mais até do que os brasileiros. A história do difícil relacionamento entre De Gaulle e os anglo-americanos é bem conhecida.[7]

A guerra já tinha visitado as Américas bem antes de os americanos do Norte chegarem. Logo no primeiro mês do conflito, em 30 de setembro de 1939, um navio mercante britânico, o Clement, fora afundado ao largo de Pernambuco. Era a primeira vítima de um corsário de superfície alemão, o "couraçado de bolso" Admiral Graf Spee. Tratava-se de um navio híbrido alemão, projetado na década de 1920 para fugir às restrições do Tratado de Versalhes, que proibiam aos alemães navios com mais de 10 mil toneladas de deslocamento (o tamanho típico de um cruzador). O Graf Spee era armado com canhões mais pesados que um cruzador, daí ser apelidado de "couraçado de bolso". Deveria ser um navio "mais rápido que os mais poderosos, e mais poderoso que os mais rápidos". Os sobreviventes do Clement vieram parar no Brasil, de onde saiu o alerta de que havia um incursor à solta no Atlântico Sul. A história do Graf Spee é bem conhecida. Depois de afundar nove navios aliados, foi forçado a combater perto do Rio da Prata por três cruzadores britânicos, Exeter, Ajax e Achilles. Avariado, o navio alemão se refugiou em Montevidéu, de onde saiu depois e se autodestruiu. Seu comandante, Hans Langsdorff, se matou.

O combate causou forte impressão nos sul-americanos. Ficou claro que proteger a neutralidade não seria tarefa fácil nos mares. Outros incidentes aconteceram envolvendo navios de países do continente. A Grã-Bretanha, mais forte nos mares e com uma posição geográfica privilegiada, barrando o acesso da Alemanha ao mar, tinha imposto um bloqueio naval

42

Neutro, mas não muito

ao seu inimigo. Os mercantes alemães não podiam mais navegar sem risco, e muitos deles permaneceram nos portos onde estavam. Em contrapartida, os alemães responderam com uma réplica da guerra submarina que já tinham praticado na Primeira Guerra, que havia sido uma das principais causas do envolvimento americano no conflito.

Os brasileiros logo notaram como era difícil equilibrar-se entre os países beligerantes. O cargueiro Siqueira Campos foi a princípio apresado pelos britânicos em outubro de 1940, porque estava a caminho de retirar material bélico vendido pela Alemanha ao Brasil. Foi liberado depois de muita diplomacia, que envolveu também os Estados Unidos. Cada caso desses tinha repercussões imediatas na briga entre pró-americanos e pró-alemães, como declara o biógrafo de Aranha:

> A crise diplomática passou, mas a interna mal começara. No dia 1º de janeiro de 1941, Dutra desencadeou uma batalha epistolar quando enviou um memorando a Vargas insistindo na vinda de canhões antiaéreos alemães a bordo de outro navio do Lloyd, o Bagé, que ainda estava em Lisboa. Aranha, consultado por Vargas, enfaticamente rejeitou a ideia, recomendando em carta do dia 2 que se esperasse uma nova oportunidade criada pelas contingências da guerra. Lembrou o compromisso formal, que fora aprovado em reunião ministerial, que assumira perante as autoridades de Londres de não solicitar autorização para trazer mais armamento alemão e aproveitou para criticar, implicitamente, o germanismo do alto-comando, apontando para a crueldade dos métodos do Reich. "No caso do nosso material bélico, se houvesse sido encomendado à Inglaterra e esta o estivesse entregando...", declarou, "o *Siqueira Campos*, Senhor Presidente, forçando o bloqueio alemão teria sido afundado pura e simplesmente e nunca detido e por fim liberado, como fez o governo inglês". Ao recomendar paciência e esclarecer a atitude dos dois governos beligerantes, disse Aranha, seu objetivo era "evitar julgamentos errôneos, prevenções injustificadas e reservas absolutamente improcedentes" – obviamente um recado para os líderes militares.[8]

O caso do Bagé foi resolvido graças à intervenção americana, que convenceu os britânicos a liberarem uma última carga de armamento importado da Alemanha (ironicamente, armas iguais estariam sendo usadas contra brasileiros poucos anos depois).

43

A nossa Segunda Guerra

Nessa época, os britânicos ainda eram donos da maior Marinha do planeta, com uma tradição de vitórias de vários séculos, e não ligavam para sutilezas no mar. Um cruzador-auxiliar inglês, o Carnavon Castle, parou o mercante brasileiro Itapé em dezembro de 1940 e retirou de bordo passageiros alemães e italianos – à vista do litoral brasileiro! O Siqueira Campos voltou a ser vistoriado, dessa vez por um submarino alemão, em julho de 1941. Mais grave foi o caso do Taubaté, metralhado e bombardeado por um avião alemão em março de 1941 ao viajar de Chipre para Alexandria – algo compreensível por ser uma região onde os confrontos eram constantes, apesar de o mercante viajar com bandeira brasileira. O ataque fez a primeira vítima brasileira dos alemães, o tripulante José Francisco Fraga.

Mesmo antes de os japoneses liquidarem de modo dramático com o isolacionismo da população dos Estados Unidos, a Marinha americana já vivia uma guerra não declarada com os submarinos alemães. O abastecimento do Reino Unido vinha principalmente dos EUA e do Canadá. Em 17 de outubro de 1941, o submarino alemão U-568 acertou um torpedo no destróier americano Kearny, matando 11 homens – as primeiras vítimas das Forças Armadas dos EUA na guerra. No dia 30 do mesmo mês houve um incidente ainda pior: 115 oficiais e marinheiros dos EUA morreram quando o U-552 afundou o destróier Reuben James.

O rompimento de relações diplomáticas e as bases cedidas aos americanos no Nordeste tornavam o Brasil um país hostil na visão de alemães e italianos. O primeiro navio brasileiro a ser afundado foi o Cabedelo, que desapareceu no Caribe depois de sair dos EUA a 14 de fevereiro de 1942, época em que a ofensiva submarina estava no auge na região.[9] Morreram 54 homens e até hoje não se sabe quem foi que afundou o navio. A hipótese mais provável é que tenha sido o submarino italiano Da Vinci, mas não há provas definitivas.[10] Os ataques se sucederam: o Buarque foi posto a pique pelo U-432 dois dias depois, em 16 de fevereiro, com a morte de um passageiro; mais dois dias e foi a vez de o Olinda ser afundado pelo mesmo submarino, sem vítimas. Até o final de julho de 1942, o Brasil ainda perderia o Arabutan (1 morto), o Cairu (53 mortos), o Parnaíba (7 mortos), o Gonçalves Dias (6 mortos), o Alegrete (sem vítimas), o Pedrinhas (sem vítimas), o Tamandaré

(4 mortos), o Piave (1 morto) e o Barbacena (6 mortos). Todos eles foram atacados longe do litoral brasileiro, e com exceção do Cairu, o número de vítimas não foi catastrófico.

O primeiro navio brasileiro a ser atacado perto do país foi um dos que sobreviveram, o Commandante Lyra, vítima do submarino italiano Barbarigo em 18 de maio de 1942. O episódio acabou servindo como mais um triunfo diplomático americano.

O Lyra viajava de Recife para Nova Orleans quando foi torpedeado a 180 milhas náuticas do arquipélago de Fernando de Noronha. A tripulação lançou um SOS e abandonou o navio, que foi deixado queimando, depois de ser também canhoneado pelo barco italiano. O Barbarigo se afastou, achando que sua vítima logo afundaria. Mas o SOS tinha sido captado por navios americanos. Na manhã de 19, o Lyra foi abordado por marinheiros do cruzador americano Omaha, que apagaram o fogo. Os marinheiros necessários para tocar o navio foram levados de volta a bordo, e o Commandante Lyra foi rebocado pelo navio americano Thrush e pelo rebocador brasileiro Heitor Perdigão até Fortaleza, onde chegou no dia 25.[11]

Nesse meio-tempo, o Barbarigo foi atacado entre o atol das Rocas e Fernando de Noronha. No dia 22, ele foi pego na superfície às 14 horas por um bombardeiro B-25B Mitchell da recém-criada Força Aérea Brasileira. O avião pertencia ao Agrupamento de Aviões de Adaptação, uma unidade de treinamento que a FAB tinha organizado para receber aviões dos EUA. A tripulação do B-25 era, consequentemente, americana e brasileira. O comando do avião era do capitão-aviador Afonso Celso Parreiras Horta; outro oficial brasileiro a bordo era o também capitão-aviador Oswaldo Pamplona Pinto. O piloto americano que os treinava era o primeiro-tenente Henry B. Schwane, da Força Aérea do Exército dos EUA.

O B-25 só tinha pequenas bombas de 100 libras, que dificilmente causariam grandes danos ao submarino. O Barbarigo conseguiu fugir depois do ataque. Em vez de ficar por perto e tentar mantê-lo à tona enquanto outros aviões se dirigissem ao local, o bombardeiro voltou à base, permitindo ao submarino italiano submergir. Parreiras Horta achou que o Barbarigo não estava em condições de submergir. Essa foi a primeira missão de combate da história da FAB.

Na mesma ocasião, havia três outros submarinos italianos em ação no litoral do país, o Archimede, o Cappellini e o Bagnolini. O Archimede chegou a atacar a escolta do Comandante Lyra e, apesar de não ter causado danos, o capitão do submarino achou que tinha afundado um cruzador pesado – o mais provável é que ele tenha se confundido com a detonação de uma carga de profundidade do destróier americano Moffett. Dois dias depois de atacar o Commandante Lyra, o Barbarigo achou que tinha afundado um couraçado americano. Na verdade, era o cruzador Milwaukee, que não foi atingido.

A ação dos aviadores, e a reação do ministro da Aeronáutica, era o sinal de que mais problemas deveriam vir. Salgado Filho elogiou os responsáveis por ataques feitos a submarinos – esse descrito no dia 22, e dois outros, também não sucedidos, em 27 de maio. Os ataques foram amplamente noticiados e o presidente americano Franklin Roosevelt parabenizou Vargas pelos ataques.

Esse tipo de ação já era esperada para quando a guerra submarina chegasse ao litoral brasileiro. Quando os aviadores que participaram dos ataques haviam passado por Recife a caminho da unidade de treinamento em Fortaleza, tinham conversado com o brigadeiro Eduardo Gomes, comandante da 2ª Zona Aérea. Eles perguntaram como fariam caso vissem um submarino. Gomes respondeu que, se fosse hostil, deveriam atacar. A definição de um "submarino hostil" era simples: um que não tivesse identificação. Como o modo de operar desses barcos é justamente a discrição, todos seriam um alvo potencial.[12]

"Hoje, na calmaria distante daqueles tempos agitados, um analista menos avisado talvez possa admitir que o gesto do Ministro tenha sido precipitado, visto que o Brasil ainda se encontrava em estado de neutralidade", escreveu um veterano da aviação de patrulha na guerra, Deoclécio Lima de Siqueira.[13] Para o brigadeiro Deoclécio, a neutralidade do país já tinha sido violada; e não havia dúvida da hostilidade do inimigo. Ele está certo: o Barbarigo tinha tentado afundar um navio brasileiro. O próximo a tentar o mesmo tipo de coisa teria mais sucesso, e acabaria de vez com a neutralidade.

Notas

[1] O papel relevante do chanceler Oswaldo Aranha em fazer o país alinhar-se com os americanos e sua briga constante com os germanófilos foram retratados em detalhe na fascinante biografia feita pelo brasilianista Stanley Hilton, *Oswaldo Aranha: uma biografia*, Rio de Janeiro, Objetiva, 1994.

[2] *Jane's American Fighting Ships of the 20th Century*, compilação dos navios americanos mostrados no anuário *Jane's Fighting Ships* entre 1898 e 1980, editado pelo capitão John Moore (New York, Mallard Press, 1991, pp. 108-9).

[3] *Seaweed's ships histories* (informações sobre navios por encomenda). Os dados foram obtidos junto ao Naval Historical Center, de Washington, D.C.

[4] Hélio Silva, *1944: o Brasil na Guerra*, Rio de Janeiro, Civilização Brasileira, 1974, v. XII, p. 159. (Col. "O Ciclo de Vargas"). Silva pode ser acusado de ser um historiador que só junta fatos sem fazer muita análise ou crítica, mas não há dúvida de que ele juntava bem os fatos.

[5] *History of the Fourth Fleet: First Draft Narrative*, preparada pela Seção Histórica da Esquadra do Atlântico, pelo tenente Charles E. Nowell, da reserva naval, 1945, pp. 93-4.

[6] Marechal Floriano de Lima Brayner, *A verdade sobre a FEB*, Rio de Janeiro, Civilização Brasileira, 1968.

[7] Mesmo 50 anos depois, essas feridas ainda mostram partes não cicatrizadas. Em 1994, durante o 50º aniversário do Desembarque na Normandia, foi possível ver que, se por um lado os franceses eram gratos aos anglo-americanos por terem expulsado os alemães, também era possível ouvir vozes lamentando o pesado bombardeio que a França suportou como preparação do "Dia D". Mas o ponto mais sensível era justamente a participação francesa na liberação, que tendia naturalmente a ser enfatizada pela mídia do país. Um exemplo simples: uma série de artigos na revista *Le Nouvel Observateur* sobre a libertação de Paris tinha o título "Et Leclerc libère Paris". A introdução do texto lembrava também o papel das Forças Francesas do Interior (a resistência) e os heróis "mais ou menos anônimos" que organizaram a revolta da capital antes da chegada da divisão blindada do general (armada com tanques americanos). "Mas Paris não teria sido liberada, em 25 de agosto de 1944, se a França não tivesse contado em suas fileiras com um general de caráter impossível e de dons excepcionais: Philippe de Hauteclocque, dito Leclerc, chefe da legendária 2ª Divisão Blindada." Com todo respeito ao general, de fato competente, faltou explicar que havia um enorme exército aliado, principalmente americano, por trás da tomada da cidade, e que Paris cairia de qualquer jeito, mesmo que nenhum francês levantasse o dedo.

[8] Stanley Hilton, op. cit., p. 351.

[9] Descrições dos afundamentos dos mercantes brasileiros podem ser encontradas em: Artur Oscar Saldanha da Gama, *A Marinha do Brasil na Segunda Guerra Mundial*, Rio de Janeiro, Capemi, 1982; diversos autores, *História naval brasileira*, Rio de Janeiro, Serviço de Documentação Geral da Marinha, 1985, t. II, v. V; Paulo de Queiroz Duarte, *Dias de guerra no Atlântico Sul*, Rio de Janeiro, Biblioteca do Exército, 1968. A principal fonte usada por esses autores para narrar os afundamentos foram os processos de torpedeamento dos navios mercantes do Arquivo do Tribunal Marítimo.

[10] Jürgen Rohwer, *Axis Submarine Successes, 1939-1945*, Annapolis, Naval Institute Press, 1983, p. 81. É o melhor livro de consulta sobre os ataques de submarinos do Eixo Alemanha-Itália-Japão, uma magistral obra de referência. É uma quase inacreditável compilação de todos os navios atacados por submarinos do Eixo, feita depois de mais de 20 anos de pesquisa por um dos mais importantes historiadores navais alemães. A edição em inglês, de 1983, é uma revisão da edição original alemã de 1968. O almirante Artur Oscar Saldanha da Gama e o capitão de mar e guerra Max Justo Guedes, diretor do Serviço de Documentação da Marinha, colaboraram com Rohwer com informações sobre os navios afundados ao longo do Brasil.

[11] A descrição do ataque ao Commandante Lyra e a subsequente ação da Força Aérea Brasileira podem ser encontradas nos livros de história oficiais da Marinha e da FAB, *História naval brasileira*, op. cit., e Instituto Histórico-Cultural da Aeronáutica (Incaer), *História geral da Aeronáutica brasileira*, Rio de Janeiro/Belo Horizonte, Incaer/Villa Rica Editoras Reunidas, 1991, v. 3.

[12] Instituto Histórico-Cultural da Aeronáutica (Incaer), op. cit., pp. 421-2.

[13] Deoclécio Lima de Siqueira, *Fronteiras: a patrulha aérea e o adeus do arco e flecha*, Rio de Janeiro, Revista Aeronáutica Editora, s.d., p. 169. O brigadeiro Deoclécio, que presidiu o Incaer, foi um dos principais autores da *História geral da Aeronáutica brasileira*.

Massacre no mar do Nordeste

Até julho de 1942, o Brasil já tinha perdido 13 navios na guerra que os submarinos alemães faziam ao comércio dos Aliados. No mês seguinte, porém, aconteceu algo que causou comoção em todo o país, obra de apenas um submarino nazista, o U-507. Em poucos dias, o U-507 afundou cinco navios e um pequeno veleiro. O Baependy teve 270 mortos, incluindo soldados do Exército sendo levados ao Nordeste. O Araraquara teve 131 mortos. O Aníbal Benévolo teve 150 mortos. O Itagiba teve 36 mortos. O Arará, que tinha parado para socorrer o Itagiba, teve 20

A nossa Segunda Guerra

mortos. Só o pequeno veleiro Jacira, com seus 6 tripulantes, escapou de ter vítimas fatais.[1]

Foi o que bastava para forçar o governo de Getúlio Vargas a declarar guerra. Manifestações de rua não só de estudantes universitários mais politizados, mas de outros grupos da população, exigiram a guerra.

O Baependy foi torpedeado às 19h12 do dia 15 de agosto de 1942. O navio afundou em dois minutos.

Os passageiros tinham acabado de jantar e comemoravam o aniversário do imediato Antônio Diogo de Queiroz. Uma orquestra tocava no salão. Com a explosão, as luzes se apagaram e o pânico começou.

O Baependy não era um navio moderno. Com 4.801 toneladas de deslocamento, tinha sido construído na Alemanha em 1912. Assim como outros navios mercantes alemães, tinha sido apreendido pelo governo brasileiro em 1917 durante a Primeira Guerra Mundial, quando ainda se chamava Tijuca. Ele era um dos navios responsáveis pelas linhas costeiras do Lloyd Brasileiro. Quando foi atingido, dirigia-se de Salvador a Recife e estava a apenas 20 milhas marítimas do farol do rio Real. Tinha saído às 7 horas da manhã de Salvador rumo ao primeiro porto de parada, Maceió. A bordo estavam 73 homens da tripulação e 233 passageiros. A maior parte dos passageiros era constituída por militares do Exército. O major Landerico de Albuquerque Lima estava levando o seu 7º Grupo de Artilharia de Dorso a Recife.

O radiotelegrafista não teve tempo de transmitir uma mensagem de socorro. Também não houve tempo de lançar os botes e baleeiras ao mar; apenas uma se soltou espontaneamente. Muitos dos passageiros estavam em suas cabines e não tiveram tempo de sair devido à rapidez do afundamento. O comandante, capitão de longo curso João Soares da Silva, morreu na ponte de comando acionando o apito do navio, segundo depoimento de testemunhas. Além do capitão, morreram outros 55 tripulantes e 215 passageiros – 270 pessoas das 306 que estavam a bordo. O major Landerico morreu junto com 3 capitães, 5 tenentes, 8 sargentos e 125 cabos e soldados. Alguns náufragos conseguiram chegar à única baleeira que se soltou; 28 sobreviventes chegaram a terra na manhã do dia seguinte. Outros 8 levaram mais um dia para alcançar a praia, agarrados a destroços. No total, salvaram-se 18 tripulantes e 18 passageiros.

50

Massacre no mar do Nordeste

O mercante Baependy afundou dois minutos depois de ter sido torpedeado às 19h12 do dia 15/8/1942. Morreram 270 pessoas das 306 que estavam a bordo. Foi o primeiro de uma série de afundamentos pelo submarino alemão U-507 que levariam o país à guerra.

A nossa Segunda Guerra

O Baependy foi a primeira vítima brasileira de um submarino alemão, o Unterseeboot-507, comandado pelo experiente Korvettenkapitän Harro Schacht. O U-507 já tinha a seu crédito o afundamento de 9 navios aliados quando foi mandado para as costas do Nordeste brasileiro.[2]

Schacht participou no começo de 1942 de um autêntico massacre, que os alemães chamaram de "segundo tempo feliz". O primeiro foi em 1940, quando os submarinos puderam afundar grande número de navios aliados, principalmente britânicos, quase sem sofrer represálias. O serviço de escolta de mercantes por navios de guerra ainda tinha graves falhas. A Grã-Bretanha não havia dado a devida atenção à luta antissubmarina e pagou caro pela omissão nos primeiros anos da guerra.

Erros parecidos foram cometidos pelos americanos quando entraram na guerra em dezembro de 1941. Durante o primeiro semestre de 1942, o "segundo tempo feliz", praticamente não havia defesa organizada contra submarinos nas costas americanas. Os alemães afundavam dúzias de navios ao largo de Nova York ou até mais longe, dentro do golfo do México. Um dos que se aventuraram no Caribe e golfo do México foi o U-507 de Schacht.

O submarino típico da Segunda Guerra mal merecia esse nome. Eram mais navios-torpedeiros "submersíveis", capazes de submergir, mas incapazes de ficar muito tempo debaixo d'água. A Alemanha tinha dois modelos básicos predando no Atlântico, o tipo VII, de tamanho médio, e o tipo IX, de mais longo alcance. O U-507 era um tipo IX C, que começou a ser construído a partir de 1940. Tinham 1.120 toneladas de deslocamento na superfície e 1.540 toneladas submersos. Com um comprimento de 76,4 metros, eram capazes de fazer 18,3 nós na superfície, mas apenas 7,3 nós submersos (um nó é uma milha marítima por hora – no caso, 34 km/h e 13,5 km/h).[3] Eram movidos por uma combinação de motores diesel e elétrico. Debaixo d'água, só se podia usar o motor elétrico, que não rouba o ar como os motores a combustão (só mais tarde na guerra que se adaptou um dispositivo, o *snorkel*, para tornar o submarino capaz de ligar o motor diesel mesmo submerso. É basicamente um tubo que capta ar da superfície). Na superfície, movido a diesel, um tipo IX C podia navegar 13.450 milhas náuticas a uma velocidade de 10 nós. Submerso, com o

52

motor elétrico, só conseguia navegar 63 milhas a uma velocidade de tartaruga – 4 nós. Quando Schacht torpedeou o Baependy, o U-507 estava na superfície, pois já era noite e, assim, ele não só não corria risco de ser visto por aviões ou navios hostis, como também podia se posicionar melhor na caça aos navios mercantes.

A imprevidência americana custou caro. Só em abril é que a Marinha dos EUA, com certa relutância, instituiu comboios. E foi só em 14 de abril de 1942 que os americanos conseguiram afundar seu primeiro submarino alemão, o U-85; mas, desde que o país havia entrado em guerra, cerca de 250 navios já tinham sido afundados em águas norte-americanas.[4] Schacht colaborou afundando 6 navios americanos – incluindo um petroleiro de 10.731 toneladas –, dois hondurenhos e um norueguês.

O erro dos americanos é difícil de compreender hoje, já que a experiência da Primeira Guerra deixara claro o valor de comboios, embora seja perfeitamente explicável em termos psicológicos. Defender um comboio não era considerado uma tarefa nobre. Todo oficial de Marinha sonha em ser um Nelson. A fama do almirante britânico Horatio Nelson (1758-1805) foi feita através de batalhas decisivas contra a esquadra inimiga. Em Trafalgar, no delta do Nilo e em Copenhague, ele destroçou a frota adversária. Todos os grandes almirantes da história se tornaram famosos devido a batalhas, ou então por tomar ou destruir os comboios de navios mercantes do inimigo. É como a posição do goleiro: só se nota que ele está ali quando sofre um gol. Os almirantes americanos não fugiam à regra. Um oficial tem de ter mentalidade agressiva, ofensiva; ficar preso a um comboio lento não era o sonho de ninguém.

Os britânicos cometeram esse erro em 1917 e voltaram a aprender lições duras entre 1939-1941, em parte porque achavam que tinham o antídoto perfeito para o submarino. No imediato pós-guerra, em 1920, um comitê de cientistas desenvolveu um método para detecção de submarinos através do som. O aparelho emite ondas sonoras e capta o seu eco. Ao acertar em um submarino, esse eco refletido serve para localizá-lo, tanto pela direção como pelo tempo que levou para voltar ao navio. Os britânicos o batizaram de Asdic (sigla em inglês para Comitê Aliado de Investigação sobre Detecção de Submarino, *Allied Submarine Detection*

Investigation Committee). Sua versão americana foi chamada de Sonar (*Sound Navigation and Ranging*, ou Navegação e Estimativa de Distância por Som), e esse foi o nome que pegou.

Os britânicos pareciam desprezar a ameaça submarina, embalados na falsa ideia de que o Asdic resolveria o problema. Havia gente na Marinha britânica que achava que não. Mas o governo, certamente, não foi bem assessorado. Ao fazerem um acordo naval com os alemães em 1935, que autorizou ao antigo inimigo construir uma Marinha equivalente a 35% da Marinha Real, os britânicos até deixaram uma cláusula que permitiria paridade em número de submarinos. A mística da obsoleta linha de batalha de couraçados era universal em 1939. A guerra que viria demonstrar que submarinos e aviões tinham passado a ser as armas mais letais.

A primeira vítima de Schacht ao largo do Brasil foi um alvo fácil. O Baependy navegava devagar, a apenas 9 nós (16,6 km/h) e estava iluminado. O mundo estava em guerra, mas não o Brasil – por pouco tempo. Navios neutros devem navegar iluminados e com identificação proeminente da nacionalidade, como bandeiras de grande dimensão pintadas no casco. Navios neutros também não devem ziguezaguear para despistar submarinos, nem devem estar armados. O Baependy ainda era um navio neutro. O país era neutro, mas não muito. Em agosto de 1942, já havia forças americanas consideráveis, aéreas e navais, baseadas no Nordeste brasileiro. Em janeiro anterior, o Brasil tinha rompido relações diplomáticas com o Eixo. Em março fora decidido colocar canhões nos navios mercantes – sinal de que a "neutralidade" não era muito perfeita. Neutralidade deveria ser como virgindade. Ou se é virgem, ou não; o Brasil estava trilhando o perigoso caminho da meia virgindade.

A segunda vítima, no mesmo dia, foi o Araraquara, de 4.871 toneladas. Saindo de Salvador pela manhã, às 11 horas, o mercante se dirigia também para o norte. Tudo foi bem até de noite. Às 21h03 dois torpedos atingiam o navio e o faziam afundar em cinco minutos. Foi esse o tempo de que as pessoas dispuseram para tentar se salvar, à noite, de um navio que ao ser atingido começa a adernar, inclinando para um dos lados, perde a iluminação e fica de repente repleto de gente assustada, gritando sem saber o que fazer. O país não estava em guerra; logo, não havia o treinamento e

Massacre no mar do Nordeste

o preparo para o abandono rápido do navio. O resultado era esperado: dos 142 a bordo, morreram 131.

O Aníbal Benévolo saiu de Salvador uma hora depois do Araraquara navegando na mesma direção, com destino a Aracaju. O U-507 só foi achá-lo 7 horas depois de atacar o Araraquara. O Aníbal Benévolo não estava longe de terra – apenas 7 milhas náuticas, quase 13 km. Eram cerca de 4 horas da madrugada do dia 16 quando ele foi atingido na popa por um torpedo e em seguida por outro que acertou a casa de máquinas. Era um navio pequeno, com apenas 1.905 toneladas de deslocamento. Se não estivesse tão perto da costa, o submarino até poderia tentar afundá-lo a canhão – alvos pequenos não costumavam merecer torpedos, cuja quantidade a bordo de um submarino é limitada (um submarino tipo VII levava geralmente 14, e o maior, tipo IX, como o U-507, podia ter 22 torpedos a bordo). Os alemães tiveram problemas, durante vários momentos da guerra, com a confiabilidade de seus torpedos. Nem todos explodiam, nem todos se dirigiam corretamente ao alvo. Mas, quando acertavam, o impacto era brutal – especialmente em um navio pequeno e velho, construído em 1905. Era praticamente impossível a um navio da tonelagem do Aníbal Benévolo receber dois torpedos e sobreviver. Cada torpedo, com um diâmetro de 21 polegadas (533 mm), leva cerca de 300 kg de explosivo em seu nariz.

Os dois petardos fizeram o pequeno navio de cabotagem – construído, como eles, na Alemanha – soçobrar em dois minutos. Como era muito cedo, a maioria dos 83 passageiros estava dormindo, e não teve tempo de sair dos camarotes. Não houve tempo de lançar nenhuma baleeira n'água. Todos os passageiros morreram, provavelmente muitos ainda a bordo de camarotes que de repente foram inundados. Dos 71 homens da tripulação, apenas 4 sobreviveram – incluindo o comandante, Henrique J. Mascarenhas da Silveira. Nenhum deles chegou a terra dentro de um bote. Os náufragos fizeram o percurso de mais de 10 km de mar agarrados a destroços. Dois chegaram apenas de noite, outros dois só voltaram a pisar no Brasil no dia seguinte, mais vivos do que mortos, mas por pouco.

O ataque ao Aníbal Benévolo e aos outros dois navios brasileiros foi facílimo, como tinha sido fácil afundar os navios americanos durante o "tempo feliz". Os navios navegavam iluminados e sem suspeitar de nada.

55

A nossa Segunda Guerra

As luzes das cidades costeiras ajudavam o submarino a silhuetar os mercantes de noite. Foi um exercício de tiro ao alvo. Os relatos dos sobreviventes indicam que cada um dos três navios foi atingido por dois torpedos. Fazer um ataque sempre com mais de um torpedo era a tática usual dos submarinos para ter a garantia do sucesso. Que todos os seis tenham acertado mostra que Schacht teve tempo de sobra para posicionar seu barco de modo a obter o resultado desejado.

Não é difícil imaginar a consternação geral no país quando se descobriu o que tinha acontecido. De repente, três navios foram afundados em um espaço de oito horas, matando mais gente do que em todos os outros 13 perdidos desde o começo do ano. Os outros navios tinham sido atacados geralmente longe do país; é o tipo de risco que se espera em um mundo em guerra. Até o fim do conflito, mercantes de países neutros, como Suécia ou Portugal, viriam a ser afundados por excesso de coceira no dedo do gatilho dos submarinistas alemães. Até então a grande maioria das mais de 100 vítimas era de tripulantes; apenas 7 passageiros tinham morrido nos 13 primeiros afundamentos, 6 deles no Cairu. Por mais graves que tenham sido essas mortes de marinheiros – é óbvio que a morte violenta de alguém é sempre um fato a lamentar –, não há como escapar ao fato de que era um risco da profissão. O marinheiro convive todo dia com os riscos naturais de quem tem que enfrentar um oceano caprichoso, e naquela época isso era feito sem radar, sem satélites meteorológicos ou de navegação. A chance de morte por torpedo era apenas um risco a mais, por mais grave que fosse. O Brasil era um país neutro, e teoricamente um navio bem iluminado, com bandeiras bem à vista, não deveria ser atacado.

Ainda não havia televisão para saturar a população com relatos emocionados dos náufragos, entrevistas com as famílias das vítimas e promessas das autoridades de tomar providências imediatas. Mas o rádio e os jornais cumpriram a missão de divulgar a tragédia. "Desafio e ultraje ao Brasil!", berrava a manchete de *O Globo* do dia 18. Já então as vítimas tinham subido a cinco.

A opinião pública ainda cambaleava com a notícia da destruição dos três cargueiros quando o Itagiba foi fazer companhia a eles no fundo do mar no dia 17. O U-507 decidira continuar sua missão mais ao sul. O

Itagiba estava indo de Vitória para Salvador e já se aproximava do destino final quando foi atingido. Eram 10h45. Foi possível lançar baleeiras ao mar, embora o próprio comandante, José Ricardo Nunes, tenha ficado por duas horas dentro d'água em meio aos restos daquilo que tinha sido seu navio. O navio também tinha a bordo, como o Baependy, um grande número de soldados, da mesma unidade azarada que já tinha sofrido antes – o 7º Grupo de Artilharia de Dorso.

Outro mercante percebeu o desastre e se aproximou para recolher os náufragos. O Arará, que estava indo de Salvador para Santos, chegou mesmo a ficar estacionário enquanto seus botes procuravam o pessoal do Itagiba. Deve por isso ter sido o mais fácil dos alvos de Schacht. Já havia alguns sobreviventes do Itagiba a bordo quando o Arará foi atingido por um torpedo, cuja esteira no mar chegou a ser vista por gente da tripulação. Quando ele foi visto, só faltavam 400 metros para acertar o alvo. Mesmo se estivesse em movimento, o navio não escaparia. A essa distância, o torpedo leva poucos segundos para chegar. Nem daria muito tempo para pensar no que aquilo significava. É como estar nadando e ver a poucos metros uma nadadeira de tubarão se aproximando. O saldo do duplo afundamento foram 36 mortos no Itagiba, 26 dos quais passageiros, e mais 20 no Arará, todos tripulantes (não havia passageiros a bordo).

A vulnerabilidade do país a um ataque desse tipo pôde ser comprovada dois dias depois. No dia 19, o U-507 foi particularmente ousado. Interceptou o pequeno veleiro Jacira, de 89 toneladas, um navio típico nordestino de fundo chato chamado barcaça. Eram 2 horas e o submarino, na superfície, obrigou o veleiro a parar com tiros de canhão de advertência. Estavam todos, como se sabe, ao largo da Bahia. O veleiro estava indo de Belmonte para Salvador. Um bote de borracha com um oficial e dois marinheiros parte do submarino para vistoriar o Jacira, como se fosse uma autoridade portuária. Depois da tragédia, houve um pouco de comédia. Além de uma carga nem um pouco impressionante ou perigosa para o esforço de guerra alemão – cacau, garrafas vazias, piaçaba e um caminhão desmontado –, havia um passageiro clandestino a bordo. Ele, e os cinco homens da tripulação, foram forçados a abandonar a barcaça e partir para terra em um bote. O Jacira não foi afundado a torpedo, pois

57

era um alvo insignificante. Foi ao fundo ou com tiros de canhão ou com cargas explosivas. Não foi esse o único infortúnio do proprietário e mestre de pequena cabotagem, Norberto Hilário dos Santos. "No inquérito, foram apuradas várias irregularidades do mestre Norberto e pelas quais foi punido pela Capitania dos Portos da Bahia"', escreveu o general Paulo de Queiroz Duarte.[5]

Foi o equivalente brasileiro de Pearl Harbor: um ataque de surpresa, igualmente infame, com um número elevado de mortos e feridos. Era uma provocação tão grande, um "desafio e ultraje" tão gritantes, que uma consequência foi a própria FEB. É provável que um país despreparado para a guerra como o Brasil nem pensasse em ir adiante com a cara, complexa e demorada tarefa de organizar uma força expedicionária para lutar na Europa, caso a provocação não tivesse sido tão grande. O U-507 assim como os porta-aviões que atacaram Pearl Harbor criaram um intenso desejo de revanche.

Outros países latino-americanos não mandaram tropas à Europa, mas também nenhum deles sofreu perdas tão graves. Houve até quem passasse a guerra na confortável posição de neutro – como a Argentina, que era considerada tão simpatizante do Eixo que um submarino alemão que não quis se render aos Aliados em 1945, o U-977, viajou 66 dias submerso (o recorde na época) para se entregar lá. O U-977 teve azar, porém, pois a Argentina declarou guerra na última hora (basicamente para não pegar mal). Os Estados Unidos forçaram a entrega do submarino e de seu capitão, Heinz Schaeffer.[6] Temia-se até que Hitler tivesse fugido nesse barco. Era difícil acreditar que ele se matara e que seu corpo fora queimado.

Em agosto de 1942, Hitler ainda estava bem vivo e podia-se dizer mesmo que estava ganhando. Continuava o massacre de navios aliados no Atlântico; no Pacífico, os americanos timidamente iniciavam uma ofensiva em uma ilha chamada Guadalcanal. No norte da África, o general Erwin "Raposa do Deserto" Rommel ainda ameaçava tomar o Egito e o canal de Suez dos britânicos. Na Rússia, os alemães avançavam e tinham cercado uma cidade chamada Stalingrado. Ou seja: a aposta nos Aliados só prometia dar resultados em longo prazo.

Enquanto isso, um país sul-americano vulnerável tinha que tentar proteger sua navegação. Pode-se ver quanto esse tráfego de cabotagem era importante em um fato dos afundamentos de agosto: em dois dos navios havia soldados do Exército sendo transportados. Em um dos casos, a distância era relativamente curta, de Salvador a Recife. Por que isso acontecia? Porque em certos aspectos o Brasil de 1942 lembrava mais aquele de 1500 do que o de 1995. Um deles era o transporte. Para andar de um ponto do litoral a outro, frequentemente se descobria que era mais fácil ir pelo mar, do mesmo jeito como acontecia com os proprietários de naus e caravelas do século XVI. O Brasil era um arquipélago.

Aquele caminhão desmontado que a barcaça Jacira levava, se não tivesse sido constrangido a enferrujar no fundo do Atlântico, teria que se contentar com menos de 3.000 km de estradas pavimentadas para rodar entre as cidades brasileiras. Em 1986, a rede incluía 123.357 km. O caminhão teria que se acostumar com muita sujeira nas estradas de terra que pegasse (e ponha terra nisso. No Brasil dos anos 1940, e mesmo até meados da década de 1950, havia em média 1 km de estrada pavimentada para cada 100 km de terra. Hoje a proporção ficou mais razoável – 10 km de poeira para cada 1 pavimentado).[7]

O caminhão da Jacira fez falta. A "Frota Nacional de Veículos Cadastrados" se resumia a 197.891 veículos em 1942, muitos dos quais eram de 2 e 3 rodas. Desse total, apenas 7.088 eram caminhões. O país tinha 41.165.289 habitantes, segundo o censo de 1940. A Força Expedicionária Brasileira teve 25.334 homens, para os quais os americanos entregaram 1.410 veículos.[8]

Não é difícil achar dados que mostrem o atraso econômico do Brasil daquela época (assim como é fácil citar os que mostram o atraso social de hoje). Era um país agrícola que só tinha 3.380 tratores em 1940 (hoje são mais de 650 mil). Em 1944, havia 373.499 telefones instalados (contra 12,5 milhões em 1986, para uma população e ainda assim são poucos). De 1 telefone para cada 110 ou 120 pessoas, o Brasil passou a ter 1 para cada 11 ou 12. A população de hoje é cerca de 3,5 a 4 vezes maior que na época da guerra. Já a potência instalada de usinas elétricas é 50 vezes maior.

Esses números não estão sendo colocados para mostrar que os brasileiros hoje vivem no melhor dos mundos. Em ferrovias, que costumam ser o principal meio de transporte terrestre em países desenvolvidos, o país piorou – eram 35.280 km em tráfego em 1945 e menos que isso 40 anos depois, meros 29.777 km. Os indicadores sociais melhoraram de modo geral, embora em alguns pontos do país a taxa de mortalidade infantil pouco tenha mudado – e esse é um indicador de desenvolvimento bem mais preciso do que o número de automóveis.

Esses dados servem para colocar no devido contexto o esforço de combate aos submarinos e o envio da FEB à Itália. A Batalha do Atlântico foi a área da guerra que mais fez uso de avanços da tecnologia, e que terminou decidida pelo uso correto dela e de novas táticas. A guerra moderna também exigia soldados treinados, letrados e capazes de absorver os avanços tecnológicos. O soldado no século XX deixou de ser um camponês armado com uma lança ou fuzil para ser um operário especializado lidando com maquinaria complexa.

Os brasileiros tiveram que aprender tudo isso, e começar desde logo. Senão sua contribuição à guerra seria a de um simples fornecedor de matérias-primas, e de uma ponte aérea para a África, Ásia e sul da Europa – sem dúvida uma das grandes vantagens para os Aliados de terem mais um recruta.

"Esse crasso erro estratégico alemão deu aos Aliados o controle completo por mar e ar da 'cintura' do Atlântico entre o Brasil e a África Ocidental, onde o oceano está em seu ponto mais estreito", disse o historiador Dan van der Vat em seu livro sobre a campanha do Atlântico, comentando a provocação do U-507.[9]

Embora o submarino tivesse feito um estrago considerável, o episódio teria sido considerado apenas uma amostra se o plano original alemão tivesse sido implementado. O comandante da Marinha alemã, almirante Erich Raeder, tinha planejado usar 10 submarinos contra o Brasil entre 3 e 8 de agosto, segundo o historiador naval Jürgen Rohwer.[10] Esses barcos atacariam os navios nos portos de Santos, Rio de Janeiro, Salvador e Recife, além de largarem minas nas entradas. Para sorte do Brasil, o Ministério das Relações Exteriores alemão foi contra o plano do almirante, temendo que isso levasse toda a América Latina à guerra.

Em seguida, porém, foi dada a ordem para o U-507 atacar. "Não há evidência da real intenção que havia por trás desta ordem, porque suas consequências estariam em direta contradição com as da contraordem anterior de Hitler", escreveu Rohwer.[11] Ele especula que deve ter sido um simples desejo de retaliação pelos ataques a submarinos por forças brasileiras divulgados pela FAB. Seja como for, foi o que levou o país à guerra. Resta saber se o Brasil – e em primeiro lugar a sua Marinha – estava preparado para ela.

Notas

[1] Assim como foi mostrado no capítulo anterior, as fontes mais comuns sobre os afundamentos dos mercantes brasileiros são: Artur Oscar Saldanha da Gama, *A Marinha do Brasil na Segunda Guerra Mundial,* Rio de Janeiro, Capemi, 1982; vários autores, *História naval brasileira,* Rio de Janeiro, Serviço de Documentação Geral da Marinha, 1985, t. II, v. V; Paulo de Queiroz Duarte, *Dias de guerra no Atlântico Sul,* Rio de Janeiro, Biblioteca do Exército, 1968. A principal fonte primária desses autores foram os processos de torpedeamento do Arquivo do Tribunal Marítimo. Também usaram notícias de jornais da época (como jornalista, costumo desconfiar dessa fonte, pelos erros que sei por experiência própria que são típicos da coleta de notícias). Novos relatos dos afundamentos, baseados em documentação da época e em cartas e entrevistas com náufragos, estão sendo coligidos para futura publicação pelo médico Fábio Monastero, de São Paulo. Essas pesquisas tenderão a clarificar pontos obscuros de certos ataques.

[2] Jürgen Rohwer, *Axis Submarine Successes, 1939-1945,* Annapolis, Naval Institute Press, 1983.

[3] Jak. P. Mallmann Showell, *U-Boats under the Swastika,* Annapolis, Naval Institute Press, 1987, pp. 96-9. Existem inúmeros livros com dados técnicos e informações gerais sobre os submarinos que atacaram navios brasileiros na Segunda Guerra. Os livros do historiador naval alemão Eberhard Rössler são particularmente notáveis pela atenção ao detalhe. Outra fonte excelente são os dois volumes de *German Warships, 1815-1945,* de Erich Gröner, revisado e aumentado por Dieter Jung e Martin Maass (London, Conway Maritime Press, 1991; a edição alemã original é de 1983). Em português, é recomendável o livro de David Mason, *Submarinos alemães: a arma oculta,* Rio de Janeiro, Renes, 1975.

[4] Dan van der Vat, *The Atlantic Campaign: World War II's Great Struggle at Sea,* New York, Harper & Row, 1988, p. 264.

[5] Paulo de Queiroz Duarte, op. cit., p. 115.

[6] Sobre a viagem, Schaeffer escreveu um livro: *U-boat 977,* publicado nos EUA em 1952, pela W. W. Norton & Company, de Nova York.

[7] Dados estatísticos sobre o país na época da guerra constam, por exemplo, de *Estatísticas históricas do Brasil: séries econômicas, demográficas e sociais de 1550 a 1988,* 2. ed. rev. e atual., Rio de Janeiro, IBGE, 1990.

[8] Manoel Thomaz Castelo Branco, *O Brasil na II Grande Guerra,* Rio de Janeiro, Biblioteca do Exército, 1960, p. 128.

[9] Dan van der Vat, op. cit., p. 291.

[10] Jürgen Rohwer, "Operações navais da Alemanha no litoral do Brasil durante a Segunda Guerra Mundial", em *Navigator,* Serviço de Documentação da Marinha, n. 18, p. 14, jan./dez. 1982. Trata-se de uma síntese valiosíssima das operações alemãs contra o Brasil.

[11] Idem, p. 15.

A improvisada guerra da Marinha

A Marinha brasileira começou o século XX dando um passo bem maior do que suas pernas. As consequências do tombo ainda eram sentidas em 1942, quando a Marinha estava inegavelmente mal equipada para fazer frente aos submarinos alemães e italianos que começavam a afundar navios brasileiros no próprio litoral do país.

Resumindo: por ocasião da Primeira Guerra Mundial, a Marinha tinha navios, mas não era capaz de utilizá-los direito, por falta de manutenção e treinamento; quando começou a Segunda, o treinamento e a manutenção tinham evoluído, mas agora faltavam navios modernos.[1]

Quando ficaram prontos em 1910, os couraçados Minas Geraes e São Paulo eram os mais poderosos navios do planeta. Potências europeias como França e Rússia não tinham nada equivalente. Já em agosto de 1942 não havia nenhum navio na Marinha capaz de detectar um submarino submerso. Os oficiais brasileiros só conheceram o sonar depois de fazer cursos específicos nos EUA.

A campanha da Marinha brasileira entre 1942-1945 foi antes de tudo um esforço dedicado para remediar suas carências. Ao começar a Primeira Guerra, os brasileiros tinham dois couraçados de 21 mil toneladas que causavam inveja; ao começar a Segunda, foi preciso quase implorar para os americanos cederem alguns minúsculos caça-submarinos de 100 toneladas.

Em agosto de 1942 não havia radar, não havia sonar, praticamente só existiam os restos obsoletos da grandiosa frota de 1910. Por isso é conveniente entender o significado dessa frota, um exercício fútil de modernidade em um país arcaico.

A megalomania do começo do século não se deveu só aos almirantes. As ideias sobre a importância do poder naval tinham circulação ampla entre as elites, graças a livros como o do americano Alfred Thayer Mahan, *A influência do poder naval na história, 1660-1783*. O Barão do Rio Branco, por exemplo, era um diplomata pragmático. Queria ter navios poderosos para auxiliar na sua tarefa diplomática de acertar as fronteiras do país. Era o conceito de esquadra *in being* ("em existência"), cuja ameaça potencial dissuadiria inimigos. Uma frase de sucesso dentro deste espírito foi "fale baixo, mas carregue um porrete grande", dita em um discurso em 1901 pelo presidente americano Theodore Roosevelt (por sinal, um dos primeiros admiradores de Mahan; Roosevelt escreveu uma resenha elogiosa do livro).

Em outubro de 1906, a maior potência naval da época, a Grã-Bretanha, completou um daqueles raros navios que merecem ser chamados de revolucionários: o couraçado Dreadnought.[2] Até então os principais navios de guerra tinham uma bateria de canhões de calibres variados. A concepção do Dreadnought era simples e elegante: reter apenas os canhões de maior calibre. Ele tinha 10 canhões de calibre 12 polegadas (305 mm), os maiores disponíveis, e era capaz de disparar com 8 desses canhões de cada bordo

A improvisada guerra da Marinha

(daí o termo "bordada" para se referir a uma salva de todos os canhões). Todos os outros couraçados da época tinham no máximo 4 desses canhões maiores. De repente, todos viraram obsoletos e passaram a ser conhecidos coletivamente como "pré-Dreadnoughts". Os outros países começaram a construir esses novos navios, particularmente a Alemanha, empenhada em uma corrida naval com os britânicos.

Tendo iniciado a corrida, a Grã-Bretanha já tinha oito Dreadnoughts prontos em 1910. No mesmo ano, a Alemanha já contava com quatro Dreadnoughts e a Marinha dos EUA terminava de construir seus dois primeiros desse novo tipo de navio de guerra.

Ironicamente, a grande batalha naval entre os couraçados tipo Dreadnought, a de Jutlândia, em 1916, foi inconclusiva, pois os alemães recuaram depois de infligir mais danos aos britânicos do que receberam. Mais irônico ainda, o Dreadnought não participou da batalha – embora da sua carreira na guerra conste um fato insólito, o afundamento do submarino alemão U-29 por abalroamento.

O Minas Geraes, construído pela empresa Armstrong Whitworth, ficou pronto em janeiro de 1910. Em julho, a Vickers entregava o São Paulo. Com 12 canhões de 305 mm, eles eram os dois mais poderosos Dreadnoughts quando iniciaram a viagem ao Brasil.

A ilusão de grande potência não durou muito. Mal tinham chegado ao Rio de Janeiro, os dois navios foram palco de uma revolta de marinheiros. A principal reclamação: os marinheiros queriam deixar de ser chicoteados como punição por delitos variados. Apesar de proibidos por lei desde 1889, os castigos corporais ainda eram vigentes na Marinha em 1910. Uma comparação: na Marinha Real britânica, o grande modelo da Marinha brasileira – cujo primeiro comandante foi Lorde Cochrane –, a chibata tinha sido suspensa em 1879, mas estava em desuso bem antes disso.

Os navios sempre refletiram a estrutura de classes das sociedades. Quando essa diferença era brutal, assim era a vida a bordo. No caso da Marinha brasileira do século XIX e começo do XX, a diferença de classes era de uma nitidez típica de casa-grande e senzala. Um navio de guerra da nova era industrial, movido a carvão, era, portanto, a imagem refletida no mar de uma mina ou indústria.

A nossa Segunda Guerra

Em uma parte do navio, alguns poucos oficiais, todos brancos, eram servidos com cristais e talheres de prata. Em outro ponto, centenas de marinheiros carregavam carvão para as fornalhas. Muitos eram negros, filhos de escravos – só libertos, convém lembrar, pouco tempo antes, em 1888. O trabalho de marinheiro era braçal e sujo. Esvaziar cadeias era uma das maneiras de conseguir marinheiros.

A esquadra de 1910 tinha também dois pequenos cruzadores leves – então chamados *scouts* – para servir de esclarecedores, fazendo o reconhecimento à frente dos dois navios maiores. Para escoltar couraçados contra ataques de torpedeiros também foram adquiridos 10 contratorpedeiros (ou destróieres, do original inglês *torpedo boat destroyer*).

Os nomes desses navios são sugestivos da política da República Velha. Os dois estados que tocavam a política do café com leite foram homenageados com os couraçados; os cruzadores eram estados importantes, mas de menor expressão, Bahia e Rio Grande do Sul; e os dez destróieres eram Pará, Piauí, Amazonas, Mato Grosso, Rio Grande do Norte, Paraíba, Alagoas, Santa Catarina, Paraná e Sergipe.

Nessa lista, falta o Rio de Janeiro, estado onde ficava a maior capital do país. O Rio de Janeiro deveria ser o terceiro couraçado (a ser acompanhado também por um *scout* e cinco destróieres). Faltou verba e ele teve de ser vendido à Turquia. Era ainda maior que os outros dois, com 30 mil toneladas totalmente carregado e 14 canhões de 305 mm. Os turcos tiveram azar: o navio ficou pronto em agosto de 1914, no mesmo mês que começou a Primeira Guerra, e o couraçado foi confiscado e incorporado à Marinha Real como Agincourt. Foi o último couraçado britânico com canhões de 12 polegadas. A corrida tecnológica continuava, e os canhões passaram a ser de calibres maiores – 13,5, 14, 15 e até mesmo 16 polegadas. Em poucos anos, com o estímulo da guerra, a esquadra brasileira ficou obsoleta.

O Brasil perdeu a corrida não só por não ser industrializado. Além da falta de preparo do pessoal – vide a Revolta da Chibata –, outro erro fatal foi cometido na compra da esquadra de 1910: não se deu a devida importância à manutenção do equipamento. Os navios foram-se deteriorando e ficando obsoletos. Quando o país entrou na guerra ao lado dos Aliados em 1917, a muito custo se pôde organizar uma Divisão de navios para ajudar na patrulha do Atlântico ao largo da África Ocidental. Os couraçados teriam de ser reformados para poder participar de uma linha de batalha moderna.

No período entre as duas guerras, a esquadra brasileira pouco mudou em relação àquela de 1910. Os dois couraçados foram aos EUA em 1919 e 1920 para receber melhorias na direção de tiro dos canhões. O Minas Geraes sofreu uma reforma mais completa, entre 1935 e 1939, deixando de ser movido a carvão e passando a queimar óleo. O mesmo aconteceu com os cruzadores Bahia e Rio Grande do Sul, que só merecem essa classificação na falta de outra melhor. Com apenas 3 mil toneladas de deslocamento e 115,8 metros, eram pouco maiores que um destróier moderno. Os superdestróieres franceses da classe Fantasque tinham tonelagem parecida (e eram até mais compridos: 132,6 metros). Os "cruzadores" tinham 10 canhões de 4,7 polegadas (120 mm), um calibre menor que o padrão da Marinha americana para destróieres, 5 polegadas (127mm).

Apesar disso, o Bahia foi um dos navios que melhores serviços prestaram durante a guerra e um dos mais queridos por sua tripulação. Apelidado por motivos óbvios de "velhinho", ele navegou mais tempo em defesa de comboios na Segunda Guerra, de 1942 a 1945, do que durante toda a sua existência anterior, de 1910 a 1942. Quando era novo, em 1910, era o mais veloz cruzador pequeno no planeta, com seus 26,5 nós. Sua perda em 1945 em um acidente foi a maior tragédia da história naval brasileira – morreram 336 homens, dos 492 que a Marinha perdeu na guerra, seja em seus navios, seja nas guarnições de canhões embarcadas nos mercantes afundados.

Outro destróier obsoleto foi incorporado à frota, de um modo que mostra a penúria da Marinha no entreguerras. O velho destróier britânico Porpoise fora comprado pela Companhia Nacional de Navegação, interessada em experimentar óleo como fonte de energia a bordo em vez de carvão. Vendido em seguida à Marinha, tornou-se o Maranhão. Com suas mil toneladas, comprimento de 81,5 metros, 3 canhões de calibre 4 polegadas (101 ou 102 mm), era até mais poderoso que os 10 navios da velha classe Pará, de 560 toneladas, 73,2 metros e 2 canhões de 4 polegadas.

Apesar da falta de meios, a Marinha foi-se tornando lentamente mais profissional. A modernização dos couraçados criou uma pequena elite de

67

oficiais especialistas em artilharia, conhecidos na Marinha como os "arqui-duques". Apesar do entusiasmo desses renovadores, os couraçados pouco navegavam. Não era só o custo do carvão ou do óleo. Faltava à Marinha uma mentalidade mais operativa.

Não foi à toa que jovens oficiais que queriam passar mais tempo em alto-mar entravam no serviço de hidrografia. Foi o caso de Hélio Leôncio Martins. "Fui o primeiro a ser perguntado para onde eu queria ir. Eles perguntavam por classificação, eu era o primeiro classificado na minha turma. Me perguntaram e houve surpresa no ajudante de ordens da esquadra quando eu disse que queria ir para um dos navios da dire-toria de hidrografia".[3]

O ajudante de ordens certamente achava que Leôncio gostaria de ir a um couraçado ou cruzador. Os navios hidrográficos não eram navios gla-mourosos. A Diretoria de Navegação tinha três velhos navios-faroleiros a carvão, José Bonifácio, Vital de Oliveira e Calheiros da Graça. Leôncio foi parar no Bonifácio. "O fato é que viajei dez meses nesse navio encar-regado de navegação", diz ele. Enquanto isso, oficiais nos couraçados tinham de se contentar com eventuais escapulidas para a Ilha Grande para fazer exercício de tiro.

Os navios "chegavam de manhã, fundeavam para almoçar, depois fa-ziam exercícios à tarde, e à noite iam dormir no porto", lembra outro oficial que optou por um primeiro embarque em um navio-faroleiro, Oswaldo de Macedo Cortes.[4] Ele passou dois anos em navios-faroleiros antes de embar-car no São Paulo, e mais tarde especializou-se em artilharia.

A força de submarinos e a aviação naval criavam pequenos nichos de competência especializada. Paralela à contratação de uma missão de ofi-ciais franceses para ensinar o Exército, veio uma missão naval americana, que funcionou de 1922 a 1931. A Marinha dos EUA já rivalizava com a britânica em tamanho e estava a caminho de se tornar a maior do planeta. A missão foi um importante elo da Marinha brasileira com o que se fazia de moderno na área nos países centrais. Mesmo depois do fim do contrato com a missão em 1931, por economia do governo, a Marinha conseguiu manter alguns instrutores americanos na Escola Naval de Guerra (depois, Escola de Guerra Naval). Essa ligação foi profética.

A improvisada guerra da Marinha

O presidente Getúlio Vargas assiste à manobra naval ao largo da Ilha Grande a bordo do cruzador Bahia, em dezembro de 1936. O cruzador afundou no dia 4/7/1945, depois que cargas de profundidade foram atingidas acidentalmente durante exercício com canhões antiaéreos. O cruzador teve 336 mortos, 332 da Marinha e 4 marinheiros americanos.

A própria escola foi importante para revitalizar o pensamento na Marinha, apesar de não ter preparado ninguém para a luta antissubmarino. Na década de 1930, os jogos de guerra já incluíam a aviação (em um papel secundário, porém), desembarques anfíbios e mesmo a luta com uma potência europeia. Os inimigos de fora, contudo, só atacavam o Brasil com navios de superfície.[5]

Outras medidas impediam a Marinha de afundar no marasmo. A chegada do navio-escola Almirante Saldanha[6] em 1934 foi uma delas. Era um veleiro grande que reiniciou a tradição de cruzeiros longos pelo mundo para instrução dos futuros oficiais.

Leôncio e Cortes fizeram a primeira viagem no Saldanha depois que o veleiro chegou ao país. Saíram do Rio, passaram em outros portos brasileiros e foram a Nova York, Porstmouth (Inglaterra), Cherburgo (França), Lisboa, Las Palmas (ilhas Canárias). "Foi fascinante", diz Cortes. "Quando chegamos a Nova York, após o jantar fomos perambulando pelas ruas, olhando aqueles arranha-céus, vendo aquela vida noturna, às três, quatro horas da manhã, passando coristas daqueles shows, aquela vida intensa na Broadway ali na Quinta Avenida, foi uma sensação extraordinária, principalmente para mim que era um provinciano", afirma o paranaense Cortes. Até essa época a Marinha recrutava principalmente no Rio de Janeiro. Com a abertura de exames fora da capital, "provincianos" como Cortes puderam ingressar na carreira.

A Marinha também queria começar a produzir seus próprios navios, armamentos e mesmo aviões. Algumas dessas iniciativas fracassaram por falta de apoio da incipiente indústria brasileira, como a tentativa de construir canhões e torpedos. A retomada da construção naval foi uma das medidas com resultados práticos que foram sentidos no conflito.

Desde a Guerra do Paraguai, a Marinha não se empenhava a sério na construção de navios de guerra. O primeiro navio fabricado era, curiosamente, a versão século XX dos navios que o Arsenal de Marinha produzira para aquele conflito: um monitor fluvial. Trata-se de um tipo de navio de calado reduzido, armado com canhões, em geral instalados numa torre giratória. O novo monitor, o Parnaíba, de 595 toneladas, foi incorporado em 1937 e foi servir em Mato Grosso.

Dois outros projetos do Arsenal mostrariam grande utilidade na guerra. Em 1939, ficaram prontos os 6 navios-mineiros da classe O, projetados para varrer minas inimigas e semear campos minados. Foram batizados de Carioca, Cananeia, Camocim, Caravelas, Cabedelo e Camaquã. Ironicamente, eles serviram à Marinha em uma função diferente, mas vital: foram transformados em corvetas antissubmarino.

O próximo passo em construção naval foi grande, mas não tão exagerado como a compra da esquadra de 1910. Três destróieres de projeto americano moderno – Marcílio Dias, Greenhalgh e Mariz e Barros – tiveram sua construção iniciada em 1937. Era um passo ousado para o país agrícola. Sua construção foi, por isso, mais difícil e eles tiveram de ir aos EUA para ser terminados. Ficaram prontos em novembro de 1943, a tempo de participar da guerra antissubmarino e mesmo escoltar em parte do caminho os navios que levaram a FEB à Europa. Teria sido bem melhor que já estivessem prontos em agosto de 1942, mas ainda eram navios sofisticados demais para a capacidade técnica do país. Outros seis destróieres, da classe A, chegaram a ter sua construção iniciada, mas dificuldades com o projeto fizeram com que fossem terminados só após a guerra (eram o Amazonas, Acre, Ajuricaba, Araguaia, Apa e Araguari). A demora foi devido a uma curiosa gambiarra: enfiar em cascos de projeto inglês um "miolo" de equipamentos americanos.

Seis navios ideais para o tipo de luta que a Marinha travaria estavam em construção na Inglaterra em 1939 quando começou a guerra. Eram 6 destróieres de 1.350 toneladas (1.860 quando carregados). Como acontecera ao ex-Rio de Janeiro vendido à Turquia, eles foram todos requisitados para serviço na Marinha Real. Seus canhões de 4,7 polegadas (120 mm) tinham pouca elevação para uso eficaz contra aviões, o que determinou que fossem usados como escoltas antissubmarinas na Batalha do Atlântico, onde a ameaça aérea era menor que nas águas próximas da Europa. Foi uma boa escolha: um dos navios, rebatizado Hesperus (ex-Juruena), afundou cinco submarinos alemães e danificou mais dois. Os outros cinco navios afundaram outros cinco submarinos e danificaram mais oito.[7]

Como compensação, a Marinha pôde ficar com 6 traineiras de pesca de 680 toneladas que estavam sendo construídas para os britânicos. Obviamente

A nossa Segunda Guerra

não foi uma troca à altura, mas as 6 puderam ser convertidas em corvetas antissubmarinas. Receberam nomes de militares da guerra contra os holandeses no século XVII – Vidal de Negreiros, Matias de Albuquerque, Filipe Camarão, Henrique Dias, Fernandes Vieira e Barreto de Menezes.

Nesse ponto a Marinha brasileira não estava sozinha. Quando os britânicos se viram acuados pelos submarinos alemães, tiveram de preparar escoltas às pressas e também adaptaram traineiras. Suas corvetas da classe Flower eram modificações de um casco original de navio-baleeiro. Esses navios tinham nomes de flores, o que tornava no mínimo curiosa a descrição de uma batalha naval contra os submarinos. Havia, por exemplo, as corvetas Lavender (lavanda), Saxifrage (saxífraga), Rhododendron (rododendro), Camellia (camélia) e assim por diante.

Para defender o "arquipélago" Brasil contra os submarinos mais modernos então no mar, e contra submarinistas veteranos, havia portanto algumas "corvetas" improvisadas, dois velhos couraçados, dois velhos cruzadores e destróieres obsoletos (alguns já tinham virado, literalmente, sucata). Foi com essa esquadra que a Marinha começou a patrulhar o mar do país. Os dois velhos couraçados foram enviados a Recife e Salvador para servirem de defesas fixas, como se fossem fortalezas.

"Considero uma covardia mandar o sujeito para o mar em um navio dessa maneira", diz o almirante Leôncio. Como capitão-tenente em 1942, ele embarcou nessas relíquias da esquadra que constituíam o Grupo Patrulha do Sul. "Era um navio de 1908, queimando carvão, surdo e mudo" – não havia nem mesmo os mais antigos detectores de submarinos, da era pré-sonar, os hidrofones.

Um dos primeiros serviços desse grupo foi escoltar uma flotilha de pequenos navios carvoeiros que traziam carvão do Sul para fabricação de gás em São Paulo e Rio. "Se a gente visse um submarino, atacaríamos na esperança de que o submarino resolvesse nos afundar e viesse à superfície, para a gente poder usar a artilharia." Essa nudez do país à ameaça submarina gerou um compreensível pânico. Houve até a sugestão de mudar a capital para Belo Horizonte, lembra Leôncio.

Felizmente, o Brasil tinha como aliado a maior potência industrial do planeta, que só precisava de tempo para produzir uma quantidade monumental

72

de armamentos. Os navios americanos que já tinham "invadido" o Nordeste também entraram rápido na proteção ao tráfego marítimo ao longo do litoral do país, o que amenizou a falta de preparo da Marinha.

A primeira providência era criar um sistema de comboios, isto é, um grupo de mercantes com escolta de vasos de guerra em torno. Os mercantes tinham um comandante próprio, o comodoro, que os representava junto ao comando da escolta e dava ordens a eles.

Em setembro de 1942 foram iniciados comboios entre Rio e Recife; no mês seguinte, eles foram estendidos até Trinidad, ilha do Caribe, ao largo da Venezuela. Não era um bom momento para navegar perto dessa ilhota, uma colônia britânica que passou a ter base naval americana. De setembro a novembro, os alemães afundaram 375 mil toneladas de navios mercantes na região de Trinidad e do delta do rio Orinoco.[8] Nessa época, as escoltas em Trinidad eram basicamente americanas. Em princípio, a fraca Marinha brasileira não tinha como escoltar sozinha os comboios em seu próprio litoral. Do Rio a Recife, área menos perigosa por ser mais longe dos portos dos submarinos alemães, as escoltas eram em sua maioria brasileiras. De Recife ou Salvador a Trinidad, as escoltas eram mistas, americano-brasileiras.

Os comboios eram conhecidos por letras e algarismos. A primeira letra indicava o porto de saída e a segunda o porto de chegada; o número indicava a sequência dos comboios. Assim, o primeiro comboio regular que partiu de Trinidad para Salvador, Bahia, foi o TB-1, em 3 de janeiro de 1943. Pouco depois saía o primeiro na direção contrária, o BT-1, em 9 de janeiro. Antes, os comboios eram genericamente chamados de TS – "S" querendo dizer "Sul". O Rio de Janeiro era conhecido pela letra "J"; quando os comboios de Trinidad foram estendidos ao Rio, passaram a ser os TJ e JT. Em dezembro de 1942, a 4ª Esquadra dos EUA, baseada no Nordeste brasileiro e comandada pelo almirante Jonas Howard Ingram, passou a controlar os comboios de Trinidad. A Força Naval do Nordeste, comandada a princípio pelo almirante Alfredo Carlos Soares Dutra, era um dos elementos – uma "força-tarefa" (*task force*) – da 4ª Esquadra.

As corvetas improvisadas não bastavam para cumprir a parte brasileira desse esforço de comboiar mercantes, por isso a Marinha pediu navios aos americanos. O próprio presidente Vargas chegou a fazer os pedidos, e o sempre diplomata almirante Ingram intercedeu para que seu país cedesse alguns navios.

Os próprios americanos estavam em dificuldades no começo, antes de sua indústria entrar em plena operação. Um estudo conjunto anglo-americano, de março de 1942, concluiu que para escoltar adequadamente os mercantes seriam necessários 1.215 navios de escolta de ambas as Marinhas; mas na época elas só tinham 505 disponíveis. Faltavam 720.[9]

Uma das soluções imediatas foi construir em massa pequenos barcos de escolta com casco de madeira, que serviriam para fazer a escolta em águas costeiras e liberariam os navios maiores para operações transatlânticas. O casco de madeira permitiria a construção em estaleiros pequenos espalhados pelo país e deixaria o aço para navios maiores.

O mesmo expediente foi utilizado na Primeira Guerra. De agosto de 1917 a agosto de 1919, os EUA construíram 440 caça-submarinos (*submarine chasers*) de 110 pés (36 metros) de comprimento. Eram navios descartáveis; a maioria já tinha dado baixa da Marinha americana em 1921. Só dois permaneceram ativos até o final da Segunda Guerra.[10]

No segundo *round* do conflito com os submarinos, os EUA voltaram a produzir os pequenos caça-submarinos de 110 pés, conhecidos como a classe SC 497 (número do primeiro a ser encomendado do novo modelo). O total construído foi igualmente impressionante: 435, em 43 estaleiros diferentes. O lema do programa era ambicioso: 60 navios em 60 dias. Na verdade, em abril e maio de 1942 foram construídos 67 desses barcos de apenas 121 toneladas de deslocamento (136 toneladas com carga plena).

A maioria ficou na Marinha dos EUA, mas 78 foram transferidos aos Aliados soviéticos e outros 48 foram para os franceses. O Brasil recebeu 8, antes dos russos e franceses. Esses barcos receberam nomes começados por "J", alguns dos quais deveriam ter sido dos destróieres que a Grã-Bretanha confiscou em 1939.

O Javari foi o primeiro a ser entregue, em 7 de dezembro de 1942. No mesmo mês, no dia 30, vieram o Jutaí, o Juruá e o Juruena. O Jaguarão e o Jaguaribe foram transferidos em 16 de fevereiro de 1943, o Jacuí em 19 de março e o Jundiaí em 26 de abril.

A improvisada guerra da Marinha

O almirante Arthur Oscar Saldanha da Gama fez uma boa descrição do que era a vida a bordo:

> A falta de comodidade era realmente incrível nesses pequenos navios, de boa estabilidade mas que jogavam muito e eram cobertos pelas vagas, a ponto de o pessoal dormir amarrado ao beliche. O problema principal estava na alimentação, feita geralmente de comidas enlatadas, pois a cozinha era pequeniníssima e quente, situada na popa, cobertas abaixo. A água era limitada, na quantidade de um galão (menos de cinco litros) para cada homem, por dia, isto é, para a cozinha e lavagem de louças etc., nada restando para o banho. Nos cruzeiros maiores, Trinidad-Belém ou Recife-Belém, as condições de vida eram realmente péssimas. O pessoal geralmente usava calções e camisetas, com sapatos grosseiros e um cinto onde havia uma faca (para emergências) e pertences pessoais. Os oficiais tinham um pequeno camarote com quatro beliches, uma privada e comiam no pequeno alojamento do pessoal, ou de volante no passadiço, ficando todos com um aspecto físico irreconhecível.[11]

A descrição das ondas varrendo o barco não é mera retórica. Os caça-submarinos são projetados apenas para patrulhas costeiras, apesar de terem sido usados em longas escoltas de comboios. À medida que os EUA construíam mais navios, a Marinha americana procurava usar os caça-submarinos basicamente para patrulha próxima dos portos. Os brasileiros não puderam se dar esse luxo. Embora não se afastassem muito da costa, as viagens eram longas, dadas as dimensões do litoral do país.

Um oficial do Exército Brasileiro que depois foi à Itália com a FEB no 11º RI, Jairo Junqueira da Silva, lembra que, ao navegar em um comboio no litoral, os minúsculos caça-submarinos eram constantemente escondidos pelas vagas. Ele estava voltando de uma guarnição na Bahia para se juntar a um escalão da FEB no Rio. "Eles pareciam uns submarinos, do jeito como entravam nas ondas e reapareciam depois", disse.[12] Essa semelhança causaria problemas, no caso de caça-submarinos atacados por engano por aviões.

Apesar das condições, os jovens oficiais ambicionavam esse tipo de comando. Foi o caso do então capitão-tenente Oswaldo Cortes, o primeiro comandante do Jaguarão. Disse Cortes:

75

> Sob o ponto de vista profissional, foi o tempo mais importante da minha vida porque sentimos que estávamos aplicando o que aprendemos e estávamos sendo úteis ao país, nós estávamos correspondendo ao esforço que o país fez para nos preparar, para nos formar. A gente sentia orgulho. Era um navio pequeníssimo de cento e poucas toneladas de deslocamento, mas eu me sentia como se estivesse comandando um grande cruzador. Eu sentia tanto orgulho desse navio.[13]

Seu colega de turma, Leôncio, concorda. Leôncio comandou o Juruena de 1943 a 1945, depois de ter integrado o Grupo Patrulha do Sul, a bordo do navio capitânia, a corveta classe C Cananeia. Recorda Leôncio: "Eu estava louco para comandar caça. Aquilo é que era interessante."

Ele foi liberado para ir a Natal, mas teve uma nova decepção: em vez de continuar para Miami para receber um navio, ficou mais algum tempo no Nordeste, ajudando no treinamento de novos marinheiros. O comandante da base, contra-almirante Ari Parreiras, foi claro:

> Ele me disse: "Você só vai para Miami depois de pôr esse negócio para funcionar". Então pegou uns 300 sujeitos meio maltrapilhos diante de um silo de algodão e falou: "Você começa o treinamento, aí tem dois suboficiais, dois sargentos, um marinheiro, eu quero daqui a três meses telegrafistas, sinaleiros" etc. Eu pensei, esse sujeito tá maluco.

Essa declaração não deve ser entendida como uma crítica a Ari Parreiras – "uma das pessoas que mais admiro", diz Leôncio; apenas reflete a impaciência de um jovem oficial em fazer o trabalho que achava mais fascinante. "O almirante sabia o que fazia, pois achava que dado o primeiro passo", conclui Leôncio, 50 anos depois, "daí por diante tudo andava".

Cumprida a tarefa, ele pôde assumir o comando do Juruena.

Esses navios, por terem casco de madeira, ficaram conhecidos na Marinha brasileira como "caça-paus". Seu armamento era apenas adequado para atacar um submarino submerso. Havia as onipresentes cargas de profundidade na popa, que eram simplesmente bombas deixadas rolar e afundar. Explodindo em profundidades prefixadas, poderiam danificar seriamente um submarino ou afundá-lo mesmo que não o acertassem diretamente, tal a onda de choque provocada pela explosão. O caça também tinha um dispositivo para atirar as cargas a alguma distância dos bordos do navio, o morteiro "K", e estativas de foguetes antissubmarino na proa, chamadas *mousetraps* ("ratoeiras"). Esses foguetes explodiam apenas em contato com o submarino, o que tinha a vantagem de não revolver a água e atrapalhar a operação do sonar como qualquer lançamento de bombas de profundidade acarretava.

Como podiam alcançar 15 nós de velocidade, os caça-paus brasileiros tinham velocidade parecida com a dos submarinos na superfície. Só tinham a vantagem, portanto, quando eles submergiam, pois um submarino submerso mal chegava nos 8 nós.

Na superfície, o armamento do caça-submarino de 110 pés era parecido, senão inferior, ao de um submarino alemão. Havia um canhão de duplo emprego – contra navios e contra aviões – de calibre 76 mm/23 (isto é, o diâmetro do cano era de 76 mm e seu comprimento era 23 vezes 76 mm). Era uma arma velha, com alcance máximo de 9.200 metros; contra aviões era ainda mais limitada, pois atirava no máximo com 65 graus de elevação até 5.250 metros de altitude. Mais tarde esse canhão foi substituído nos caça-submarinos americanos por um mais moderno, de cano mais longo, o 76 mm/50, com alcance de 13.350 metros contra navios, 9.800 contra aviões a uma elevação de 85 graus.

Os submarinos alemães geralmente tinham um canhão de calibre médio, de 88 mm ou 105 mm, mais poderoso que os 76 mm das escoltas. Também tinham canhões antiaéreos menores, de calibres 20 mm ou 37 mm (à medida que aumentava a ameaça dos aviões, esse armamento foi sendo reforçado).

De início, a Marinha americana colocou duas metralhadoras pesadas como armamento secundário nos caça-submarinos, mas depois trocou-as por dois (e, mais tarde ainda, três) canhões de tiro rápido Oerlikon de calibre 20 mm.

Não era um comando capaz de causar muito medo em um submarino na superfície, armado com canhões de tiro rápido e de duplo emprego muito eficientes. O caça-submarino de 100 pés era uma classe emergencial. Mas quem o comandava não estava nem ligando. "Era o meu comando. E o sonho que eu sempre tive desde o tempo na escola naval era comandar um navio com liberdade de ação. E isso eu tive. Várias vezes recebi ordem

A nossa Segunda Guerra

para sair, realizar uma determinada missão, com liberdade de ação, fazer o que achava mais correto", afirma Cortes.

Uma das mais interessantes características da classe J era a sua reduzida tripulação: 24 pessoas, das quais apenas 3 eram oficiais. Diz Cortes:

> Eu considerava todos como amigos, grandes amigos. Estávamos ali sofrendo as mesmas intempéries, as mesmas vicissitudes, tudo. Todos prontos para morrer. Estávamos preparados para a ordem que tínhamos de abalroar o submarino se viesse à superfície, dar combate e abalroar. Se ele estivesse lá embaixo, para nós não havia perigo; era só lançar bombas.

Deixando de lado a tática de abalroar o submarino – tentada com êxito por navios maiores, mas não sem sofrer danos –, o fato de todos arriscarem a vida contribuía para aproximar oficiais de marinheiros. Como aconteceria com a FEB, a disciplina nessas condições tende a deixar de ser formal – o eterno bater de continência – para basear-se no respeito mútuo.

Pode não parecer muito militar, mas havia até cachorros a bordo dos caça-submarinos. Leôncio relata um episódio canino a bordo:

> Quando a cadela de um dos "caças" (quase todos eles têm seus cachorros – que, aliás, passam uma vida invejável), em pleno mar, resolveu pôr ao mundo uma brilhante ninhada de oito filhotes, foi um acontecimento.
>
> Para a ação, "madame" teve sua cama especialmente feita, defendida do sol, da chuva, do vento e até dos olhares indiscretos. Um telegrafista era o "técnico". Apalpava a "paciente" de quando em vez e afirmava, sério – "tem mais..."
>
> Um exercício de tiro do navio marcado para aquela manhã memorável foi transferido imediatamente.
>
> E piscou-se logo uma mensagem geral: "Comunico amigos que madame... vg a cachorra vg está trabalhos de parto já tendo tido até agora três pimpolhos".
>
> Os cumprimentos choveram.
>
> Infelizmente o silêncio rádio não permitiu avisar o feliz evento ao "pai das crianças" – um policial "servindo" noutro "caça" no momento em águas distantes.[14]

Antes mesmo de chegarem os pequenos caça-paus, a Marinha teve acesso a dois outros frutos da produção em massa americana. Já em 24 de setembro de 1942, a Marinha recebia dois caça-submarinos de modelo maior, de 173 pés (56,7 metros), de casco de metal (apelidados de "caça-ferros"). Foram batizados Guaporé e Gurupi.

Depois dos dois classe G iniciais, o Brasil ainda recebeu 6 outros do mesmo tipo – Guaíba e Gurupá (11 de junho de 1943), Guajará (19 de outubro), Goiana (29 de outubro), Grajaú (15 de novembro) e Graúna (30 de novembro).

Eram navios maiores e mais confortáveis, com suas 414 toneladas (463 toneladas carregados). A tripulação também era maior, 60 homens, o que permitia maior revezamento nas tarefas. A velocidade não era alta – só 19 nós –, mas o navio tinha radar, além do sonar, e o armamento era maior que o dos caça-paus, incluindo um canhão de calibre 40 mm, além do 76 mm/50 e dos dois de 20 mm. O principal, porém, era a habitabi-lidade. Chamado de PC (*patrol craft*, ou "embarcação de patrulha") nos EUA, o caça-submarino de 173 pés era um navio a bordo do qual o banho não era um luxo desmesurado. "O Gurupá tinha sistema destilatório de água, podia-se tomar banho quase que diariamente", lembra Cortes, que comandou esse navio depois de sair do Jaguarão. Foi um navio que deixou saudade. Ainda hoje, no apartamento de Cortes no Rio, pode-se ver o em-blema do Jaguarão pendurado em lugar de honra – uma bruxa dando uma martelada em um submarino decorado com a suástica nazista.

Assim que recebiam sua tripulação brasileira e faziam um período de testes e exercícios – o cruzeiro de *shakedown* –, os caça-submarinos já iniciavam operações. Aqueles que foram recebidos nos EUA voltavam ao Brasil acompanhando comboios pelo Caribe. Foi o caso do Jacuí, que, ao passar pelo canal das Bahamas em junho de 1943 acompanhado do Juruena e do Jundiaí, informou ter obtido um contato de sonar, lançou algumas bombas de profundidade, mas não pôde permanecer caçando o possível submarino.

A função principal do navio de escolta é proteger o comboio. Se ele sai do seu posto em torno dos mercantes, cria um buraco na escolta por onde um submarino poderá penetrar. Assim que houve escoltas adicionais disponíveis, os Aliados criaram grupos especializados em caça e destrui-ção (*hunter-killers*, "caçadores-matadores") para apoiar comboios atacados. Enquanto o restante da escolta segue viagem, os matadores podem ficar

79

atrás lenta e pacientemente rastreando o inimigo submerso. Uma das frustrações dos brasileiros foi não ter tido navios suficientes para criar esse tipo de grupo especializado. Quando finalmente houve condições de criá-los, a guerra estava no fim e os submarinos eram raros.

Isso significou que nenhum caça-submarino brasileiro afundou um submarino inimigo, apesar de terem registrado vários contatos de sonar (uma parte dos quais era verdadeira, pelo que se sabe da presença de submarinos na região; outros tantos foram alarmes falsos provocados por diversos motivos, como diferenças de temperatura no mar, relevo submarino elevado do tipo "alto-fundo", cardumes de peixes etc.).

Os caças brasileiros estão em boa companhia, porém. Segundo Samuel Eliot Morison,[15] o historiador oficial naval da Marinha dos EUA, apenas um submarino do Eixo foi seguramente afundado por um caça-submarino, tipo de navio que Morison considerava virtualmente inútil para escolta oceânica. De qualquer modo, afundar o inimigo era apenas parte da tarefa. Afugentá-lo, impedindo que atacasse os navios escoltados, era a razão de ser da escolta, e isso os brasileiros fizeram várias vezes. Na Segunda Guerra, os aviões suplantaram os navios de superfície como matadores de submarino.

Na Primeira Guerra Mundial, os alemães perderam 178 submarinos, dos quais apenas um foi afundado por avião. Deles, 61 foram vítimas de navios de superfície, 37 desapareceram sem que se saiba o motivo, 34 foram vítimas de minas e 18 caíram vítimas de submarinos aliados.

Já no segundo *round* da luta antissubmarina, os papéis se inverteram. De 1939 a 1945, os alemães perderam a espantosa cifra de 805 submarinos, dos quais 382 foram destruídos por aviões, 252 por navios e 51 por ação combinada de aviões e escoltas de superfície.[16]

Aviões participaram do afundamento de todos os dez submarinos alemães e um italiano afundados perto da costa brasileira. Apenas em um caso comprovado houve participação direta de navios de superfície.

Nessa mesma viagem de vinda, em junho de 1943, o Jacuí e o Jundiaí escoltaram um navio brasileiro que acabou perdido por um descuido na última hora, embora possam ter contribuído para o fim do incursor alemão.

O Pelotasloide era originariamente um navio italiano, o Auctoritos, que estava no Brasil impossibilitado de voltar à Europa pelo bloqueio aliado, e foi apreendido e incorporado ao Lloyd Brasileiro quando declarada a guerra. Era um navio antigo, de 1918, com 5.228 toneladas, movido a carvão e extremamente vagaroso.

A velocidade de um comboio é definida pelo seu navio mais lento. O Pelotasloide era moroso demais para participar de um comboio sem atrasar muito os outros navios. Ainda por cima, por ser movido a carvão, deixava um longo rastro de fumaça negra, facilmente observável de longe. Ele não poderia viajar sozinho, pois esses navios viajando "escoteiros" são os alvos mais fáceis dos submarinos.

A saga do Pelotasloide começou em dezembro de 1942, quando o navio saiu de Santos carregado de café. Navios sem escolta são o alvo preferido dos submarinos, por isso o mercante navegava colado à costa e fundeava para o pernoite. Chegando a Recife, foi aguardar a chegada de outros navios para formar um comboio – o que bem mostra o estorvo que a prática coloca à navegação. O comboio é um mal necessário, porém. E melhor esperar do que ser afundado. O Pelotasloide saiu com destino a Porto de Espanha, Trinidad, em comboio com escolta de navios da Marinha de Guerra americana.

A tripulação era de 42 homens, comandados pelo capitão de longo curso Jony Pereira Máximo. O segundo-piloto era Geraldo Atanásio dos Santos.

Ele queria ter entrado na Marinha de Guerra. "Mas meu pai era oriundo da gola – tinha sido praça na Marinha e virou oficial, patrão-mor. A Marinha daquela época não admitia que o filho de um indivíduo como meu pai entrasse na Escola Naval", diz Atanásio. Oficiais da Marinha negam que houvesse esse tipo de preconceito – talvez a Marinha estivesse mudando já nessa época. Seja qual for o caso, Atanásio foi para a Marinha Mercante para satisfazer sua vocação marinheira. Navegou no Alegrete, navio-escola do Lloyd Brasileiro, que foi depois torpedeado (não houve vítimas, pois os praticantes já tinham sido retirados de bordo). "Depois fui para o Comandante Dorat que rebocou o Windhuk de Santos para o Rio de Janeiro", diz o oficial de Marinha Mercante.

Antes de contarmos a história do Pelotasloide e de Atanásio, outro navio merece um parêntese longo – esse Windhuk que foi rebocado pelo Dorat e virou nome de restaurante em São Paulo. É um bom exemplo do

81

que aconteceu aos alemães que tiveram de passar a guerra no Brasil, além de servir para ilustrar qual era o estado da indústria naval no país.[17]

Na entrada do restaurante Windhuk existe um quadro do navio, um enorme mercante de 16.662 toneladas que transportava tanto carga quanto passageiros. Era um dos mais modernos da Marinha mercante alemã. Passar pelo Brasil não estava nas intenções iniciais do capitão W. Brauner quando ele deixou Hamburgo em 21 de julho de 1939 para uma viagem à África do Sul e Moçambique. O navio tinha 150 tripulantes e era capaz de fazer 18 nós, levando 160 passageiros de primeira classe e mais 380 de classe turística. Quando chegaram à Cidade do Cabo já havia rumores de guerra, e em 26 de agosto seu capitão teve ordens de deixar a colônia britânica. Depois de liberar os passageiros britânicos a bordo, ele foi para a colônia portuguesa ao lado. Com o início da guerra em setembro, ele passou a ser um navio caçado.

Um dos barcos do navio levou uma pequena tripulação, comandada por um oficial, Günther Albrecht, de volta à Alemanha, em uma épica viagem de 4.568 milhas em 73 dias. O navio não tinha combustível para voltar e correria o risco de ser apanhado por uma patrulha naval britânica. Com isso, a opção foi entrar, em 7 de dezembro, em um porto neutro – Santos – disfarçado de navio japonês. Alguns dias depois, no dia 13, acontecia a batalha entre os cruzadores da Marinha Real e o "couraçado de bolso" alemão Graf Spee, que se refugiou em Montevidéu.

A vida foi tranquila, embora monótona, para os marinheiros alemães involuntariamente exilados em Santos. O Windhuk era confortável. Quando o país entrou em guerra com os alemães, os marinheiros foram parar em campos de concentração. Até hoje eles enrolam o nome do lugar: Pindamonhangaba (SP).

"Lá em Pindamonhangaba, você vivia como um nobre", diz o ex-marinheiro Horst Jüdes, provocando seu amigo Kurt Brenneke. "Era um paraíso", diz Jüdes. "Nós tínhamos que trabalhar duro", retruca Brenneke. Os dois concordam em que a vida nos campos não era tão fácil como se chegou a publicar na imprensa brasileira – coisas como dizer que os prisioneiros cantavam e dançavam toda noite. "Ninguém dança em um campo de concentração", diz Brenneke. Mas não resta dúvida de que eram muito mais bem tratados do que os prisioneiros dos campos alemães.

A coexistência com os guardas era relaxada, até demais. Apenas três tentaram escapar, mas foram logo aprisionados. Jüdes e Brenneke lembram quando foram levados à cidade para tratamento dentário. Como tinham mais dinheiro que os guardas, pois recebiam através do consulado espanhol, puderam comprar vinho de laranja para seus "carcereiros". O resultado foi que tiveram de carregar de volta os guardas, embriagados, e suas armas. Para espanto do diretor do campo. Em outra ocasião, um sentinela sonolento em uma torre de vigia deixou cair o fuzil entre os prisioneiros. Gritou pedindo que devolvessem, e eles devolveram.

Com o fim da guerra, alguns voltaram para a Alemanha – geralmente os oficiais e os casados. Outros ficaram. Brenneke perdeu três irmãos na guerra e sua cidadezinha, perto de Leipzig, ficou em território controlado pelos soviéticos. "Minha mãe me disse, fique onde está, não vale a pena vir para passar fome junto conosco." Ele ficou, casou com uma alemã, Traude, e continua até hoje no Brasil. O mesmo aconteceu com o berlinense Jüdes, que casou com Inge, brasileira de origem alemã. Cerca de cem permaneceram aqui. Muitos eram comissários de bordo, necessários em um navio capaz de levar tantos passageiros. Um deles fundou o ponto de encontro – o restaurante Windhuk.

O navio também teve vida longa. A tripulação sabotou o que pôde, tanto que ele precisou ser rebocado pelo Comandante Dorat. Não havia como consertá-lo no país. Ele terminou entregue à Marinha americana e foi convertido em navio transporte de tropas, rebatizado Lejeune, capaz de levar 4.660 soldados.

Enquanto os marinheiros mercantes alemães se conformavam com o exílio, os brasileiros tinham que se ver às voltas com um mar menos tranquilo.

Anastásio continua sua história:

> Passamos cerca de um mês em Trinidad, aguardando a formação de outro comboio. Eram uns petroleiros pequenos que iam para Curaçau. Uns oito navios, com escolta pequena, de caça-ferro. Em Curaçau, esses navios ficaram e nós prosseguimos escoteiros até Guantánamo, em Cuba, para aguardar a formação de outro comboio. Após algum tempo lá, uma semana, por aí, nós prosseguimos. Quando contornamos o cabo Maisi, a ponta oriental da ilha de Cuba, isso na hora do crepúsculo vespertino, um submarino irrompeu no centro do comboio e torpedeou um petroleiro, que

explodiu em chamas. O comodoro ordenou uma guinada de emergência de 45 graus para boreste (direita), com um foguetão verde – um foguetão vermelho era guinada de 45 para bombordo (esquerda). Em seguida ele também deu instrução pela lâmpada Aldis para iniciar o zigue-zague. A gente tinha uma série de esquemas de zigue-zague, tinha os esquemas 1, 2 etc., era o tempo que você navegava em determinado rumo, aí alterava o rumo, entende, para ficar dificultando a mira do submarino. Depois de umas quatro horas, o comboio foi recomposto e nós prosseguimos.[18]

Já em Key West, na Flórida, o Pelotasloide recebeu companhia de um colega mais moderno, o Suloide, um ex-mercante alemão, carregado com minério de ferro. Os dois saíram juntos rumo a Nova York com a escolta de um caça-submarino americano – mas só um chegou.

Havia centenas de cascos soçobrados na costa americana. A cada casco correspondia uma boia verde, fundeada 300 jardas a leste (na direção do oceano). Os brasileiros foram informados de uma dessas boias na documentação confidencial recebida antes da viagem. Segundo Atanásio ficou sabendo depois, o capitão do Suloide, que não falava inglês, guardou os documentos sem ler em uma gaveta – e não deixou ninguém ler. Eram "secretos". Rompendo o dia 26 de março de 1943, na baía de Onslow, Carolina do Norte, surgiu a boia.

Atanásio estava em seu quarto (período) de trabalho, já procurando a boia com o binóculo (o comandante do Pelotasloide tinha informado seus oficiais da documentação "secreta"). "Avistei a boia, e nesse momento o Suloide guinou para bombordo para deixar a boia por boreste. Ele passaria safo da boia se não tivesse alterado rumo." O capitão do Pelotasloide apitou freneticamente, sem conseguir avisar o colega.

O Suloide encalhou em cima do casco afundado. O Pelotasloide e o caça-submarino esperaram a chegada de um rebocador, que foi logo passando um cabo para puxar o navio encalhado. "No meu entender ele fez besteira. Devia primeiro ter preparado o navio para ser desencalhado, tinha que ter aliviado a carga. Passou o cabo e puxou. Quando puxou, desencalhou realmente – mas meteu o navio no fundo."

Carregado de ferro, foi fácil para o casco do Suloide se romper, sua reserva de flutuabilidade já era pequena. O comandante brasileiro alegou um defeito no leme que o fez guinar de repente na direção do casco afundado.

O Pelotasloide salvou sua tripulação e prosseguiu para Nova York, onde descarregou a carga. Dali foram para a vizinha Bayonne, Nova Jersey, onde o navio seria modernizado durante mais de um mês. O mercante estava fretado pelos americanos, junto com sua tripulação original.

O Pelotasloide recebeu blindagem no passadiço contra ataque de aviões e uma cinta desmagnetizadora, um cabo que circundava o navio todo pela periferia interna, pelos porões, para retirar o magnetismo e reduzir a vulnerabilidade a minas. Para isso ele recebeu geradores elétricos, o que também aumentou o conforto da tripulação, já que agora havia geladeira a bordo. "Pela primeira vez tive um verdadeiro *breakfast*, com ovos, presunto, até sorvete. Em navio brasileiro nós tínhamos café com pão e olhe lá, era um miserê desgraçado. Nós falamos mal do nosso país hoje, mas ficamos muito menos piores", declara o então segundo-piloto. Os americanos da Companhia Moore-McCormack também queriam pagar um salário igual ao que pagavam aos seus marinheiros, mas o Lloyd foi contra – certamente os outros marinheiros brasileiros iriam reivindicar o mesmo benefício.

O mercante brasileiro também foi artilhado. Recebeu um canhão de 101 mm em uma plataforma circular na popa e duas metralhadoras antiaéreas sobre o tijupá (o pavimento acima do passadiço).[19] O Pelotasloide era um navio do tipo "três ilhas" – castelo de proa, passadiço a meia-nau e mais um tombadilho na popa, onde foi colocado o canhão. Entre esses três pontos elevados ficavam os porões de carga.

Elementos da tripulação foram treinados por pessoal da Marinha americana para guarnecer as peças até chegar ao Brasil. O chefe de máquinas passou a ser o comandante do canhão, o segundo-piloto (Atanásio) e o primeiro-piloto (Eivinde Borges da Silva) ficaram com as metralhadoras.

O navio então iniciou a longa viagem de volta. Passaram ainda por Norfolk, Virgínia, carregaram carvão para uso em navios (o carvão brasileiro, com muito enxofre, não era adequado) e material bélico, notadamente peças para aviões. Era uma carga importante para o esforço de guerra brasileiro-americano no Nordeste.

Entre os navios que fizeram companhia ao brasileiro na volta estavam navios de desembarque de tanques do tipo LST. "Era um grande comboio com LSTs para o Pacífico, que balançam pra caramba", disse Atanásio, e os

85

soldados da FEB concordariam. Em mais alguns meses, vários deles fariam a viagem de Nápoles a Livorno em outro tipo de embarcação de desembarque, a LCI, que, como todos os navios do tipo, "balançam pra caramba".

Na altura de Curaçau, eles receberam aviso de ameaça de submarino e tiveram de arribar nesse porto (usa-se o verbo "arribar" porque não era esse o destino previsto). Navegando escoteiros até Trinidad, permaneceram na ilha por mais duas semanas. O motivo é o de sempre: esperando um comboio.

O Pelotasloide estava retido em Porto de Espanha, Trinidad, sem ter como voltar devido à sua velocidade baixa demais para os comboios normais, até a chegada dos três caça-submarinos brasileiros. Dois deles, o Jacuí comandado pelo capitão-tenente Carlos Roberto Perez Paquet, e o Jundiaí comandado pelo capitão-tenente Pedro Borges Lynch, foram então designados como a paciente escolta do lento mercante.

Quem comandava o grupo era o futuro historiador naval e então capitão-tenente Artur Oscar Saldanha da Gama, que até então era encarregado do pessoal e instrutor de armamento na Comissão de Recebimento de Navios em Miami, e voltava ao Brasil comandando três novos caça-submarinos.[20] No início de junho, eles tinham feito uma semana de adestramento com um velho submarino americano, o R-79, e em seguida acompanharam um comboio de 12 mercantes junto com 6 outros caças americanos, de Key West (Florida) a Guantánamo (Cuba). Dali foram a Trinidad, escoltando outro comboio, de 19 mercantes, que também tinha dois destróieres de proteção.

Junho e julho de 1943 foram meses particularmente ruins para navegar ao longo da costa brasileira. Foi quando os alemães fizeram uma *Blitz* – palavra usada pelo almirante Ingram – contra a navegação de cabotagem do país com 12 submarinos, o maior número que navegou em águas brasileiras durante um período curto de tempo. Não era um bom momento para o Pelotasloide voltar para casa depois de meses fora.

Os três navios brasileiros saíram de Trinidad na manhã de 27 de junho de 1943. Saldanha da Gama, como comandante da escolta, decidiu ir a bordo do mercante, para facilitar a interação entre os navios. Atanásio dá um motivo adicional: "porque a bordo do caça-pau não dava para tomar banho". Não foi o único a fazer isso. "Uma vez o comandante de um deles veio tomar banho a bordo. Eu até achei que era desigual, vir tomar banho e deixar o resto da turma naquela água salgada." Na nova Marinha que a guerra estava forjando, esse tipo de atitude era exceção. Os jovens oficiais faziam questão de dar o exemplo e passar o mesmo tipo de padecimentos que seus comandados. Uma outra vantagem havia em escoltar apenas um mercante, e brasileiro. O Pelotasloide fornecia pão fresco de sua padaria aos caça-paus.

Saldanha da Gama ficou no camarote do imediato. Diz Atanásio:

> Era uma excelente pessoa. Ele nos fez os treinos de artilharia e metralhadora. O contramestre fez um alvo, uma balsa de madeira com dois tambores e um pedaço de encerado pintado de amarelo. A turma se distraía com aquilo, tivemos tiro de metralhadora. Novamente eu tive o trabalho de carregar as fitas com munição e tinha que lubrificar o raio da metralhadora.

Os três levaram uma semana para chegar perto de Belém, onde os caças teriam que se reabastecer. A viagem foi sem incidentes, apenas com alguns contatos duvidosos de sonar. Os caça-submarinos deveriam ter parado para reabastecimento em Georgetown, na Guiana britânica, mas como o Pelotasloide navegou mais rápido que o esperado, decidiu-se parar em Belém. O mercante poderia esperar perto de Salinas enquanto a escolta entrava na baía de Marajó até Belém, mas o comandante criou um pretexto para acompanhar os caças a Belém.

Na manhã de 4 de julho chegaram a Salinas. Às 11 horas da manhã o Pelotasloide recebia um prático a bordo para pilotá-lo até o fundeadouro. O prático estava atrasado, pois esqueceram de avisá-lo a tempo de sair com a maré alta. Às 12h45 o navio recebia um torpedo.

"Recebido o prático, tomamos o dispositivo de entrada, com o mercante na testa seguido dos navios da escolta", escreveu Saldanha da Gama.[21] O torpedo acertou o navio no seu lado direito ("boreste") e levantou uma grande coluna d'água. O Pelotasloide começou a adernar e a tripulação começou a abandoná-lo.

Atanásio descreve o torpedeamento:

> Amanheceu um dia bonito, de sol. Já estamos nos aproximando de Salinas, hoje Salinópolis, na estação de práticos, para demandar Belém. Você pega o prático a 12 milhas da costa, tem que chegar na hora para

a própria embarcação do prático sair da barra de Salinas. O Saldanha da Gama passou a um caça, voltou pro bodum, aquela turma sem tomar banho. Pela manhã começamos a tomar as providências. Lá pelas 10, 11 horas, vem o prático e um marinheiro da praticagem. Prosseguimos, sempre a 10, 12 milhas da costa. Quando estávamos na altura da ponta de Marapanim, bem a oeste de Salinas – eu tinha terminado de almoçar –, veio um torpedo debaixo do passadiço. Subiu aquela água com carvão, o torpedo tem ação hidráulica, o que abre o rombo é a água comprimida contra o costado, o casco serve de percussor. Aí aquela massa comprime o casco como um martelo hidráulico. Aquela quantidade de água negra entrou pelo meu camarim adentro. Você sente como se fosse um martelo gigantesco dando porrada – o impacto foi debaixo do passadiço a boreste, do lado de fora. O meu camarote estaria a uns 75 m da linha d'água, um pouco alto, abaixo do passadiço.[22]

Bem acima do local do impacto, Atanásio não foi ferido. O oficial a quem ele devia render ao entrar de quarto (começar seu turno de trabalho) teve mais azar.

Os navios eram de aço, mas a superestrutura era de madeira. A asa do passadiço era de madeira. O oficial de quarto, o Germano Araújo, o terceiro-piloto, estava na asa de boreste, quando a água subiu, arrancou com o passadiço e ele foi precipitado na água. O Germano, do Rio Grande do Norte, era bom nadador. Aí, aquela zorra: houve um segundo impacto logo em seguida, coisa de alguns segundos, um torpedo que pegou na popa. Ele deve ter soltado dois torpedos quase que simultaneamente. O torpedo alquebrou a popa. O canhão foi o primeiro que desembarcou. Ele foi arrancado do navio pelo impacto. O abandono foi normal, nós fazíamos exercício toda semana. Não eram turcos modernos, eram turcos de cachimbo. As baleeiras já viajavam prontas, com umas trapas que apertavam de encontro a uma peça de madeira cheia de pneus. Você arriava, aí era só cortar as trapas. Mas tinha que ser bem coordenado, um em cada talha para ir arriando por igual. Aí houve besteira. Eu comandava a baleeira número 3, a boreste. A gente fazia aquilo automaticamente. Peguei a roupa, meu boné – estava um sol desgraçado –, a gente andava sempre com uma faca para cortar um cabo qualquer, e fui para a baleeira. Um dos marinheiros cortava as trapas. Eu disse, "cuidado, não tire as voltas dos cunhos antes de cortar as trapas, senão a baleeira desce direto". Um foguista encarapitou-se na baleeira – já está errado, tinha que descer pelas redes. Um marinheiro de uma das talhas deixou só meia volta, o peso não aguentou e a baleeira caiu. Arriou a proa e ficou pendurada. Aí outro soltou. Conclusão: a baleeira arriou com um homem lá dentro e começou a fazer água quando bateu no mar. O cara parecia um macaco, ficou em posição fetal. Mas nós tínhamos balsas nas enxárcias, balsas de alumínio muito boas e era fácil de soltar. Aí eu disse, "vamos para a balsa", o navio estava quase parando. Pegamos o leme da balsa e remamos na direção da baleeira. Tivemos que pegá-lo à força, ele estava sem ação. Essa foi a única baleeira que sofreu acidente.

O oficial jogado no mar sobreviveu por um acaso incrível.

Essas balsas dos americanos substituíam umas balsinhas ridículas que o Lloyd tinha posto antes da guerra, umas balsas de madeira, vagabundas. O americano olhou aquilo e perguntou, "como é que esse pessoal vem com esse navio nesse estado? Só brasileiro mesmo". Nós empilhamos as balsinhas no convés, debaixo do passadiço. Quando o torpedo explodiu, aquela massa de água encheu o convés e as balsas flutuaram, o navio adernou e as balsas desembarcaram. O Germano, ao cair na água, bateu num destroço e feriu o braço direto. Com o braço esquerdo ele nadou, encarapitou-se na balsa e desmaiou. Teve muita sorte. Ele ficou marcando o ponto em que o navio foi torpedeado, como uma boia. Aí veio a segunda parte perigosa. Lá tinha muito alto-fundo (relevo submarino elevado). O cara do submarino era muito bom. Ele estava em uma zona de risco à navegação de superfície. Os caças gastaram tudo quanto foi bomba. E o Germano em cima da balsa. Depois nos recolheram. O comandante do Jundiaí disse: "Vamos correr esses destroços", aí um marinheiro viu o Germano e ele foi salvo.

Morreram 5 dos 42 tripulantes do Pelotasloide, e outros 5, incluindo Germano, ficaram feridos.

Assim que aconteceu o ataque, os dois caça-submarinos começaram a farejar em torno.

Os caças investigavam, cuidadosamente, o setor norte no través do navio atingido, onde a carta acusava fundos de 23 a 31 metros, havendo mesmo um poço de 53 metros, na distância de 5 mil jardas na marcação 009. O submarino havia escolhido bem o ponto de ataque. Devia estar, depois de disparado o torpedo, comodamente assente na lama do fundo com todos os motores parados, usando a iluminação por baterias.[23]

Caso ainda estivessem por perto, os alemães estariam enfrentando o terror típico do submarinista: um ataque de cargas de profundidade, acompanhado do incessante *ping* do sonar. Seja um moderno destróier, seja um liliputiano caça-pau, a carga de profundidade é a mesma: 300 libras de explosivos lentamente descendo em sua direção.

O submarino era o U-590, comandado pelo *Oberleutnant zur See* (tenente) Werner Krüer. O barco estava em sua primeira patrulha com o novo comandante. O Pelotasloide foi o único navio que afundou. O submarino era do modelo mais comum, o tipo VII C, com deslocamento de 769 toneladas na superfície e 1.070 toneladas quando submerso. Seu ataque fora ousado, mas não suicida. O fundo irregular do estuário do rio Pará, mais a mistura de densidades da água doce com a salgada, confunde os sonares. O Jacuí e o Jundiaí optaram por saturar a área com bombas de profundidade e deixar os foguetes dos *mousetraps* para o caso de conseguirem um contato positivo.

Depois do bombardeio, os dois navios de escolta recolheram as baleeiras salva-vidas com os náufragos e permaneceram em alerta no local. Saldanha da Gama diz que apareceram então aviões americanos, que se retiraram. Outro caça-submarino, o Guaporé, comandado pelo capitão-tenente João de Faria Lima, que estava em Belém, saiu do porto para auxiliar na caçada. Por ter radar, o caça-ferro estava mais bem aparelhado para a busca quando caísse a noite e o submarino emergisse para fugir.

Mas, antes mesmo de o reforço chegar, foram todos mandados de volta pelo oficial de operações do comando naval, um tenente americano, que argumentou que o mercante provavelmente tinha sido afundado por uma mina. Saldanha da Gama registrou o que sentiam: "Contristados, transmitimos a ordem aos comandantes e entramos no rio. Havíamos perdido o nosso mercante e éramos impedidos de aguardar o inimigo para destruí-lo."[24] A irritação dos brasileiros aumentou quando o oficial americano deu uma "aula" (na descrição de Saldanha da Gama) sobre o gasto inútil de bombas em um alvo "imaginário". Incompreensão entre aliados é um dos problemas típicos das coalizões. A FEB também teria sua dose disso na Itália.

O alvo "imaginário" foi afundado cinco dias depois, em 9 de julho, por hidraviões americanos Catalina do esquadrão naval VP-94. Saldanha da Gama conta que, apesar de ter-se reunido com o oficial americano (cujo nome ele não registra) dias depois do fim do U-590, não foi informado da destruição do submarino. "Segredo militar ou excessivo sentimento de orgulho pessoal?", perguntou-se o brasileiro mais de 40 anos depois, na conferência de 1974. Só em 1956, lendo o livro de Samuel Eliot Morison sobre a guerra naval, é que Saldanha da Gama descobriu a identidade do destruidor do Pelotasloide.

A *Blitz* submarina no Norte incluía também os submarinos U-510, U-466, U-662 e U-653, além do U-590. O U-510 atacou o primeiro comboio Trinidad-Rio (TJ-1), com 20 mercantes, escoltado pelo destróier americano Somers, quatro caças americanos de 173 pés e o brasileiro Juruena, chegando ao país pouco depois de seus dois colegas classe J. O submarino afundou um petroleiro e dois mercantes nos dias 8 e 9 de julho.

O U-590 também se encontrava nas imediações, que estavam sendo intensamente patrulhadas por aviões devido aos afundamentos no comboio. No dia 9, ele foi surpreendido na superfície ao largo do Amapá por um Catalina pilotado pelo tenente americano (*lieutenant, junior grade*) Frank E. Hare, que atacou imediatamente. O Catalina é um avião lento e pesadão (na Força Aérea Brasileira ganhou o apelido de "pata-choca"). Os artilheiros do U-590 tinham boa pontaria, pois conseguiram avariar o Catalina e matar Hare. O copiloto, tenente J. P. Phelps, tentou uma segunda investida, mas as bombas não se soltaram e ele teve de voltar a Belém com o avião danificado. Phelps conseguiu pousar. Duas horas depois do ataque, outro Catalina do esquadrão, pilotado pelo tenente S. E. Auslander, afundou o submarino com seis bombas. Não houve sobreviventes.

O fato de o U-590 ter ficado por duas horas na superfície entre os dois ataques de avião indica, segundo Saldanha da Gama, que ele poderia estar danificado, provavelmente pela ação do Jacuí e do Jundiaí. É uma especulação válida, mas difícil de provar, já que não sobrou ninguém do submarino para contar a história.

Houve outros casos parecidos, de bombardeios com cargas de profundidade que podem ter causado danos, e como consequência deixando os submarinos vulneráveis a ataques aéreos. Por exemplo: o U-128, um grande barco da classe IX C, tentou penetrar pela escolta para atacar o comboio TJ-13, na noite de 17 de maio de 1943. A escolta incluía uma corveta classe C, a Cabedelo (capitão de corveta Ivano da Silva Guimarães), um caça classe G, Gurupi (capitão-tenente José Luís de Araújo Goiano) e um caça classe J, Jaguaribe.[25]

O Jaguaribe atacou depois de acusado o contato de sonar. Sua tripulação afirma ter visto o submarino vir à tona mais tarde, mas não teve permissão para sair no seu encalço. A missão principal, como sempre, era proteger o comboio e não desguarnecer uma possível rota de ataque de submarino.

O Jaguaribe anunciou a posição do inimigo. O cruzador Bahia partiu ao ataque, mas, em vez de seguir as coordenadas transmitidas pelo caça, preferiu confiar no rumo errado enviado pelo comando da Força Naval do Nordeste (que os tinha recebido da 4ª Esquadra). Oficiais brasileiros desconfiaram de que os americanos não queriam que o Bahia afundasse o submarino, e por isso passaram coordenadas erradas propositadamente.

Como resultado, pela manhã o submarino foi atacado por aviões e em seguida por dois destróieres americanos, Moffett e Jouett, o único exemplo perto da costa brasileira de destruição de submarino por navio de superfície.

Saldanha da Gama escreveu: "parece que os navios americanos o haviam visto, por isso os navios aliados já estavam alertados, até a noite do ataque ao comboio brasileiro, razão pela qual, intencionalmente, afastaram o nosso cruzador".[26] O livro *História naval brasileira* é mais diplomático: "Não houve explicações para a informação errônea transmitida ao nosso cruzador".[27]

A *Blitz* de junho-julho foi um momento difícil para os navios de escolta brasileiros e americanos, pois os alemães atacaram no Norte, no Nordeste e no Sul-Sudeste, com o objetivo de estender as forças aliadas e enfraquecer as respostas aos ataques. Oswaldo Cortes foi um dos que estavam em ação nessa época (ele foi o comandante de caça-submarino que mais navegou a bordo dos minúsculos classe J. Passou 188 dias e meio no mar, percorreu 40.844 milhas náuticas e participou de 49 comboios com seu Jaguarão. Muitas dessas milhas foram movimentadas – especialmente aquelas no começo de julho[28]).

Cortes foi chamado às 4h30 da manhã do dia 7 de julho pelo comandante da Força Naval do Nordeste, almirante Soares Dutra. O motivo fora o torpedeamento de quatro navios (três afundaram) do comboio BT-18, ao largo do Ceará. Tratava-se de mais um dos 12 submarinos da *Blitz*, o U-185, do *Kapitänleutnant* August Maus. Meia hora depois o Jaguarão se encaminhava a toda velocidade para o Ceará.

A improvisada guerra da Marinha

O BT-18, dirigindo-se a Trinidad, tinha sido escoltado pela corveta Caravelas, pelo Jaguarão e pelo Javari até a altura de Recife, quando foi acrescido de mais navios e trocada a escolta, que passou a ser americana. O U-185 penetrou entre a escolta americana para atacar quatro navios.

Na madrugada do dia 8, à 1h45, ao largo do Rio Grande do Norte, o sonar indicou um contato. A tripulação foi a postos de combate. Segundo Cortes, o tenente Álvaro de Resende Rocha "informou que se tratava de um submarino, pois as indicações dos aparelhos eram positivas. As bombas foram ajustadas para as profundidades prováveis em que o submersível estivesse. O mar estava grosso. O cacinha subia e descia nas vagas".[29] Foram lançadas cinco bombas, que não atingiram o submarino, provavelmente o U-185. As explosões levantando a popa do navio, mais uma onda arrebentando forte na proa, quase varrem para o mar a guarnição do canhão principal, que teve que se agarrar onde pôde. Novos contatos e ataques foram feitos, sem resultado.

Depois de uma noite sem dormir, o navio recebe nova ordem: o Jaguarão deve ir socorrer os náufragos dos navios torpedeados. Às 3 horas da madrugada, o caça estava no local dos afundamentos, onde mais tarde pela manhã encontraria dois outros navios mandados em operação de resgate, o Jaguaribe e o rebocador Heitor Perdigão. Às 8h30, um Catalina americano informa que há um mercante avançado e duas baleeiras a 40 milhas de distância. Às 13 horas, foi achado o casco abandonado; mais 45 minutos e o caça recolhe 13 náufragos do navio americano James Robertson em uma baleeira. Às 15h25, outra baleeira, desta vez com 11 tripulantes do Robertson e do petroleiro, também americano, William Boyce Thompson.

Não parou por aí o trabalho do caça-submarino brasileiro. Parte do petroleiro não tinha afundado, e o Jaguarão precisou destruir o pedaço do casco com tiros de canhão e bombas de profundidade lançadas pelos morteiros "K", para que não oferecesse perigo à navegação. Às 17h30, o caça de novo se encontra com o Heitor Perdigão e o Jaguaribe, seguindo então para Fortaleza, onde chegou no mesmo dia, mas quase à meia-noite.

O dia tinha finalmente terminado. "Começamos lançando bombas sobre um submarino, encontramos dois cascos de navios torpedeados, cooperamos no afundamento de um deles, recolhemos 24 náufragos e acabamos entrando à noite em Fortaleza, sem prático e com o

93

A nossa Segunda Guerra

balizamento apagado. Esse foi o dia mais interessante da minha vida de oficial de Marinha", concluiu Cortes.[30]

A Marinha brasileira finalmente recebeu navios adequados para enfrentar submarinos quando eles já não eram tão necessários. Foram os oito destróieres de escolta da classe B, originariamente da Marinha americana, na qual faziam parte da classe Bostwick. Já eram um tipo de navio de escolta bem mais poderoso, com 1.240 toneladas de deslocamento (1.520 com carregamento pleno) e uma tripulação de 220 homens. Eram armados com três canhões de calibre 76 mm/50, 6 antiaéreos de 40 mm, número variável de antiaéreos de 20 mm, 3 tubos de torpedos e armamento antissubmarino moderno.[31]

Os destróieres de escolta eram outro modelo de navio fabricado em massa. Várias classes foram produzidas, de projetos semelhantes e armamento parecido, como as classes Bostwick (58 navios); Edsall (81); Evarts (65); Buckley (54); Rudderow (97); Asheville (77). Só essas classes somavam 432 cascos, o que dá uma ideia do poderio industrial americano uma vez deslanchado. Convém lembrar: esses eram os destróieres pequenos. Os EUA também construíram 175 destróieres grandes da classe Fletcher, por exemplo, além de 96 da classe Benson/Gleaves, 116 da Gearing, 56 da Allen M. Sumner (depois da guerra, a Marinha brasileira adquiriu navios dessas classes maiores). Convém relembrar: os EUA também construíram cruzadores leves e pesados, couraçados, porta-aviões, mercantes etc.

A maioria desses novos navios de escolta já encontrou o mar razoavelmente limpo de submarinos. Foi o caso dos oito brasileiros – Bertioga, Beberibe, Bracuí, Bauru, Baependi, Benevente, Babitonga e Bocaina. Os quatro primeiros foram transferidos em agosto de 1944, os dois outros em dezembro e os dois últimos já em março e maio de 1945, quando a guerra na Europa acabava.

Um deles sobreviveu a estes 50 anos, e provavelmente viverá por mais outros 50 e até mais. O Bauru foi transformado em navio-museu dedicado à Segunda Guerra. Fica geralmente atracado na marina da Glória, no Rio. Em 1995, ele também pôde ser visto na ilha das Cobras, a principal base da Marinha, ao lado de corvetas modernas fabricadas logo ali do lado, de onde antes tinham saído os velhos navios-mineiros classe C. O veterano Bauru, com sua pintura de guerra cinza e suas linhas quadradonas, não parecia tão fora de lugar ao lado dos esguios navios de hoje.

94

Notas

[1] O quinto volume da *História naval brasileira* é a melhor fonte para quem estiver interessado na evolução da esquadra do país na primeira metade do século. O tomo II mostra o período entreguerras e relata as operações na Segunda Guerra. O tomo I, ainda em preparação enquanto escrevo, fala da esquadra de 1910 e das operações na Primeira Guerra. Um dos principais autores, o almirante Hélio Leôncio Martins, me deixou ler parte do manuscrito inédito, pelo qual sinceramente agradeço. Outra fonte importante é a coleção de depoimentos pessoais feitos por participantes do conflito em uma conferência em 1974 organizada pelo Serviço de Documentação Geral da Marinha – *A participação da Marinha na Segunda Guerra Mundial, Atas da conferência*. Informações sobre os navios brasileiros também podem ser encontradas em obras de referência naval, como o anuário britânico *Jane's Fighting Ships*, editado desde 1905, e o igualmente excelente *Conway's All the World's Fighting Ships*, com edições relativas aos períodos 1860-1905, 1906-1921, 1922-1946 e 1947-1992.

[2] Dados sobre o Dreadnought podem ser encontrados em vários lugares. Há uma monografia exclusiva sobre o navio, o primeiro número da série *Warships in Profile*, por John Wingate (Windsor, Profile Publications, 1971). Um livro enxuto e completo sobre a evolução dos couraçados britânicos é *Battleships & Battlecruisers of the Royal Navy Since 1861,* de B. R. Coward (London, Ian Altan, 1986). Para se ter uma ideia da situação da Marinha brasileira no contexto latino-americano, recomenda-se o livro do historiador naval americano Robert Scheina, *Latin America: A Naval History, 1810-1987,* Annapolis, Naval Institute Press, 1987. Uma boa opção em português é o livro de Richard Humble, *A Marinha alemã: a esquadra de alto-mar*, Rio de Janeiro, Renes, 1974 (Coleção "História Ilustrada da Segunda Guerra Mundial".). O livro de Humble trata não só da Segunda Guerra, mas também mostra a origem da rivalidade naval anglo-germânica de antes da Primeira Guerra.

[3] Entrevista ao autor, Rio de Janeiro, fevereiro de 1995.

[4] Entrevista ao autor, Rio de Janeiro, fevereiro de 1995.

[5] Vários autores, *História naval brasileira,* Rio de Janeiro, Serviço de Documentação Geral da Marinha, 1985, t. II, v. V, p. 217.

[6] Uma explicação sobre um nome de família é conveniente. O veleiro Almirante Saldanha homenageia uma figura lendária da Marinha, o almirante Luís Filipe Saldanha da Gama, que teve papel importante na Revolta da Armada de 1893. A mesma família tinha dois oficiais na Marinha atuando na Segunda Guerra na Força Naval do Nordeste, os irmãos Artur Oscar Saldanha da Gama e José Santos Saldanha da Gama. Também havia oficiais do Exército com o mesmo sobrenome, inclusive na FEB.

[7] Sobre a carreira do Hesperus e seus colegas, ver Peter Dickens, *Warship Profile n° 20*, Windsor, Profile Publications, 1972.

[8] Dan van der Vat, *The Atlantic Campaign: World War II's Great Struggle at Sea*, New York, Harper & Row, 1988, p. 290.

[9] Antony Preston, *An Illustrated History of the Navies of World War II*, London, Hamlyn, 1976, p. 170.

[10] John Lambert e Al Ross, *Allied Coastal Forces of World War II,* vol. 1: Fairmile Designs & U.S. Submarine London, Conway Maritime Press, v. 1: Fairmile Designs & U.S. Submarine Chasers, 1990, p. 147.

[11] Artur Oscar Saldanha da Gama, *A Marinha do Brasil na Segunda Guerra Mundial,* Rio de Janeiro, Capemi, 1982, p. 56.

[12] Entrevista ao autor, São Paulo, fevereiro de 1995.

[13] Entrevista ao autor, Rio de Janeiro, fevereiro de 1995.

[14] "A epopeia dos caças", Hélio Leôncio Martins, na conferência *A participação da Marinha na Segunda Guerra Mundial.*

[15] Autor da vasta obra *History of the US Naval Operations in World War*, em vários volumes.

[16] Dados citados em *Submarines of the World*, de David Miller, New York, Orion Books, 1991, p. 67.

[17] O caso do Windhuk e dos campos de concentração brasileiros já foi muito divulgado pela imprensa brasileira. Eu mesmo escrevi a respeito, mas, ironicamente, não para a *Folha de S.Paulo*, onde escrevo há mais de 10 anos. As entrevistas a seguir foram feitas originalmente em 1993 para a *newsletter* da agência americana South-North News Service.

[18] Entrevista ao autor, Rio de Janeiro, fevereiro de 1995.

[19] Curiosamente, tanto a *História naval brasileira* como o livro de Saldanha da Gama afirmam que o Pelotasloide estava desarmado. O erro deve ter surgido porque, ao escreverem o livro anos depois da guerra, os autores podem ter consultado relatórios brasileiros que não mencionavam o armamento. Como o mercante foi artilhado nos EUA, e afundou na volta, não houve tempo de uma guarnição da Marinha ser designada aos canhões. O engano de Saldanha é mais difícil de entender, pois ele viajou de volta a bordo do mercante e ajudou a organizar exercícios de tiro, segundo Atanásio.

[20] A participação da Marinha na Segunda Guerra Mundial, *Atas da conferência*, Serviço de Documentação Geral da Marinha, 1974; contém o relato pessoal de Saldanha da Gama sobre o afundamento do Pelotasloide.
[21] Idem.
[22] Entrevista ao autor, Rio de Janeiro, fevereiro de 1995.
[23] Saldanha da Gama, em A participação da Marinha na Segunda Guerra Mundial, op. cit.
[24] Idem.
[25] Descobrir quem de fato comandava o Jaguaribe é um desses pequenos mistérios que surgem quando se quer chegar aos detalhes de um fato. Saldanha da Gama afirma em seu livro, à página 166, que ele era comandado interinamente pelo capitão-tenente Paulo Carvalho da Fonseca e Silva, o imediato do navio, e cita como fonte uma "informação verbal do comandante João Carlos Palhares dos Santos" (nota 220, à página 268). Também afirma que Paulo Carvalho da Fonseca e Silva fora entrevistado por Hélio Silva para o livro *1944: o Brasil na Guerra*. O livro de Silva, porém, à página 164, dá como sendo o capitão-tenente Valim Cruz de Vasconcelos o comandante no momento da ação! O mais espantoso é que essa confusão ocorre a respeito de algo envolvendo pessoas vivas. Segundo Hélio Leôncio Martins – em conversa com o autor – era de fato Valim quem comandava, de acordo com seu boletim, e com afirmação do próprio.
[26] Saldanha da Gama, op. cit., p. 166.
[27] Vários autores, op. cit., p. 384.
[28] Saldanha da Gama, em *A Marinha do Brasil na Segunda Guerra Mundial*, fez uma listagem do número de milhas navegadas por todos os navios de escolta brasileiros.
[29] Exposição de Cortes na conferência de 1974, ver A participação da Marinha na Segunda Guerra Mundial, op. cit.
[30] Idem.
[31] *Jane's American Fighting Ships of the 20th Century*, compilação dos navios americanos mostrados no anuário *Jane's Fighting Ships* entre 1898 e 1980, editado pelo capitão John Moore (New York, Mallard Press, 1991), p. 146 em diante.

Uma Força Aérea nasce com a guerra

Quando foi criada em 1941, a Força Aérea Brasileira (FAB) tinha 430 aviões, soma dos aviões do Exército e da Marinha que ela incorporou. Parece um número impressionante, quando se vê que o esquadrão de caça brasileiro na Itália tinha em torno de 40 aviões. Só que os 430 já eram, em 1941, quase todos obsoletos para a guerra moderna que se travava, então, na Europa.

Um exemplo era o caça biplano, de fabricação americana, F413, que tinha peso máximo na decolagem de 1,6 tonelada, com velocidade máxima de 303 km/h e armado com duas

97

metralhadoras leves, calibre 0,30 polegada (ou "ponto trinta", de 0.30, a maneira de escrever casas decimais em inglês, com ponto em lugar de vírgula). Já o caça P-47 Thunderbolt usado pela FAB na Itália tinha peso máximo de 8,8 toneladas, velocidade de 690 km/h e armamento de 8 metralhadoras pesadas, calibre .50 ("ponto cinquenta").

Quando a opinião pública forçou o país a entrar em guerra, não havia nenhum esquadrão de aviões de primeira linha capazes de rastrear o mar em busca de submarinos e afundá-los. Assim como os navios da Marinha, os aviões podiam patrulhar mais com o objetivo de tentar dissuadir o inimigo do que para efetivamente combatê-lo.

O processo de modernização foi lento, mas deu frutos, como no caso da Marinha. Quando houve uma ofensiva submarina em junho/julho de 1943, as forças americanas e brasileiras estavam prontas. Um bom símbolo da recém-adquirida capacidade de luta da Força Aérea Brasileira foi o afundamento, em 31 de julho de 1943, do U-199, um submarino alemão de longo alcance da classe IX D-2. O U-199 foi afundado ao sul do Rio de Janeiro por um hidravião PBY-5 Catalina da FAB, depois de ter sido atacado sem sucesso por um avião naval americano PBM-3 Mariner e outro avião brasileiro, um A-28 Hudson.

Assim como os Estados Unidos, o Brasil tinha em 1941 duas forças aéreas, a Aviação Militar do Exército e a Aviação Naval da Marinha. O equipamento era uma mistura de diversos tipos diferentes de aviões de origem americana e europeia (britânicos, alemães e italianos). Era uma coleção díspar que podia ser muito boa para se aprender a voar, mas que seria apenas uma forma de suicídio rápido caso esses aviões fossem utilizados na guerra na Europa.

Uma solução para remediar o atraso foi centralizar os esforços, criando-se uma única Força Aérea. O Ministério da Aeronáutica foi criado por decreto em 20 de janeiro de 1941. O novo órgão cuidaria da aviação militar e fiscalizaria a civil. O primeiro titular da pasta era um civil, Joaquim Pedro Salgado Filho. Ele continuaria no cargo até o final da guerra.

O primeiro nome dado ao novo conjunto da Aviação Naval com a Aviação Militar era Forças Aéreas Nacionais. Em 22 de maio de 1941, o nome mudou para o mais racional Força Aérea Brasileira.

Uma Força Aérea nasce com a guerra

Do inventário da nova Força Aérea constavam 99 aviões vindos da Marinha. O tipo mais numeroso era um biplano de treinamento de projeto alemão que estava sendo montado sob licença no país – 36 Focke-Wulf Fw-44J Stieglitz. Outro modelo alemão feito no Brasil era o segundo tipo mais numeroso – 16 Focke-Wulf Fw-58B Weihe, um avião mais moderno, um monoplano de dois motores. Já estava obsoleto para padrões europeus, porém. Os alemães já o tinham substituído por aviões mais capazes.

Outras aeronaves típicas da Aviação Naval eram 10 De Havilland D.H.82 e D.H.82A Tiger Moth; 12 aviões de treinamento North American NA-46; 4 Fairey Gordon. Os 99 aviões navais pertenciam a 15 modelos diferentes, o que devia causar um verdadeiro pesadelo ao pessoal encarregado da manutenção.

Na arma aérea do Exército, a situação era semelhante, apenas aumentava um pouco a escala do problema. A Aviação Militar tinha 331 aviões de 25 diferentes modelos. Os mais numerosos eram 30 North American NA-72; 29 Vought V-65B; 29 Waco EGC-7; 27 Waco CPF F-5. Essa outra miscelânea incluía alguns tipos exóticos, como 3 bombardeiros italianos Savoia Marchetti SM.79 ou 2 hidraviões Americanos Consolidated Commodore. Também havia entre esses raros pássaros 7 biplanos Muniz M-7 e 16 biplanos Muniz M-9, aviões de treinamento de projeto brasileiro que eram os primeiros aviões a serem construídos em série no país.

A primeira tarefa de Salgado Filho e seus auxiliares era tentar integrar esses dois conjuntos de homens e máquinas em um todo coerente. Exército e Marinha só tinham em comum cinco tipos de aeronaves. Ou seja, os 430 aviões da nova FAB pertenciam a 35 modelos diferentes.

Os aviões receberam, a partir de 31 de maio de 1941, como identificação uma estrela de cinco pontas com braços verdes e amarelos e um círculo branco com outro azul por dentro. Era uma versão ligeiramente diferente daquela que identificava os aviões do Exército (os aviões navais tinham como insígnia um "cocar" semelhante ao de forças aéreas como a francesa e a inglesa, com três círculos concêntricos, verde do lado de fora, depois amarelo, e azul por dentro).

Uma vantagem imprevista dessa adoção foi facilitar a identificação dos aviões recebidos durante a guerra dos Estados Unidos, cuja insígnia básica

99

A nossa Segunda Guerra

era uma estrela branca de cinco pontas dentro de um círculo azul. Bastava pintar com as cores brasileiras a estrela branca. No círculo azul, às vezes era pintado o Cruzeiro do Sul, do mesmo modo como o futuro distintivo dos veículos da FEB (um Cruzeiro do Sul branco dentro de um círculo cortado em quatro pontos).

Para fazer uma patrulha efetiva da costa, os brasileiros precisavam de aviões modernos e de treinamento para operá-los. A única fonte disponível eram os EUA. Em 1941, o Congresso americano aprovou o decreto de empréstimos e arrendamentos (*Lend-lease Act*). Seu objetivo era dar crédito aos endividados britânicos para comprar material bélico. A iniciativa também ajudou outros países, entre os quais o Brasil. Já em 1941 foi estabelecida uma Comissão de Compras em Nova York, logo transferida para Washington. De 1942 a 1945, o Brasil recebeu 1.288 aviões dos EUA. Entre eles estava um bom número de bombardeiros e aviões de patrulha capazes de rastrear o Atlântico Sul em busca de submarinos, como o Catalina, o Hudson e o Ventura.

Essa injeção de material novo logo deu resultados. Os primeiros aviões que chegaram foram 10 caças Curtiss P-36A, 2 bombardeiros Douglas B-18 e 6 bombardeiros North American B-25B Mitchell. Eles pertenciam ao Agrupamento de Aviões de Adaptação, uma unidade criada com a ajuda da Força Aérea do Exército dos EUA. Ficaram baseados de início em Fortaleza. Os bombardeiros seriam úteis para a patrulha, mas na falta de outros aviões até os caças seriam usados nesse tipo de missão. Havia também ainda o risco de forças do Eixo se basearem na África Ocidental francesa, em Dacar, caso em que poderiam bombardear o Nordeste. Ao mesmo tempo que os brasileiros eram lentamente reequipados, chegavam ao país unidades navais e aéreas americanas. Essas unidades seriam um alvo potencial de forças alemãs na África. Em 1942, houve por um tempo o medo de aviões inimigos criarem uma "mini-Pearl Harbor" com os navios americanos em Natal.

Depois do desastre que foi a ação do U-507 em agosto de 1942, os submarinos continuaram ativos na costa brasileira, dando trabalho constante aos navios americanos e brasileiros. Os submarinos afundaram, perto da costa do país, 9 navios, de vários países, em novembro, e mais 12 em

100

dezembro – este último foi o pior mês do ano em termos de naufrágios. Pior: nenhum submarino fora afundado no litoral brasileiro em 1942, seja por brasileiros, seja pelos mais bem equipados americanos.

O primeiro submarino a ser afundado foi o U-164, vítima em 6 de janeiro de 1943 de um Catalina do esquadrão naval americano VP-83, ao largo de Fortaleza.

Quando o presidente americano Franklin Roosevelt fez escala no Brasil em janeiro, em seu caminho para a Conferência de Casablanca, ele já pôde visitar 3 esquadrões de aviões de patrulha da Marinha do EUA em Natal: VP-74, VP-83 e o recém-chegado VP-94. Mais alguns meses, em julho de 1943, e a *Fleet Air Wing 16* (Ala Aérea da Esquadra 16, como tinha sido batizada em abril) já possuía cinco esquadrões, comandados pelo capitão Rossmore D. Lyon. O VP-94 tinha 14 hidraviões Catalina em Belém. O VP-74 tinha 12 hidraviões PBM Mariners, um modelo mais pesado, e operava de bases perto de Salvador. O VB-127 chegou com 12 PV-1 Venturas – uma versão mais moderna do bombardeiro bimotor Hudson – e sua base passou a ser Natal e, depois, Fortaleza. O VB-107 tinha então os mais poderosos aviões do país, 12 quadrimotores PB4Y-1 Liberators de longo alcance em Natal (o VB-107 substituiu o VP-83, sendo basicamente o mesmo pessoal e o mesmo esquadrão reequipado com outros aviões). Salvador também era base dos 12 Venturas do VB-129.

Como se não bastasse, cinco outros esquadrões chegariam na segunda metade de 1943, quando passaram a ser gradualmente substituídos por unidades brasileiras à medida que chegavam aviões e o treinamento era completado.

Para a batalha contra submarinos que ocorreu em junho-julho-agosto de 1943, que o almirante Ingram chamaria de *Blitz*, a FAW 16 estimava ter apenas 36 aviões operacionais, que ficaram mudando de base ao longo da costa do país para escoltar os diversos comboios e fazer frente aos submarinos que chegavam. Alguns dos Mariners do VP-74 chegaram a operar na área de Florianópolis, apoiados pelo Barnegat, um pequeno navio-tênder de hidraviões.

Com o Ano-Novo, a FAB deu um salto em sua capacidade de patrulha, com a chegada dos Consolidated Catalinas e dos Lockheed Hudsons.

A nossa Segunda Guerra

A FAB recebeu um total de 28 Hudsons; os primeiros 10 A-28A chegaram ao país em dezembro de 1942. Outros 16 Hudsons chegaram em janeiro e o último foi transferido em março de 1943.[1] Um deles não chegou ao Brasil, tendo sido perdido no caminho. Esses aviões originariamente deveriam ter ido para a RAF (*Royal Air Force*, em português Real Força Aérea). Os britânicos operaram vários Hudsons, principalmente em patrulha oceânica. Para combate nos céus da Europa, ele se revelou pouco armado. De início, os Hudsons brasileiros foram baseados em Natal, Recife e Salvador.

O Catalina serviu à FAB em números parecidos. Os primeiros 7 do modelo PBY-5, estritamente para pousar na água, chegaram em janeiro de 1943. Três foram para Belém e 3 para o Grupo Patrulha do Galeão, no Rio, e um foi para Florianópolis. Outros 15 hidraviões, do modelo PBY-5A (anfíbios, capazes de também pousar em terra), foram entregues em dezembro de 1944 (depois da guerra outros 9 Catalinas foram adquiridos, pois se revelaram ótimos aviões para transporte na região amazônica, tarefa na qual serviram até o começo dos anos 1980). Esses aviões em geral mantinham as cores originais da Marinha dos EUA, diversos tons de azul e branco, que variaram de acordo com a época da guerra. A inexistência de ameaça de aviões inimigos fez com que esses aviões deixassem de carregar munição nas metralhadoras dorsais, úteis para a defesa contra um caça que vem por trás, mas inúteis para atacar um submarino logo abaixo.

Esse grande fluxo de aviões obrigou a Força Aérea a apelar para reservistas, assim como o Exército teria de fazer para mandar uma força expedicionária à Itália. Uma maneira de treinar equipes era mandá-las ao exterior. Foi o caso de dois sujeitos que se tornaram amigos e participariam do afundamento de um submarino, e quase repetem a dose dois meses depois – Alberto Martins Torres e Sérgio Cândido Schnoor.

Os dois foram aos EUA receber treinamento com a USAAF – Força Aérea do Exército Americano. Chegaram àquele país em um momento delicado, apenas alguns dias depois do ataque japonês a Pearl Harbor.

Foi um submarino alemão que fez Torres, então estudante universitário, ingressar na FAB (os estudantes foram os primeiros a protestar contra os afundamentos que o U-507 tinha cometido em agosto de 1942).

Uma Força Aérea nasce com a guerra

O hidravião Catalina PBY-5A número 16 da FAB, do 2º Grupo de Patrulha do 4º Regimento de Aviação, da Base Aérea do Galeão. Na frente do avião, ao lado da torre frontal de metralhadoras, ficava o distintivo que mostrava o Zé Carioca com uma bomba.

Em um impulso, ele decidiu se alistar. Filho de diplomata, já falava inglês fluentemente, um trunfo para jovens aspirantes a oficial de um país em processo de se aliar com os americanos. Isso o ajudou, e muito, a ser selecionado para fazer treinamento de voo nos EUA. Diz Torres:[2]

> Em 1941 eu estava cursando a Faculdade de Direito no Rio de Janeiro quando foi criado o Ministério da Aeronáutica. Foi criado também o corpo da reserva da Aeronáutica e o governo americano ofereceu à FAB vagas nos cursos onde eles formavam seus próprios pilotos militares. Isso foi na época em que submarinos alemães afundavam navios brasileiros aqui no litoral. Havia uma grande revolta contra isso, principalmente entre os estudantes. Me inscrevi no Ministério e fui fazer o curso nos Estados Unidos.

Lembra Schnoor:[3]

> Foi em dezembro de 1941, por convênio entre o Brasil e os EUA, os Estados Unidos abriram a formação de pilotos no Exército americano para os brasileiros que quisessem se candidatar. Então abriram um concurso aqui, na Panair do Brasil, e fomos selecionados. Éramos uns dez. Um desses era o Torres. Outro era o Roberto Schurman, outro era o Penteado Netto, o Valentim Rui Barbosa e outro era o Helio Leitão de Almeida. Fomos pra lá e amanhecemos em Nova Orleans em dezembro de 1941.

Já no navio que os levou aos EUA eles tiveram um gostinho de guerra. A tripulação do navio "recrutou" ambos para turnos de vigia no cesto de gávea – as primeiras "patrulhas" antissubmarinas dos futuros aviadores. "A tripulação do navio, partimos no Dei Vale, nos obrigava a dar serviço no cesto da gávea, imagine você, eu e Torres Penteado; tinha uma escala de serviço, subíamos lá, para ficar observando", afirma Schnoor.

Os brasileiros foram treinar em bases próximas a San Antonio, no Texas, primeiro com o clássico avião de treinamento Fairchild PT-19, que o Brasil também receberia dos EUA (103 deles vieram voando de lá, em uma épica viagem com 46 escalas, da fábrica no estado americano de Maryland ao Rio de Janeiro![4]). Lá no Texas e em outros pontos dos EUA começava a fabricação em massa de pilotos para aquelas que seriam as duas mais poderosas forças aéreas da história – o Exército e a Marinha dos Estados Unidos.

Uma Força Aérea nasce com a guerra

Depois do PT-19 (PT era sigla de *"primary trainer"*, treinador primário) em Uvalde, fizeram voos em um avião de treinamento básico, o North American BT-14, em Randolph Field, e no mais avançado North American AT-6 (no Brasil conhecido como T-6 ou T-meia) em Kelly Field. Depois de aprender a voar do jeito americano, Schnoor e Torres também fizeram curso de instrutor de voo em Randolph Field.

Quando Torres e Schnoor voltaram, sua primeira tarefa foi auxiliar no treinamento de aviadores aqui, mas logo estavam fazendo patrulhas a partir dos aeroportos cariocas – a base do Galeão e o novo Santos Dumont, de localização mais central, perto da sede do Ministério da Aeronáutica e da missão americana.

"Nessa época o Brasil inaugurou o CPOR de aviação. Preparamos uma ou duas turmas e fomos então destinados para a patrulha. Eu, o Torres e o Almeida também fomos servir no Grupo de Patrulha do Galeão, mas que tinha sede no Santos Dumont", lembra Schnoor. Eles pilotavam indistintamente o Catalina e o Hudson.

Torres se tornou um especialista em hidravião, pois o comandante do grupo, major José Kahl Filho, o enviou para fazer um curso de Catalina oferecido pelos americanos na base de Aratu, Bahia. Ele era quem assistia seus colegas monoglotas durante todas as aulas de mecânica, de rádio, de pilotagem, de instrumentos, armamento e tudo o mais que fosse necessário para operar o hidravião de dois motores, velocidade máxima de 288 km/h, peso máximo na decolagem de 16 toneladas, envergadura de asa de 31,7 metros, capaz de levar 1,8 tonelada de bombas e armado com 4 ou 5 metralhadoras. A bordo ia uma tripulação de 7 a 9 homens. Apesar de lento e vulnerável a caças inimigos, o Catalina mais do que compensava isso, sendo extremamente confiável mecanicamente e tendo um alcance máximo de 4.000 km (o que, por outro lado, tornava suas patrulhas longas e cansativas). Conta Torres:

> A promessa que nos foi feita, como uma espécie de recompensa quando terminássemos a primeira turma, era sermos transferidos para o grupo de patrulha e foi nesse grupo que eu voei os dois aviões, o Hudson, um bimotor terrestre, e o hidravião Catalina. Pelo meu conhecimento de inglês, levaram-me novamente para auxiliar na adaptação de toda a tripulação do Catalina. Eu fazia a adaptação como piloto e passava o resto do dia com os sargentos brasileiros e americanos.

Com isso, ele passou a conhecer cada peça, cada parafuso, e os seus nomes em inglês e português, do hidravião mais famoso da guerra – um Catalina localizou o couraçado alemão Bismarck em 1941, por exemplo, e outro localizou a frota japonesa que tentava atacar Midway em 1942. Graças a isso, Torres passou a ser, de fato, o instrutor de Catalina do grupo de patrulha – "então eu voava todo dia, ou dando instrução ou em patrulha".

Outro aviador que também participou do fim do U-199 era um oficial de carreira, mas que entrou por acaso na profissão militar. José Carlos de Miranda Corrêa queria ser engenheiro, mas perdeu a data dos exames para a faculdade. Ele apostou com um amigo que era capaz de passar nos exames para a escola militar. Passou e escolheu a carreira mais relacionada com sua vocação de engenheiro – a aviação de Exército. Transferido para a Força Aérea quando esta foi criada, também fez curso nos EUA. Depois da guerra, foi finalmente estudar Engenharia.

A escolta dos navios de cabotagem era tediosa, a partir do Rio até os portos do Nordeste. Ficava-se uma média de dez horas no ar, indo na direção do norte até Caravelas, na Bahia, e na direção sul até Paranaguá, até o Paraná. Eles voavam tanto o Hudson como o Catalina. "Eu gostava mais do Hudson, o Catalina era lento demais. Mas o Hudson não perdoava um piloto ruim", diz Miranda Corrêa.[5] O apelido do Catalina na FAB era "pata-choca", mas não era pejorativo. Tratava-se de um avião altamente confiável. Tanto Torres como Miranda Corrêa voaram depois o P-47 na Itália, o que certamente tende a influenciar a visão do velho "Cat".

Eles às vezes treinavam com os submarinos da Marinha brasileira, que não tinham alvos para seus torpedos, mas cumpriram essa útil missão.

Miranda Corrêa lembra que ficava cansado de ver tanto mar. Os aviões brasileiros ainda não tinham radar. "Eu sentia que meus olhos estavam virando verdes de ver tanta água", diz ele. Depois de algum tempo só vendo água, nem sombra de submarino, os aviadores brasileiros se sentiam frustrados – ainda mais porque os americanos já tinham afundado alguns no começo de 1943.

Depois de alguns meses de calma relativa, os alemães voltaram com toda a força em junho de 1943. Foi um período crucial da luta no mar. Em março, eles tinham conseguido vitórias assombrosas, como o massacre de dois comboios, SC-122 e HX-229, no Atlântico Norte.[6] Foram perdidos

Uma Força Aérea nasce com a guerra

22 navios; 44 submarinos participaram do ataque e apenas um foi destruído pela escolta. Em maio, a maré mudou radicalmente: 41 submarinos alemães foram destruídos, metade por escoltas de superfície, metade por aviões. As novas contramedidas deram certo – mais aviões com radares melhores, grupos de caça e destruição, captação de sinais de rádio e códigos inimigos decifrados, novas armas como torpedos acústicos e cargas de profundidade de afundamento rápido etc.

Apesar disso tudo, só em julho a tonelagem dos novos navios construídos pelos Aliados superou a tonelagem que os submarinos punham no fundo.

Em busca de campos de caça menos vigiados, uma ofensiva submarina foi montada contra o Brasil. Se ela tivesse acontecido em agosto de 1942, como era a intenção inicial dos alemães, o massacre teria sido de proporções aterradoras – basta ver que apenas um submarino tinha afundado cinco navios e um veleiro. Em junho/julho de 1943, o quadro era outro, e as forças aliadas no Brasil puderam dar uma surra aos submarinos comparável àquela de maio passado ao norte.

Cerca de uma dúzia de submarinos operaram nas costas brasileiras nessa época. Os incursores se espalharam ao longo da costa para dividir as defesas, tentando saturar de ataques três setores do litoral. Os submarinos U-510, U-466, U-590, U-662 e U-653 estavam ao norte, perto do estuário do Amazonas e do Caribe; o U-604,[7] U-598, U-591 e o U-185 operaram ao longo do Nordeste; o U-172 estava mais ao sul desse grupo, dirigindo-se para águas mais meridionais, onde o U-199 e o U-513 buscavam predar os mercantes, interceptando o tráfego que viria do rio da Prata. Seus destinos foram variados; apenas metade causou danos. Vinte navios foram torpedeados entre 21 de junho e 6 de agosto, dos quais 17 foram afundados. Alguns, como o U-185, U-513 e U-172, afundaram vários navios cada um – respectivamente 5 (e 1 danificado), 4 (e 1 danificado) e 4. O U-510 afundou 2 navios, o U-199 afundou 1 e danificou outro, e o U-590 afundou mais 1.

Eles pagaram caro por isso. Seis foram afundados em julho e mais dois em agosto, todos vítimas de aviões – os submarinos U-590 (9 jul. 1943); U-513 (19 jul. 1943); U-662 (21 jul. 1943); U-598 (23 jul. 1943); U-591 (30 jul. 1943); U-199 (31 jul. 1943); além do U-767 em 27 set. 1943. O

107

U-604 e o U-185 foram afundados em agosto, dias 11 e 24, no meio do Atlântico, longe da costa brasileira. O destróier americano Moffett, que já tinha tomado parte no fim do U-128 em maio, também pôde disparar seus canhões contra o U-604 para despachar de vez o submarino para o fundo. O terceiro dos incursores bem-sucedidos, o U-172, seria afundado em 13 de dezembro próximo, a oeste das ilhas Canárias.

A luta começou com o grupo do sul fazendo sua primeira vítima. O U-513 afundou um cargueiro no dia 21 de junho e danificou outro 4 dias depois. No dia 27 seguinte, foi a vez de o U-199 danificar outro mercante. Essas ações fizeram o comando americano despachar reforços para o Sul. Foi o que bastou para os ataques começarem no Norte – o afundamento do Pelotasloide, descrito no capítulo anterior, pelo U-590. Depois do Norte, veio o Nordeste: 3 dias depois 3 navios foram afundados e 1 danificado no comboio BT-18 (Bahia-Trinidad) pelo U-185. Foi o ataque que fez o Jaguarão de Oswaldo Cortes ser enviado às pressas para o litoral do Ceará.

Mais um dia, e um comboio para o sul, TJ-1 (Trinidad-Rio de Janeiro), perdia dois mercantes para o U-510.

O primeiro revide foi o afundamento do U-590 pelo esquadrão VP-94, de Belém, em 9 de julho. Morreram todos os 45 homens da tripulação, um destino mais do que comum no afundamento de submarinos, especialmente se estão submersos. Mas, mesmo apanhados na superfície, a maioria tende a morrer, pois não há tempo hábil para todos escaparem pela escotilha na torre do barco.

O eficiente U-513 fazia suas depredações perto da costa brasileira no Sul. Era comandado por um ás, *Kapitänleutnant* Friedrich Guggenberger, o homem que afundou o grande porta-aviões britânico Ark Royal em 1941, quando comandava o U-81. Talvez por isso ele ficou confiante demais e se deixou apanhar na superfície no dia 19 por um PBM Mariner do esquadrão VP-74 operando a partir de Florianópolis. Guggenberger foi capturado vivo, mas morreram 46 de seus homens.

O U-662 foi destruído pelo veterano esquadrão VP-94 no dia 21; mais dois dias e era a vez de o VB-107, equipado com o grande quadrimotor Liberator, afundar o U-598, e quase no final do mês, no dia 30, o U-591 foi conhecer o fundo do mar por cortesia do VB-127.

Uma Força Aérea nasce com a guerra

Até então a FAB tinha participado da patrulha, mas não causara danos. No dia 31 foi a vez de os brasileiros acabarem com a carreira do U-199.

Ao mesmo tempo que Torres, Schnoor e colegas aprendiam a voar e a combater, um grande submarino da classe IX D2 se aprontava para o mar. O U-199 foi lançado em 12 de julho de 1942 e entrou em serviço em 28 de novembro.

A classe IX D original era constituída por submarinos projetados para o transporte de cargas, uma espécie de rompedor de bloqueio subaquático. O modelo IX D2 era uma versão armada, capaz de fazer patrulhas distantes. Além dos torpedos, a classe em 1942 tinha um canhão de calibre 105 mm (4.1 polegadas) no convés (mais tarde seriam removidos, pois notou-se que era mais útil ter canhões antiaéreos de pequeno calibre), um de 37 mm e outro de 20 mm antiaéreos, além de duas metralhadoras pesadas. O IX D2 tinha praticamente o dobro do alcance dos outros modelos da classe IX: 44.000 km (23.700 milhas náuticas) contra 25.000 km (13.500 milhas) do tipo IX C. Seu maior problema, comparado com os submarinos da prolífica classe VII, era o tempo necessário para submergir – 35-45 segundos, contra 30 segundos do barco menor. Cada segundo conta, quando se avista um avião de patrulha ao longe, e é necessário submergir rápido, antes do ataque. Mas os 19,5 nós na superfície que o submarino era capaz de fazer eram mais do que a velocidade disponível a muitos dos navios de escolta da Marinha brasileira.

O comandante do U-199, *Kapitänleutnant* Hans-Werner Kraus, tinha orgulho do seu barco, "o mais novo e na época o maior submarino alemão", escreveu ele em uma carta em 1989.[8] Kraus era experiente. Um de seus professores foi o ás submarinista Günther Prien, o homem que invadiu com seu U-47 a base naval britânica de Scapa Flow e afundou o couraçado Royal Oak. Kraus tornou-se imediato do U-47 logo depois que esse barco voltou do ataque à base da Marinha Real, e permaneceu a bordo até 31 de outubro de 1940, quando foi participar de cursos para assumir o comando do seu próprio submarino (com isso ele escapou de morrer junto com Prien e toda a sua tripulação quando o U-47 foi afundado em 8 de março de 1941). O primeiro comando de Kraus foi o U-83, do tipo VII C. Ele operou no Mediterrâneo a partir da base italiana de La Spezia. Depois

109

A nossa Segunda Guerra

de afundar diversos navios, o U-83 foi danificado por um avião britânico. Kraus conseguiu trazer o barco a salvo, e em seguida foi designado para o novo U-199. Assim como no submarino anterior, ele procurou decorar a torre do novo barco com a figura de um navio viking.

O U-199 partiu da Europa para sua primeira e última missão em maio de 1943. A linha do equador foi atravessada em 10 de junho. Em 18 de junho já estava na sua área de operações, na região da costa do Brasil ao sul do paralelo 25ºS e a leste da longitude de 45ºW. Depois de alguns dias sem avistar nada, Kraus aproou para norte, na direção do Rio de Janeiro.

Um avião brasileiro – ironicamente, de origem alemã – Focke-Wulf Fw-58B Weihe relatou ter avistado dois submarinos perto do Rio em 25 de junho. Os dois submergiram antes que o avião pudesse se aproximar. Eram provavelmente o U-199 e o U-513. O avião buscava este último submarino, que tinha afundado no dia 21 o cargueiro sueco Venezia, a primeira vítima da *Blitz*. A ironia de terem sido avistados por um avião de projeto alemão não parava aí. O próprio piloto era de origem alemã: o tenente-aviador Georg F. W. Bungner.

O Brasil colocou três colônias de imigrantes em posição delicada. Rio Grande do Sul, Santa Catarina, Paraná e São Paulo têm grande número de descendentes de alemães, japoneses e italianos, e todos eles contribuíram com soldados para a FEB. Havia até casos curiosos, como o de Gerd Emil Brunckhorst, do 9º Batalhão de Engenharia da FEB, que teve um irmão morto quando lutava na frente russa – do lado alemão.[9] Esse é um lado ainda obscuro da participação do Brasil na guerra: quantos foram os brasileiros filhos de alemães e italianos que foram lutar pelas pátrias de seus pais? Nunca se fez uma pesquisa ampla sobre o tema. Além das dificuldades típicas de uma pesquisa como essa, o tema é politicamente delicado.

Em 27 de junho, o U-199 atacou e danificou o mercante Charles W. Peale, com canhão e torpedos, 50 milhas náuticas a sul do Rio de Janeiro. Depois disso a patrulha foi sem incidentes por alguns dias.

Os sobreviventes do U-199 afirmaram ter afundado por canhão um pequeno veleiro no dia 22, mas nunca se achou registro desse fato no Brasil. Também se menciona a possibilidade de ele ter atacado e sido repelido por um navio brasileiro, o Buri, mas os sobreviventes não mencionaram

Uma Força Aérea nasce com a guerra

o episódio no interrogatório nos EUA.[10] A tripulação do Buri pode ter atirado em algo que achavam ser um submarino. À noite, qualquer coisa vira um periscópio.

No dia 24, o U-199 teve sucesso, afundando o mercante britânico Henzada, de 4.161 toneladas, na posição 25.30 S, 44.00 W.

Outro avião brasileiro, um Vultee V-11, reportou ter visto um submarino em julho – provavelmente o U-199. Um momento mais perigoso para o barco alemão aconteceu quando um PBM Mariner americano tentou um ataque noturno, mas se descontrolou e caiu no mar, com a morte de toda a tripulação.

Na manhã de 31 de julho de 1943, o U-199 navegava na superfície quando foi observado às 7h14 pelo Mariner PBM-3C pilotado pelo tenente (*lieutenant, junior grade*) Walter F. Smith, da Marinha dos EUA, do esquadrão VP-74. O avião tinha o código 74-P-7 e estava fazendo uma cobertura aérea para proteger o comboio JT-3, no processo de sair do Rio.[11]

O barco foi visto na tela de radar pelo operador C. R. Wilson, a uma distância de 19 milhas. Smith manteve a velocidade e a altura, 120 nós e 4 mil pés. O U-199 foi visto visualmente quando a distância já era de 15 milhas e positivamente identificado como submarino quando faltavam 10 milhas. O piloto foi descendo e aumentou a velocidade para 190 nós. Quando faltava uma milha – 1,85 km – ele se manteve a 150 pés – menos de 50 metros de altitude e 180 nós, descendo gradualmente até chegar à altitude ideal para lançar as bombas – 75 pés. Durante todas essas manobras, o submarino manteve um fogo antiaéreo pesado e constante, de acordo com o relatório de Smith.

O PBM estava tentando enquadrar o barco com suas bombas, que receberam um espaçamento entre elas de 65 pés. O avião tinha 8 bombas modelo Mark 47. Smith fez o avião cruzar o U-199 pelo lado esquerdo à frente da torre, a um ângulo de 270°. O bombardeador Dalton W. Smith largou 6 bombas. O piloto fez imediatamente uma curva para a esquerda e voltou a atacar o submarino ao longo de seu eixo a partir da proa, num ângulo de 350°, largando as duas bombas que sobravam.

O metralhador da cauda do avião, J. J. Smith, viu que quatro bombas do primeiro ataque enquadraram o submarino, com jatos d'água fortes

111

de ambos os lados. O segundo piloto (copiloto), alferes (*ensign*) Claude F. Grotts, viu as bombas do segundo ataque explodirem perto da proa a bombordo (esquerda), também cobrindo o submarino de água.

Mas quando as colunas d'água das bombas desapareceram, os aviadores americanos puderam ver o U-199 ainda na superfície, com todos os canhões atirando e mantendo um fogo regular. Ele recebeu danos; a tripulação do Mariner se recorda de ter visto fumaça e óleo no mar. O Mariner tem uma tripulação numerosa. Outros a bordo, além dos já mencionados, eram o navegador/fotógrafo Hans Kohler (outro com nome alemão); engenheiro de bordo T. E. Jarnsewicz; observador W. H. Meadows; artilheiro de proa R. L. Nagel; artilheiro de bombordo C. H. Hennis; e artilheiro de estibordo O. King.

O submarino fez alguns círculos apertados na água antes de adotar um curso na direção norte, só se desviando dele para apresentar os canhões ao Mariner quando este tentava metralhá-lo.

Às 8h04 o barco tentou submergir, mas pareceu perder o controle e quase afundou, o que deu à tripulação do Mariner a impressão de que ele estava incapaz de submergir. Os sobreviventes disseram a seus interrogadores que eles estavam impossibilitados não de submergir, mas de navegar submersos, e que sua velocidade na superfície era baixa. Provavelmente houve algum dano às baterias elétricas, o meio de propulsão debaixo d'água. "Kraus então decidiu se aproximar da costa para poder submergir em um ponto em que a água fosse rasa o suficiente para que ele pudesse encostar no fundo e fazer reparos", diz o relato do interrogatório.

Enquanto isso, o PBM 74-P-7 tinha transmitido a notícia do ataque por rádio. A FAB também foi alertada. O então aspirante-aviador Sérgio Schnoor lembra que estava lendo uma revista no QG no Santos Dumont quando chegou um oficial americano:

> Ele entrou esbaforido, batendo palma, nervoso, com a voz alterada, e gritava "*There is a submarine out there! Go there and get it!*" Não deu nem bom-dia, nem boa-tarde – "tem um submarino lá fora, vai lá e pega ele". O Kahl olhou pra mim, e eu disse, "vai estourar na minha mão". Eu era o único lá.

Uma Força Aérea nasce com a guerra

O major Kahl, compreensivelmente, ordenou que Schnoor pegasse um Hudson e partisse em busca do U-199. Ele já estava nos controles do avião, o Hudson número 73, quando chegou outro aviador, que tomou o assento de copiloto, o capitão-aviador Almir dos Santos Polycarpo. Dois sargentos completaram a tripulação, Manuel Gomes de Medeiros Filho e João Antônio Nascimento. Recorda Schnoor:

> Não sei como o Almir apareceu ali. É muito bom, porque você ir numa missão dessas sozinho é meio chato. Sempre com um amigo ao lado você... Então de posse dessa posição nem precisamos parar para plotar no mapa, de olho deu para localizar o ponto, rumo sudoeste, 220 se não me falha a memória, em questão de 20 minutos a gente estava lá em cima.

Ainda na superfície depois da tentativa fracassada de submergir, o U-199 continuava com o jogo de gato e rato com o Mariner, que fazia ataques ocasionais tentando impedir que ele submergisse de novo. O submarino fazia repetidas medidas do fundo do mar, tentando achar um ponto para submergir e fazer os reparos no fundo. Se ficasse parado no fundo, dificilmente seria achado. A ideia de Kraus era mergulhar quando a profundidade sob a quilha do submarino fosse de cerca de 135 metros. Continua Schnoor:

> Quando cheguei, vejo o PBM. Eu não sabia da existência desse PBM, o americano não disse, só disse que tinha um submarino. Então olhei praquele PBM e pensei, esse camarada vai atacar, deixa eu atacar antes dele, tirar o pão da boca. Manobramos, abrimos o *bomb bay* (compartimento de bombas do avião), já tínhamos checado as metralhadoras, pegamos altura, e eu fiquei no alinhamento dele, ele virou um pouco, eu estava bem no alinhamento dele.

Quando a sondagem indicava que o U-199 tinha acabado de chegar na profundidade correta, às 8h40, o Hudson de Schnoor chegou à cena. O avião cruzou a proa do U-199 a partir de estibordo (direita) e lançou duas cargas de profundidade Mark 17 de uma altura de 300 pés (100 metros), a um ângulo de 40° ou 45°, segundo os americanos observando a ação. As bombas caíram antes do alvo, acertando a água a cerca de 50 metros do lado direito da proa do barco.

O resto da investida foi menos agradável aos submarinistas. Schnoor manteve um fogo constante com as duas metralhadoras no nariz do

A nossa Segunda Guerra

Hudson e deve ter acertado alguns marinheiros, pois o fogo antiaéreo já estava bem mais fraco quando o Catalina de Torres e Miranda Corrêa entraria em cena.

> A nossa trajetória e a deles tinha uns 30, 40 graus. Ele dispunha de todo o armamento do deck – só não dispõe quando nessa posição em que a torre impede o armamento à ré de agir. Fizemos a primeira passagem, atiramos as metralhadoras, jogamos as bombas, infelizmente um pouco aquém do alvo, fiz uma segunda passagem, gastei toda a munição. Não tinha mais munição, aí voltamos para a base.

O PBM continuou lá, circulando, "de camarote", segundo Schnoor. Ele e Polycarpo preferiram voltar à base e pegar outro avião em vez de ficar lá, como o Mariner, fustigando o submarino. Por sorte, havia outro avião brasileiro por perto, o Catalina número 2, que também participava da cobertura do comboio JT-3. Seu piloto estava a bordo, e no comando, por acaso.

Quem deveria pilotar seria o então segundo-tenente-aviador Miranda Corrêa, um novato nesse tipo de avião. Por isso, o major Kahl ordenou ao aspirante-aviador Alberto Torres, o especialista no Catalina, que também fosse. Ele conta como foi:

> No dia 31, de madrugada, ia sair um comboio de 30 navios do Rio de Janeiro para o norte. Nós e mais dois aviões faríamos um leque de varredura na rota do comboio nas próximas 24 horas. Outros fariam a cobertura do comboio propriamente dito. Nós decolamos – o piloto era o Miranda Corrêa, que fazia seu primeiro voo solo no Catalina. O comandante me falou, "você vai também, você conhece todos os parafusinhos daquele avião". Na hora o próprio Miranda Corrêa deixou a pilotagem comigo. Então nós saímos meio paralelo a Cabo Frio, rumo aos Abrolhos. Na altura de Cabo Frio, uma mensagem deu as coordenadas, "atividade inimiga no setor tal", nós plotamos e fomos pra lá. Só sabíamos que atividade inimiga tinha que ser submarino. Chegamos lá e avistamos o submarino, de longe, estávamos com pouca altitude, uns 1.200 metros, o tempo estava bom. Ele estava em rumo perpendicular ao nosso. Começamos o mergulho.[12]

A bordo havia dois outros oficiais hierarquicamente superiores, mas que não eram os pilotos. Nominalmente, esses observadores estavam em comando, por isso às vezes descrições do episódio tendem a considerá-los como os

Uma Força Aérea nasce com a guerra

pilotos. Eram o capitão-aviador José Maria Mendes Coutinho e o primeiro-tenente-aviador Luís Gomes Ribeiro. O verdadeiro comandante era Miranda Corrêa. Coutinho Marques e Ribeiro eram basicamente passageiros privilegiados (se estar a bordo de um avião lento e vulnerável enquanto se ataca na direção da artilharia antiaérea pode ser considerado um privilégio...).

Cinco sargentos e soldados completavam a tripulação – Sebastião Domingues, Gelson Abernaz Muniz, Manuel Catarino dos Santos, Raimundo Henrique Freitas e Enísio Silva.

Quando receberam a mensagem de rádio informando a presença do inimigo, Miranda Corrêa foi até a mesa de navegação para plotar o curso, e então sentou-se no assento do copiloto para a ação. Ele ficou de posse do botão de lançamento das bombas. O avião estava perto de Cabo Frio, cerca de 50 milhas ao norte do U-199 e do Mariner.

Miranda Corrêa diz que avistar o grande submarino foi quase inacreditável depois de tantos meses vendo água, só água. "Era enorme. Se as bombas não tivessem acertado, dava até vontade de jogar o avião em cima", diz ele. "Era cinza-escuro e camuflado, uma visão linda, esguio."

Torres tentava manter-se calmo. Ele se lembra de que se preocupava com o fato de Miranda Corrêa não parar de mexer no botão de lançamento de bomba. Foi tudo muito rápido. Torres se lembra de ter visto um clarão, um tiro da artilharia antiaérea do submarino. Miranda Corrêa não se recorda de ter visto esse tiro. O avião tinha o sol por trás e aproveitou que o barco alemão estava com a atenção no Mariner – que eles só se lembram de ter visto depois da ação.

Com todas as metralhadoras disparando – mesmo as que ainda estavam longe, para aumentar o efeito moral sobre o inimigo –, o Catalina atacou, segundo anotam os detalhistas americanos, a partir do lado esquerdo do alvo, com um ângulo de 210º em relação a ele. Três cargas de profundidade Mark 44 foram largadas na primeira passagem. Elas foram reguladas para uma profundidade de 12 metros, que é o máximo que o submarino terá mergulhado se estiver iniciando o mergulho, e com isso ele será atingido de qualquer jeito, segundo Torres.

O relato do pessoal do Mariner revela que uma delas acertou perto e outras duas caíram aquém do alvo. Seja qual for o número de bombas que

115

A nossa Segunda Guerra

causaram o dano, o submarino já começou a afundar. Torres imediatamente fez uma curva à direita para um novo ataque. Miranda Corrêa, no assento de copiloto, foi quem viu primeiro o efeito das bombas. "O submarino foi levantado para fora da água pelas explosões", diz ele.

O submarino tipo IX D2 U-199 já estava afundando quando o Catalina lançou a última bomba. "Nós treinávamos isso a toda hora. Jogamos as bombas a 100 metros. Não tinha como errar. Acertamos as três bombas, na volta largamos a quarta como um tiro de misericórdia. Jogamos um barco de borracha para ele", resume Torres. Os oficiais a bordo dizem que tiveram de gritar para os soldados pararem de atirar com as metralhadoras, tamanha a excitação.

A última carga caiu perto da popa, que já desaparecia, e o U-199 sumiu de vez. Alguns tripulantes do barco já estavam na água.

O Unterseeboot-199 afundou às 9h02.[13] O primeiro ataque ocorreu na posição 23º54'S, 42º54'W. O túmulo do submarino está a algumas milhas dali, em 23º47'S, 42º57'W. Dos 61 alemães a bordo, 49 morreram.

O Mariner e o Catalina jogaram botes de borracha para os agora náufragos. Torres continua o relato:

> Ficamos ali olhando os tripulantes do submarino que nós havíamos afundado. Houve até um fato curioso. Quando lançamos os barcos, eles amarraram uns nos outros e começaram a remar. Nós falávamos fluentemente com a lâmpada Aldis para nos comunicar com os comboios. Eu falo alemão e transmiti para eles, "não remar, vem um navio buscá-los". Na primeira vez não houve resultado algum. Na segunda eles pararam de remar. Deve ter sido uma surpresa para eles receber uma mensagem em alemão.

De fato. Schnoor voltou à cena do combate poucos minutos depois do afundamento com outro Hudson apenas para descobrir que o "seu" submarino já tinha desaparecido. Outro Mariner chegou também, o 74-P-2.

O comandante Kraus exagerou, anos mais tarde, as circunstâncias do fim de seu barco. Na mesma carta já citada, ele diz que "em 31 de julho, de manhã, fui atacado por sete aviões americanos antes de poder submergir. Eles me acertaram duramente e, depois de duas horas de tiros e bombas, me afundaram". Escrevendo em 1989, sua memória pode tê-lo feito confundir os diversos ataques dos três aviões com um número maior de adversários. Não deixa de ser um elogio pela maneira como o Mariner americano e o Hudson e o Catalina brasileiros fizeram o ataque.

Foram necessários três aviões para afundar o U-199, o que mostra que um submarino não é um alvo fácil. Muitos aviões aliados foram derrubados pela artilharia antiaérea desses barcos (incluindo aviões americanos operando do Brasil). Torres, com a autoridade de quem foi depois à Itália pilotar um caça-bombardeiro, é modesto. "Não é um alvo tão difícil. É o estado emocional do piloto. É o modo de fazer", diz ele. "Se você quer pegar o bicho, tem que fazer assim, jogar 200 metros mais baixo do que preveem os outros. Quanto mais próximo você está, mais você se defende da antiaérea, porque o ângulo do canhão muda muito rápido. Se você faz o voo do pombo, ele fica que nem lorde inglês atirando no prato." Ele diz que o ataque do amigo ajudou o seu. "O Schnoor não tinha muita experiência ainda no Hudson. Mas aí ele fechou os porta-bombas, ficou na superfície, uns 10, 20 metros, voltou atirando com as duas ponto trinta na proa e acabou com mais de metade dos artilheiros do submarino."

Schnoor resume o final da sua participação no afundamento:

> Quando decolei, o Kahl já se comunicou com o Catalina. Enquanto estou indo para lá, e ataco e volto, e pego outro avião, o Catalina chegou e atacou. Não deixa de ter sido um ataque coordenado, pois veja bem, o PBM foi o primeiro, mas ele coordenou com a missão (americana), e saiu o Hudson. O Kahl coordenou com o Catalina. Foi coordenado, foi um trabalho de equipe.

O tênder de hidraviões Barnegat recolheu os náufragos, depois de ficarem só 2 horas na água. Eram 12 – 4 oficiais, 4 suboficiais (sargentos) e 4 marinheiros: *Kapitänleutnant* (capitão-tenente) Hans-Werner Kraus; *Leutnant zur See* (segundo-tenente) Hermann Weber; *Leutnant zur See d. R.* (segundo-tenente da reserva) Helmut Dresche;[14] *Oberfähnrich zur See* (aspirante, guarda-marinha) Karl Ludwig Roose; *Stabsobersteurmann* (sargento-ajudante timoneiro) Karl Heinz Jäger; *Bootsmaat* (contramestre) Franz Krug; *Bootsmaat* Adolf Hartmann; *Bootsmaat* Heinz Kirchhoff; *Matrosengefreiter* (marinheiro de 2ª classe) Heinrich Ludwig; *Matrosengefreiter* Walter Meischner; *Matrosengefreiter* Helmut Lukas; *Matrosengefreiter* Paul Buchholz. Os postos são de difícil tradução, já que não há equivalentes diretos para alguns nomes na Marinha brasileira (por isso, para maior precisão, é conveniente colocar os postos originais). O mais velho, Klaus, tinha 28 anos. O mais novo, Buchholz, tinha 19.

Torres não chegou a conversar com os prisioneiros, que foram enviados aos EUA para interrogatório, embora os tenha visto embarcar – "eu vi, a uns cinco metros, no embarque dos transportes militares, ali na Panair, os barbudões entrando". A bordo de um submarino a água também era uma mercadoria valiosa. Barbear-se, só na volta ao porto.

O Catalina que destruiu o U-199 foi mais tarde batizado, e ganhou na fuselagem uma silhueta de submarino para denotar o feito. Ele passou a ser o Arará, nome de um dos mercantes afundados pelo U-507 em agosto de 1942, em uma cerimônia em 28 de agosto de 1943 realizada no aeroporto Santos Dumont com a presença do ministro da Aeronáutica, Salgado Filho, e de personalidades como o barão da imprensa Assis Chateaubriand. O avião, pintado nas cores típicas da Marinha dos EUA na época (azul-acinzentado por cima, cinza-claro por baixo), também tinha na sua cauda a inscrição "Doado à FAB pelo povo carioca".

A cerimônia teve canções patrióticas e discursos inflamados. Entre os presentes estava o comandante do navio Arará, José Coelho Gomes, e a tripulação do Catalina e do Hudson. O Catalina foi batizado com água do mar por Miriam Santos, uma garotinha órfã depois que seu pai, Durval Batista dos Santos, morreu no naufrágio. Ela foi assistida por Teresa Bandeira de Melo, filha de Chateaubriand.

O discurso de Salgado Filho foi registrado na *Folha da Manhã* (antigo nome da *Folha de S.Paulo*) de 31 de agosto de 1943. Alguns trechos merecem ser registrados, pois mostram bem o espírito da época:

> Comandante José Coelho Comes e corajosos marinheiros do Brasil:
>
> Estamos assistindo à bênção deste avião que, como o vosso navio, também foi recebido a metralha e tiros pelo nosso inimigo comum. Mas, para felicidade nossa, não se verificou o que aconteceu com o vosso navio que, desprevenido e desarmado, navegando em rotas comerciais pacíficas, foi varrido traiçoeiramente pela covardia nazista. Recebemo-lo a metralha e bombas, enfrentando-o, agora, preparados como nos encontramos, com as mesmas armas com que fomos atacados.

Uma Força Aérea nasce com a guerra

O magnata da imprensa Assis Chateaubriand discursa no batismo do Arará no Santos Dumont, em 28/8/1943. Chateaubriand, segundo a edição de agosto de 1943 da revista *Avião*, discursou "destacando a contribuição do povo carioca, doando a máquina de guerra que traria o nome de um dos nossos barcos afundados pela selvageria totalitária".

> O submarino inimigo estava à superfície. Nosso avião, na faina incessante de limpar as nossas águas, chegou a tempo de lhe dar combate, lançando-se arrojadamente à luta. E esses valentes rapazes que aqui vedes (s. excia. apresenta os oficiais da guarnição do *Arará* ao que prorrompem em estrondosa ovação) localizaram, atingiram e afundaram o corsário inimigo.
>
> Ali está na nacele do nosso bombardeio, responsável por esse feito heroico, ainda pagão, o submarino germânico pintado ao lado das nossas insígnias. Mas, não é só a tinta branca. Para honra de minha Força Aérea, possuímos a fotografia desse miserável que está hoje no fundo dos nossos mares. Supunha ele que só encontrasse guarnições desprevenidas e indefesas.

O discurso continua no mesmo tom e Salgado Filho faz questão de terminar com "as palavras do grande chefe e condutor dos destinos nacionais, o presidente Vargas, ainda em 1930: Brasileiros! De pé pelo Brasil".

Chateaubriand, segundo a edição de agosto de 1943 da revista *Avião*, falou "destacando a contribuição do povo carioca, doando a máquina de guerra que traria o nome de um dos nossos barcos afundados pela selvageria totalitária".

Esse tipo de ritual patriótico seria repetido um mês depois no Rio Grande do Sul com o batismo de outro Catalina como Itagiba, cargueiro afundado em 17 de agosto de 1942 junto com o Arará. Chateaubriand e Salgado Filho compareceram.

Depois da derrota da *Blitz* de julho, a guerra antissubmarina no Atlântico Sul entrou em um período mais calmo e menos perigoso aos navios. Mas ainda haveria lutas e afundamentos, apesar de cada vez menos submarinos alemães se aventurarem nessas águas.

O aspirante-aviador, depois tenente-aviador Sérgio Schnoor voltou a encontrar outros desses barcos meses depois, naquele que seria o último encontro entre um avião brasileiro e um submarino do Eixo. Quase com certeza era o U-170, comandado pelo *Kapitänleutnant* Günther Pfeffer, o único submarino que se sabia estar operando na região da luta, perto de Cabo Frio.

Dessa vez, Schnoor estava como copiloto a bordo de um Catalina, identificado como o número "1" do 1º Grupo de Patrulha da Base Aérea do Galeão. Quem pilotava era o capitão-aviador Dionísio Cerqueira de Taunay.

O Catalina surpreendeu o submarino na superfície no dia 30 de outubro de 1943. Uma semana antes, no dia 23, o U-170 tinha afundado ao largo de Ubatuba (SP) o mercante brasileiro Campos. O U-boot estava alerta e respondeu com um fogo intenso de artilharia antiaérea. Nessa época, os submarinos já estavam mais bem artilhados contra aviões do que no começo da guerra.

Schnoor lembra que esse ataque o fez sentir o que era a guerra com mais intensidade do que o rápido combate com o U-170. Dessa vez seu avião foi atingido. Diz ele:

> Saímos em missão normal de cobertura de comboio. Tinha um comboio navegando em Cabo Frio e pra lá nós fomos. Chegamos lá, fizemos o retângulo de praxe. Voa pra lá, pra cá, estende mais um pouco em função da visibilidade, um retângulo ou outra figura qualquer, desde que você observe. Comunicação por rádio é proibida, o navio põe em letras enormes a latitude e longitude, você passa para a base para outro avião interceptar o comboio.[15]

Quando faziam a perna sul desse retângulo de patrulha, chamado de "calunga", eles puderam ver um objeto suspeito ao longe. Taunay alertou a tripulação e preparou as bombas, regulando o intervalo entre elas no intervalômetro. Segundo Schnoor, eram cerca de 10 horas da manhã.

O Catalina foi perdendo altura até chegar na altitude ideal de ataque e continuou mergulhando. "A oposição foi formidável. Eles atiraram com tudo disponível. Sentimos um balanço longitudinal violento, ele acertou o motor direito."[16]

O combate foi cinematográfico, com aquelas explosões no ar que Hollywood sabe mostrar.

Schnoor deu mais detalhes em uma carta ao autor, que mostra bem o risco que a tripulação correu:

> Jogamos três bombas de profundidade Mk 47, sendo que uma não se desprendeu, ficando pendurada no cabide até o regresso à base e pouso final.
>
> As bombas caíram perto do alvo, já bem na curva de regresso avistamos debris ou destroços no mar onde as bombas estouraram. O resultado do ataque é considerado duvidoso, já que não houve fotografia nem tripulantes sobreviventes ou testemunhas oculares de afundamento. Os destroços lançados, provavelmente pelo submarino, serviam para iludir as patrulhas e não constituem evidência de afundamento.
>
> Durante o ataque em voo picado de 500 pés de altura em ângulo de mais ou menos 30 graus, o submarino, por meio de seu armamento de convés, composto de canhões de 107 e 88 mm, atingiu o motor direito

do avião e sua quilha vertical, além de vários impactos ao longo de sua fuselagem. Durante o mergulho do ataque, o avião foi circundado por explosões de cor cinza e cinza-escuro, que exalavam o cheiro penetrante de "cordite", que é o explosivo composto de nitroglicerina, geleia etc. Esse cheiro inundou a cabine do avião e nos deu a sensação, pelo olfato – além, claro, da visual, vendo os tiros em nossa direção – da real ideia de um combate para valer.

Notar que os sargentos Halley Passos e Humberto Mirabelli foram ligeiramente feridos nas costas por estilhaços [...]. Notar, também, que toda a ação do combate, desde seu início, seja da decisão de atacar seja de todo o desenrolar do ataque, coube ao capt. Taunay, que foi, também, quem acionou o lançamento das bombas.[17]

O Catalina levava uma tripulação completa, de nove pessoas: capitão-aviador Dionísio Cerqueira de Taunay (piloto); aspirante-aviador Sérgio Schnoor (copiloto); segundo-tenente-aviador João Maurício Campos de Medeiros; primeiro-sargento-aviador Halley Passos (1º mecânico); terceiro-sargento-aviador Humberto Mirabelli (2º mecânico); segundo-sargento Anésio José dos Reis (bombardeador); terceiro-sargento João Bispo Sobrinho (radiotelegrafista); cabo Raimundo H. de Freitas (metralhador); e o soldado Gamalião C. Alcântara (metralhador).

O U-170 sobreviveu ao fim da guerra. Era um submarino grande do tipo IX C/40, que deslocava, submerso e carregado, até 1.545 toneladas. O armamento padrão da classe era um canhão de calibre 105 mm/45 (4,1 polegadas) de duplo emprego, um antiaéreo de 37 mm e outro de 20 mm. A grande quantidade de variantes no armamento introduzidas durante a guerra nos submarinos alemães, com a necessidade de melhor defesa contra aviões, torna difícil saber exatamente quantos canhões um submarino tinha em determinada data. Com certeza havia apenas um canhão de maior calibre (105 mm ou 88 mm – este último era um canhão diferente daquele "88" que a FEB encontraria na Itália). No final da guerra, essas peças maiores foram sendo substituídas pelas de tiro rápido de 37 mm e 20 mm. Discutir essa questão pode parecer acadêmica, mas ajuda a colocar em perspectiva os danos que o Catalina de Taunay e Schnoor sofreu. De 1943 em diante, era bem arriscado tentar atacar, sozinho, um submarino, especialmente com um avião lento como o Catalina.

Uma Força Aérea nasce com a guerra

Ironicamente, desta vez foi Torres quem chegou atrasado. Ele estava na praia em Copacabana quando foi avisado do que tinha acontecido com o avião do amigo. Em meia hora já decolava, em um Hudson – invertendo, portanto, os tipos de avião em que os dois voaram nas duas ações. Ele diz que chegou a cruzar com o Catalina voltando. Depois de uma hora de patrulha achou uma mancha de óleo e ficou patrulhando por mais algumas horas, mas nada mais foi achado. O U-170 escapou. Em 28 meses de serviço ativo, esse submarino só afundou um navio – justamente o brasileiro Campos.

Torres e Schnoor, aviadores da reserva, deixaram a Força Aérea depois da guerra, mas mantiveram ligações profissionais ocasionais com a aviação (Schnoor representou um fabricante de aviões inglês no país, Torres foi piloto de Juscelino Kubitschek durante a campanha presidencial[18]). Com a saída deles, e de vários outros reservistas, em muitos casos por não terem os mesmos privilégios dos oficiais de carreira, a FAB perdeu uma sólida experiência de combate que poderia ser transmitida às novas gerações. Torres foi à Itália no 1º Grupo de Caça e bateu o recorde de missões dos pilotos brasileiros nesse teatro de operações. Fez um número redondo: 100 – 99 de ataque e 1 de patrulha de defesa aérea (ele voava por cima de um jogo de futebol entre a seleção do 8º e a do 5º Exército em Florença, que tinha um grande número de jogadores da FEB, já que o esporte não era popular nos EUA).

Outro piloto de patrulha, Ivo Gastaldoni, cujo irmão morreu em acidente no Panamá enquanto treinava para ir à Itália, elogia Torres de modo caloroso:

> Esse Torres, patrulheiro de mão cheia, que voou 64 missões de patrulha e numa delas afundou o U-799, e o Torres, caçador de escol, que foi o recordista de missões de caça (100) voadas nos céus da Itália, são a mesma pessoa. É por isso que o Rui, autor do livro *Senta a pua*, diz ser o Torres um predestinado e eu digo ser ele o grande guerreiro da Força Aérea Brasileira. O Torres é um cara que todos gostam de ter por perto.[19]

Miranda Corrêa também foi à Itália e se especializou em Engenharia Aeronáutica no pós-guerra. Polycarpo, copiloto do Hudson no ataque do U-199, continuou carreira na FAB.

123

Kraus ficou prisioneiro nos EUA até 1946. Ele foi responsável por uma rara e ousada tentativa de fuga de 24 prisioneiros de um campo através de um túnel. Todos foram recapturados.

Por último, os aviões. Os Hudsons e Catalinas, convertidos em transportes depois da guerra, foram aos poucos saindo de serviço. Nenhum Hudson brasileiro existe hoje. Doze dos Catalinas PBY-5A anfíbios (não foi o caso do Arará) foram adaptados nos EUA, perdendo seu armamento. Eles serviram levando carga até os primeiros anos da década de 1980, principalmente na Amazônia, onde sua capacidade anfíbia era valiosa. Um desses veteranos sobrevive hoje, o Catalina 6527, preservado no Museu Aeroespacial de Campo dos Afonsos, zona norte do Rio de Janeiro.

Os Hudsons e Catalinas foram os pioneiros da patrulha, mas seu uso não obedecia a uma doutrina sedimentada. Novos aviões chegaram para fortalecer a Força Aérea Brasileira, como o Ventura. Um curso moderno de treinamento de patrulha com o Ventura foi estabelecido com ajuda americana, através do Usbatu (*United States Brazilian Air Training Unit*). "Seria a primeira unidade da FAB efetivamente treinada para operações de guerra antissubmarino e equipada com o que de mais moderno havia no mundo", lembra outro piloto da guerra, o brigadeiro João Eduardo Magalhães Motta, que vai mais além na análise: "na verdade, seria a nossa PRIMEIRA Unidade Aérea de Combate, treinada como tal. Esse curso, além da parte teórica, tinha parte prática de voo, navegação astronômica, bombardeiro e tiro terrestre."[20] As maiúsculas são do brigadeiro.

Mas nenhum contato adicional com submarinos foi feito pelos brasileiros, nem os americanos afundaram outro desses barcos na costa do país, depois do U-161 em setembro de 1943 ao largo de Bahia/Sergipe. Depois da *Blitz* de julho e até novembro de 1943, apenas quatro submarinos cruzaram a costa brasileira, segundo Jürgen Rohwer, afundando quatro navios e perdendo o U-161.[21] Mais para a área central do Atlântico Sul havia um trânsito maior de submarinos que tentavam fazer viagens ao Japão em busca de matérias-primas. Nessa área ainda haveria afundamentos desses barcos por unidades americanas. Um deles passou perto da costa brasileira e fez estragos: o U-861, comandado pelo *Korvettenkapitän* Jürgen Oesten, que em 20 de julho de 1944 afundou o navio-auxiliar da Marinha Vital de Oliveira ao largo do cabo São Tomé (RJ). Morreram 99 dos 275 que estavam a bordo do navio. O caça-submarino Javari escoltava o Vital de Oliveira. No dia 24, esse mesmo submarino afundou o mercante americano William Gaston mais ao sul, na altura do litoral de Paraná/Santa Catarina. Prosseguindo na rota para o oriente, o U-861 afundou ainda três navios, em agosto e setembro, no oceano Índico ao largo da África.

"Este foi o último submarino alemão em águas brasileiras, e assim a transferência de 8 dos 12 modernos contratorpedeiros da Quarta Esquadra Americana para a Marinha do Brasil realizou-se demasiado tarde para provocar algum efeito sobre os submarinos alemães", afirma Rohwer.[22]

Um fato que poderá causar arrepios em veteranos da Força Expedicionária Brasileira é a presença do U-861 perto da rota que levou o primeiro escalão à Europa. Enquanto os primeiros expedicionários navegavam rumo norte na primeira quinzena de julho, o submarino vinha na mesma rota na direção sul (se tivessem trombado, o próximo capítulo deste livro certamente seria bem diferente).

Aviadores da FAB também foram de navio para a Itália. Mas, antes disso, tiveram de treinar em outros pontos do hemisfério ocidental. O 1º Grupo de Aviação de Caça foi criado em 18 de dezembro de 1943. Seu comandante era o major-aviador (depois, tenente-coronel) Nero Moura. A 1ª ELO (Esquadrilha de Ligação e Observação) surgiu em 20 de julho de 1944, comandada pelo major-aviador João Afonso Fabrício Belloc.

Todos os pilotos do grupo de caça eram voluntários, escolhidos depois pelo major Nero. Houve até excesso de oferta. Schnoor queria ir, mas preferiu ficar no Brasil depois que só lhe ofereceram uma função em terra. Ele depois se arrependeu de não ter aceitado, porque na prática todos voaram. Houve falha em recompletar o efetivo da unidade, e todos foram forçados a voar. Por exemplo, Miranda Corrêa era oficial de informações, mas mesmo assim cumpriu 8 missões de ataque. A unidade tinha 350 homens, entre oficiais, sargentos e soldados; 48 pilotos brasileiros cumpriram missões na Itália e 2 morreram antes em treinamento.

O treinamento na doutrina de combate aéreo americano começou em janeiro de 1944 em Orlando e em Gainsville, na Flórida, para um pequeno grupo de oficiais – aqueles que comandariam a unidade e suas esquadrilhas. Os aviões utilizados eram os Curtiss P-40, o caça que ficou famoso por ter sido usado pela unidade de voluntários americanos na China, os "tigres voadores". O Brasil também recebeu alguns P-40, que ficaram no país. Em 1944, o P-40 era considerado obsoleto em face dos caças mais modernos da Alemanha, apesar de ainda ser usado na missão de ataque ao solo. Na Força Aérea Americana os principais caças mono-motores, que tinham substituído o P-40 na linha de frente, eram então o P-51 Mustang e o P-47 Thunderbolt.

Mais importante que o modelo do avião, esse treinamento foi útil para fazer os pilotos brasileiros tomarem contato com técnicas de combate. O treinamento da FAB nessa época dava mais ênfase ao voo do que ao combate.

Outra parte do treinamento aconteceu depois, ainda com os P-40, nas bases de Albrook Field e Aguadulce, no Panamá, a partir de fevereiro e março. Ainda mais uma etapa aconteceria a partir de 20 de junho, quando acabou o treinamento no Panamá e o grupo foi para a base de Suffolk, em Nova York. Desta vez os aviadores brasileiros seriam treinados no avião que usariam na Europa, o P-47.

Pelas características de sua missão, a 1ª ELO não precisava de todos esses requintes, embora sua vocação de patinho feio começasse com o trei-namento, que foi feito no Brasil em aviões diferentes daqueles que usa-riam na Itália. Foram usados os mesmos aviões de treinamento de voo, os Fairchild PT-19. Só na Itália que o pessoal da esquadrilha tomou contato com o avião que iria usar.

Os pilotos brasileiros do 1º Grupo de Caça eram um tipo diferente de novatos. Tinham tido o mesmo treinamento básico dos americanos, mas já eram todos pilotos com grande número de horas voadas no Brasil (basta lembrar que o grupo incluía os dois matadores do U-199).

Enquanto a 1ª ELO ficou ligada diretamente à artilharia da FEB, o 1º Grupo de Caça foi vinculado à Força Aérea do Exército dos EUA. Apesar do nome, o grupo na verdade tinha o efetivo de um esquadrão. Era um dos quatro esquadrões do 350º Grupo de Caça, uma das unidades do XXII Comando Aéreo Tático, que tinha um total de 20 esquadrões.

Instalados na base de Tarquínia, os brasileiros começaram a voar missões de guerra em 31 de outubro, em princípio junto com esquadrilhas americanas.

Não havia ameaça importante de aviões alemães nessa época. Os riscos maiores eram de artilharia antiaérea, e já no dia 6 de novembro o grupo perdeu seu primeiro piloto, John Richardson Cordeiro e Silva, batido perto de Bolonha.

No começo de dezembro, os aviadores mudaram de novo de base, dessa vez para Pisa, cerca de 200 km mais ao norte. As operações não chegaram a ser interrompidas com a mudança, pois a Força Aérea Tática estava empenhada em exigir o máximo dos caças-bombardeiros em preparação das ofensivas terrestres que estavam previstas. Apesar dessas ofensivas, os Aliados retiravam forças da Itália para o ataque à França e mesmo para lugares mais distantes. Dois grupos de bombardeiros médios B-26 Marauder foram enviados para o norte europeu; um grupo de bombardeiros médios B-25 Mitchell foi enviado ao Pacífico.[23]

Os P-47 brasileiros atacaram alvos tanto na linha de frente como na retaguarda alemã. Na frente era comum atacar posições da artilharia inimiga. Na retaguarda, os alvos eram principalmente os meios de abastecimento da tropa, como caminhões, vagões e locomotivas, pontes, depósitos de combustível e de munição. Também foram atacados alguns aviões em terra. Não houve oportunidade de combate aéreo, o que deve ter frustrado muitos dos pilotos, pois a função básica do aviador de caça é destruir os aviões inimigos e obter superioridade aérea. Na Itália, aviões da Luftwaffe eram algo raro. Os três outros esquadrões do 350º Grupo só abateram 18 aviões alemães de 31 de outubro de 1944 até o final da guerra – e 11 foram num mesmo dia, 2 de abril de 1945.[24] Os brasileiros contabilizaram a destruição de 2 e danos em 9 aviões inimigos, mas em terra.

Em compensação, fizeram estragos variados, como a destruição de 1.304 veículos, 250 vagões e carros-tanque, 25 pontes, 31 depósitos de combustível e munição, 85 posições de artilharia, por exemplo.

O dia em que os brasileiros mais trabalharam foi 22 de abril, durante a ofensiva final em 1945. Foi um esforço impressionante, pois a falha em enviar o recompletamento de pilotos à Itália e as perdas em combate ou por motivo de doença fizeram com que a unidade estivesse quase a ponto de ter de parar suas atividades por falta de pessoal. No dia 22, só havia 22 pilotos em condições de voo. Mesmo assim foram feitas 11 missões de 4 aviões cada. Diz um relatório do comando do 350º Grupo de Caça:[25]

> Durante o período de 6 a 29 de abril de 1945, o Grupo de Caça Brasileiro voou 5% das saídas executadas pelo XXII Comando Aéreo Tático e, no entanto, foram oficialmente atribuídos aos brasileiros 15% dos veículos destruídos, 28% das pontes destruídas, 36% dos depósitos de combustíveis danificados e 85% dos depósitos de munição danificados.

Por trás de cada um desses números está um avião fazendo um bombardeio picado, expondo-se ao risco da artilharia antiaérea alemã de vários calibres – o de 88 mm caça o avião nas alturas, os de 37 mm e 20 mm de tiro rápido criam barragens na frente do avião, e, quando ele desce mais as metralhadoras, até mesmo os fuzis disparam. O maior trunfo era o avião. O P-47 era extremamente robusto. Um deles, pilotado pelo aspirante-aviador Raimundo da Costa Canário, conseguiu voltar à base depois de perder mais de um metro de uma das asas na colisão com uma chaminé. Mesmo sem acertar o avião, os tiros de artilharia antiaérea soltavam estilhaços que podiam causar danos graves. "Os estilhaços batiam no avião como chuva em telhado de zinco", lembra Moreira Lima. Com os aviões recebendo danos constantemente e se desgastando com o uso intenso, é inegável que o pessoal de manutenção está entre os heróis pouco mencionados da guerra.

Vários livros escritos por aviadores do grupo mostram como era a vida na base e dão exemplos de missões.[26] O grupo era dividido em quatro esquadrilhas: vermelha, amarela, azul e verde. Cada esquadrilha era identificada por uma letra pintada no avião – A, B, C e D –, e cada avião na esquadrilha recebia um número de 1 a 4. A exceção era o avião do major Nero Moura, que tinha apenas o número 1, e o do oficial de operações, capitão-aviador (depois major) Osvaldo Pamplona Pinto, que tinha o número 2.

Os pilotos e o pessoal de terra criavam uma relação especial com seus aviões. Rui Moreira Lima, da esquadrilha verde, pilotava o D-4, que considerava um avião "birrento", com apetite insaciável de munição incendiária, que causava superaquecimento nos canos das metralhadoras. O D-4 tinha uma série de vícios e era tratado pelos sargentos José Alves Cançado e Hugo Manso, e pelo soldado Otávio Ferreira dos Santos. Manso, da área de armamento, era quem viciava o D-4 em munição incendiária e traçante.

128

O capitão Newton Lagares Silva (direita) dá as últimas instruções antes da missão aos seus comandados da esquadrilha verde (*green flight*). Da esquerda para a direita, tenentes José Rabelo Meira Vasconcelos, Josino Maia de Assis e Rui Moreira Lima. No avião P-47, o sargento Waldir Brandão Lobato, da equipe de terra.

Eu, um tanto contrafeito, aceitava aquela "mutreta" sem reclamar. Era coisa deles: o D-4 e o Manso. Meu negócio era acertar e destruir o que estivesse se movendo do lado de lá, e isso eu executava bem.

A verdade é que eu não poderia nunca "dedurar" o D-4. Afinal eu tinha que aceitar esse pequeno pecado de quem já me salvara a vida várias vezes. Com ele pousei sem rodas em duas ocasiões, por culpa dos artilheiros alemães. Aterrei de barriga – *belly landing*, como denominávamos esse tipo de aterragem. De outra feita, levou chumbo no canopy (bolha de plástico que protege o piloto de caça), obrigando-me a ejetá-lo. Voltou para Pisa morto de frio. Em seguida, em Sermide, recebeu um direto de 20 mm no profundor esquerdo que quase o fez cair. Veio torto para a Base, pousando inicialmente em uma roda só. No Passo do Brenner perdeu o *belly tank* (tanque externo auxiliar) com uma sobra de 88. Voltou na conta da gasolina. Além de beber muito, com o motor funcionando normalmente, foi ajudado pela sucção que sifonava a gasolina dos tanques internos. Cheguei quase em "pane seca" a Pisa. Na pequena cidade de Sassuolo, em uma recuperação baixa, ao destruir um tanque alemão, derrubou um poste e "fez a barba" na copa de uma árvore, levando suvenires para Pisa. Outras vezes era atingido por tiros de metralhadoras e nada me dizia. Somente no regresso é que eu via o estrago. Era birrento e valente o D-4 da nossa equipe! Nós o adorávamos.[27]

Rui Barbosa Moreira Lima cumpriu 94 missões de guerra na Itália.

Notas

[1] Os números dos aviões recebidos dos EUA, fabricados no país e existentes antes da guerra podem ser encontrados no livro do Instituto Histórico-Cultural da Aeronáutica (Incaer), *História geral da Aeronáutica brasileira*, Rio de Janeiro/Belo Horizonte, Incaer/Villa Rica Editoras Reunidas, 1991, v. 3, e no clássico e pioneiro livro do tenente-brigadeiro Nelson Freire Lavenère-Wanderley, *História da Força Aérea Brasileira*, 2. ed. ver. e aum., Ministério da Aeronáutica, 1975. Informações sobre os aviões brasileiros também me foram fornecidas pelo pesquisador Carlos E. Dufriche, do Rio de Janeiro, um dos mais dedicados especialistas na história da Aeronáutica brasileira. Dufriche auxiliou a *História geral da Aeronáutica brasileira*, além de ter prestado subsídios para outros livros e artigos recomendáveis, como o de João Alexandre Viegas, *Vencendo o azul: história da indústria e tecnologia aeronáutica no Brasil*, São Paulo, Livraria Duas Cidades/CNPq, 1989; Francisco C. Pereira Netto, "Aviação militar brasileira: 1916-1984", em *Revista Aeronáutica*, Rio de Janeiro, 1984; e Roberto Pereira de Andrade, *História da construção aeronáutica no Brasil*, São Paulo, Artgraph, 1991.

[2] Entrevista ao autor, São Paulo, julho de 1993. Torres também relatou o afundamento do U-199 em seu livro *Overnight Tapachula: histórias de aviador*, Rio de Janeiro, Revista Aeronáutica Editora, 1985. O mesmo texto já havia sido publicado, pouco antes, na *Revista do Exército Brasileiro*, Rio de Janeiro, 121 (2), pp. 59-66, abr./jun. 1984.

[3] Entrevista ao autor, Rio de Janeiro, julho de 1993.

[4] Nelson Freire Lavenère-Wanderley, op. cit., pp. 220-6.

[5] Entrevista ao autor, por telefone, de sua casa em Teresópolis, 1993.

[6] A história épica desses dois comboios está em Martin Middlebrook, *Convoy: the Battle for Convoys SC.122 and HX.229*, New York, Allen Lane/Penguin Books, 1976/1978. É um livro altamente recomendável pelos depoimentos pessoais das vítimas e dos submarinistas, que transmite como raros livros a atmosfera do ataque de uma alcateia de submarinos a um comboio de mercantes.

[7] Em diversos relatos de veteranos, e na própria *História naval brasileira*, o U-604 é descrito como um submarino supridor, tipo XIV, apelidado de "vaca leiteira", quando na verdade era um modelo normal de média tonelagem, tipo VII C. A confusão deve ter surgido do fato de ele ter tido um encontro no mar com o U-185 e o U-172. Mas não era para transferir suprimentos ou combustível. Muito danificado em combate, o U-604 transferiu sua tripulação aos dois colegas e foi então afundado pelos próprios alemães. Os livros de Erich Gröner e Jürgen Rohwer citados anteriormente não deixam dúvidas quanto a isso. Quando o U-185 foi por sua vez destruído, morreram 29 de seus tripulantes mais 14 do U-604.

[8] A carta, de 25 de julho de 1989, faz parte dos arquivos do grupo americano de história submarina "Sharkhunters".

[9] Informação de Cesar Campiani Maximiano.

[10] "Report on the Interrogation of Survivors from *U-199* Sunk on 31 July 1943". Navy Department, Office of the Chief of Naval Operations, Washington, D.C.

[11] A descrição do ataque do Mariner está no "Action Report" número 13, de 31 de julho de 1943, do esquadrão VP-74, disponível, por exemplo no Naval Historical Center, Washington, D.C., EUA. São documentos altamente detalhistas, que revelam desde a cor do avião até a direção do vento, intensidade do mar ou o número de tiros de metralhadora disparados.

[12] Entrevista ao autor, São Paulo, julho de 1993.

[13] A hora vem do relatório americano. *Unterseeboot* é a palavra alemã para submarino, abreviada *U-boot*, daí a referência em inglês aos "U-boats".

[14] Ou "Drescher": há pequenas diferenças na grafia entre os nomes citados no interrogatório dos prisioneiros e no livro de bordo do tênder Barnegat disponível em arquivos americanos.

[15] Entrevista ao autor, Rio de Janeiro, julho de 1993.

[16] Idem.

[17] Carta de Sérgio Schnoor ao autor, 30 de agosto de 1993.

[18] Informação do jornalista Jânio de Freitas, que voou com eles e lembra que Torres preocupava o futuro presidente ao fazer acrobacias fora de hora.

[19] Ivo Gastaldoni, *A última guerra romântica: memória de um piloto de patrulha*, Rio de Janeiro, Instituto Histórico-Cultural da Aeronáutica, 1993, p. 156. É outro livro recomendável sobre a aviação de patrulha. Gastaldoni relata o ataque que fez a um submarino, que pensou ter afundado. A documentação alemã não indica nenhum afundado no local.

[20] J. E. Magalhães Motta, *Força Aérea Brasileira, 1941-1961: como eu a vi...*, Rio de Janeiro, Incaer, 1992, p. 121.

[21] Jürgen Rohwer, "Operações navais da Alemanha no litoral do Brasil durante a Segunda Guerra Mundial", em *Navigator*, Serviço de Documentação da Marinha, n.18, p. 35, jan./dez. 1982.

[22] Idem, p. 37.

[23] Instituto Histórico-Cultural da Aeronáutica (Incaer), op. cit., v. 3, p. 555.

[24] Mike Minnich, "Senta a pua!", em *Aviation*, p. 34, jan. 1993.

[25] *The Army Air Forces in World War II*, Office of Air Force History, Washington, 1983. Citado em Instituto Histórico-Cultural da Aeronáutica (Incaer), op. cit., v. 3, p. 570.

[26] Além de *Senta a pua*, de Rui Moreira Lima (2. ed. ampl., Belo Horizonte/Rio de Janeiro, Itatiaia/Instituto Histórico-Cultural da Aeronáutica, 1989), e de *Overnight Tapachula: histórias de aviador*, de Alberto Martins Torres, existem outros livros escritos por veteranos, como *Missão de guerra: os expedicionários da FAB na guerra europeia*, de Luís Felipe Perdigão da Fonseca (3. ed., Rio de Janeiro, Civilização Brasileira, 1983); *A Missão 60: memórias de um piloto de guerra brasileiro*, de Fernando Péreyron Mocellin (Rio de Janeiro, Biblioteca do Exército, 1971); *Lembranças e relatos de um veterano da 1º Grupo de Caça*, de Gilberto Affonso Ferreiro Paiva (2. ed., Recife, Editora Fundação Antônio dos Santos Abranches, 1982).

[27] Rui Moreira Lima, op. cit., pp. 26-7.

A cobra aprende a fumar

O objetivo de guerra do Brasil não se limitava somente a atacar os submarinos que ameaçavam a navegação. Esse foi apenas o ponto mais urgente: em 1942, os submarinos praticamente bloqueavam o litoral brasileiro, e em momentos de pânico pensou-se em parar a navegação costeira, o que traria o caos econômico. Foi só em 1943 que a situação melhorou, quando os submarinos foram derrotados no Atlântico Norte e depois, ao tentarem vir para campos de caça teoricamente mais fáceis, na *Blitz* de junho-julho nas costas do país.

Para muitos brasileiros, em agosto de 1942 a honra do país só seria lavada se também fossem enviadas tropas para a Europa, para combater alemães e italianos em seus países. Para isso uma força expedicionária teria de ser formada.

O sonho de retribuição demorou. Foi só em 2 de julho de 1944 que 5.081 brasileiros embarcaram no navio transporte de tropas americano General W. A. Mann, com destino à Itália. Chegaram a Nápoles em 16 de julho de 1944, a primeira força expedicionária sul-americana a intervir nos assuntos europeus.

Escreveu o general Plínio Pitaluga, que foi capitão da FEB:[1]

> O tempo de preparação dos nossos soldados que iriam combater nos Apeninos fora reduzido, por fatores diversos, e também por entraves erguidos por elementos contrários à presença do Brasil na guerra, para não falar na velhice, na caduquice da nossa máquina burocrática, fruto de uma legislação inadequada à mobilização de pessoal. Declarando-se estado beligerante em 1942, somente em 1943 era convocado o primeiro núcleo da Força Expedicionária Brasileira e, o que é mais incrível, chegava-se ao início de 1944 sem se ter fixado o efetivo global do nosso Corpo Expedicionário: seria ele constituído de apenas uma Divisão de Infantaria ou de todo um Corpo de Exército, ou seja, três Divisões?

A maioria dos soldados da Força Expedicionária Brasileira nunca tinha saído do Brasil. Menos ainda eram os que já tinham visto neve, ou escalado algo mais alto que uma colina. Um número ainda menor de soldados já tinha alguma vez participado de algum tipo de combate – uns poucos eram veteranos da Revolta Constitucionalista Paulista de 1932, que não se caracterizou por combates ferozes. De repente, eles saíram do seu país tropical e tiveram de cavar trincheiras no solo duro e coberto de neve, subindo montanhas íngremes debaixo de fogo de metralhadora, canhão e morteiro.

O inimigo estava lutando há anos. Isso quer dizer duas coisas: havia tanto tropas cansadas, completadas com velhos e adolescentes, como soldados experimentadíssimos em combate – veteranos de vários anos de luta através de boa parte da Europa – e, portanto, perigosíssimos. Esse fato simples, e óbvio, costuma ser realçado de maneiras diferentes. Se está querendo enfatizar os problemas da FEB – como Waack –, o autor lembra que eram tropas cansadas. Se, como muitos militares, busca a "exaltação cívica", ele menciona "veteranos da frente russa".

A cobra aprende a fumar

Grupo de soldados brasileiros embarcando no Rio de Janeiro para Nápoles, na Itália, com seus petrechos. Na Itália, apenas o 1º escalão foi transportado de trem até Livorno. Quem veio depois teve de fazer uma incômoda viagem em embarcações de desembarque do tipo LCI (*Landing Craft Infantry*), que balançavam demais e deixavam muitos enjoados.

Seguem duas opiniões de historiadores não brasileiros a esse respeito: "As tropas alemãs na Itália, porque tinham sido retiradas da reserva móvel do OKW (*Oberkommando der Wehrmacht,* o Alto-Comando das Forças Armadas alemãs), eram de alta qualidade, e permaneceriam assim através de toda a guerra italiana", escreveu John Keegan.[2] A outra opinião é do historiador Frank D. McCann, autor de um livro sobre as relações Brasil-EUA. McCann, referindo-se a Waack, diz que

> ele observou que a principal divisão alemã que se defrontava com os brasileiros era composta de um grande número de soldados muito jovens e soldados bastante velhos, e que era comandada por oficiais que tinham servido longos anos e sobrevivido aos rigores da frente russa. Ele retratou esses homens como acabados, quando poderia ter notado que, cansados ou mesmo com fadiga de combate, eram veteranos com uma experiência de combate incomensuravelmente maior que a de seus oponentes brasileiros. Se tivesse lido mais a respeito da campanha italiana, teria percebido que não havia descoberto nada de novo.[3]

O aprendizado do combate foi doloroso, erros primários foram cometidos. Nisso os brasileiros não foram os únicos. No passo de Kasserine, na Tunísia, em fevereiro de 1943, mais de um ano antes de os brasileiros chegarem à Itália, os americanos aprenderam da pior maneira com uma derrota arrasadora em face dos veteranos do Afrikakorps alemão. A lição foi aprendida, e em 1944 os americanos podiam ensinar aos brasileiros como guerrear com os alemães, do mesmo modo como tinham aprendido com a ajuda dos britânicos antes. Uma das descobertas foi a necessidade de treinamento constante. A ênfase dos americanos em treinamento irritou alguns oficiais da FEB que já estavam na frente e achavam que podiam dispensar "aulas".

Interpretações apressadas dos relatórios americanos podem fazer crer que a força brasileira era uma tropa completamente destreinada e sem motivação de combate. Os fatos demonstram que não. A FEB foi aprendendo. As missões dadas aos brasileiros foram cumpridas, e não há dúvida de que, quando acabou a guerra, os pelotões brasileiros de infantaria poderiam ser comparados a quaisquer outros dos exércitos aliados. Muitos soldados e oficiais receberam condecorações do Exército dos EUA. Ciosos de suas tradições militares, os americanos não aviltariam o valor de suas medalhas concedendo-as como mero gesto de política de boa vizinhança.

A cobra aprende a fumar

Em 1944, os americanos deram grande ênfase ao treinamento das tropas brasileiras na Itália, envolvendo aulas e exercícios constantes sobre o emprego de armamentos. Na foto acima, soldados brasileiros recebem aula sobre armamento alemão – minas, granadas de mão, bazucas *Panzerfaust*.

A guerra na Itália não teve divisões blindadas correndo céleres por extensas planícies como na França ou na Rússia. Foi o combate de infantaria que decidiu a guerra na Itália, e ele tem suas regras próprias. Os pelotões têm de saber combinar a potência de fogo de suas armas – morteiros, metralhadoras, armamento individual como fuzis, carabinas e submetralhadoras – com o movimento de seus membros. Nas palavras de um profissional, o general americano George Patton: "As batalhas são ganhas pelo fogo e pelo movimento. A finalidade do movimento é colocar o fogo na melhor posição para atingir o inimigo. Seja contra a retaguarda, seja contra o flanco".[4] Em 1945, os tenentes e capitães da FEB tinham adquirido essa experiência.

Ir à Itália foi uma decisão difícil. Não era apenas a questão de existirem muitos simpatizantes do Eixo no governo Vargas. Assim como a Marinha e a Força Aérea, o Exército também estava mal preparado, e organizar algo inédito como uma força expedicionária seria algo complicado.

O treinamento do Exército antes da guerra tinha sido feito por uma missão militar francesa. O retumbante fracasso do Exército francês em 1940 mostrou como suas concepções de guerra eram antiquadas. Ironicamente, o comandante em chefe dos aliados era o general Maurice Gamelin, que tinha sido o chefe da missão militar no Brasil. "Seu destino posterior não pode, de forma alguma, empanar o brilho de sua ação entre nós e que nós reconhecemos através da homenagem que prestamos ao mestre", escreveu, sobre Gamelin, o general brasileiro Alfredo Souto Malan, autor de um livro analisando a missão francesa.[5] Gamelin foi um dos responsáveis pela mais catastrófica derrota da história da França moderna. Ele escreveu suas memórias, com o título *Servir*, nas quais tenta acanhadas desculpas pelo fracasso em 1940. O historiador inglês A. J. P. Taylor comentou a obra:

> Gamelin, um generalíssimo hoje esquecido, começou suas memórias, se tem dito, em 19 de maio de 1940, o dia de sua demissão. Mesmo depois dos eventos de 1940 era possível discutir seus dons militares; depois do seu livro, a controvérsia terminou. Há limites no absurdo até mesmo em um soldado.

O historiador é implacável na análise do general "que tinha o comando supremo do Exército que sofreu o maior desastre na história desde a batalha de Jena (em 1806, na qual Napoleão arrasou a Prússia)". Gamelin "ainda fala em termos de uma linha de defesa contínua e não conhece nenhum método de resistir a um ataque a não ser lutar 'sem retirada', uma receita segura para o desastre", afirmou Taylor.

Essa tendência francesa à defesa foi resultado da Primeira Guerra (ironicamente, a guerra tinha começado no extremo oposto, com a ideia da ofensiva "a qualquer jeito", já que se tratava da revanche pela derrota francesa em 1870). Os professores dos brasileiros ensinaram o que sabiam: como se defender. O próprio Malan reconhece, citando o febiano Humberto de Alencar Castelo Branco, "que, por uma deformação histórica, a nossa mentalidade defensiva, de modo algum alterada pela Missão, até pelo contrário, mantida e estimulada pelos reflexos do quadro europeu, permaneceu entre nós até a Segunda Guerra Mundial, na qual a nossa FEB só dela se liberou plenamente depois de suas ações ofensivas vitoriosas".[6]

Seria incorreto achar que a missão, que durou de 1920 a 1940, foi um fracasso porque alguns dos professores se revelaram incompetentes depois. Os franceses ajudaram a modernizar um Exército arcaico, que nunca tinha recebido muita importância das elites civis. Em 1881 ele tinha apenas 11.300 praças, menos do que em 1822! O número subira para 40.850 homens em 1919, às vésperas da missão.[7] A *História do Exército Brasileiro* publicada em 1972 pelo Estado-Maior do Exército dedica poucas linhas à missão dizendo, por exemplo, que sua influência foi a "implantação de um método de raciocínio para a solução de questões táticas e para o estudo de problemas militares. Deixou numerosa bibliografia e desenvolveu, entre a oficialidade brasileira, o gosto pelo estudo de assuntos militares".[8] A influência existe até hoje. Um exemplo singelo: apesar da experiência com os americanos, não se popularizou no Exército o uso da palavra "tanque" (do inglês *tank*). Para os brasileiros, os blindados com lagartas são os "carros de combate" – um eco do francês *char de combat*.

O raciocínio tático era uma coisa; as ferramentas para implementá-lo são outra bem diferente. Escreveu um veterano da FEB, Demócrito Cavalcanti de Arruda, que comandou um pelotão no 6º Regimento de Infantaria e foi ferido no ataque à cidade italiana de Montese:[9]

> Aviação inexistente: algumas dezenas de aparelhos estrangeiros de todas as categorias, antiquados, sem campos de pouso, sem oficinas de conserto, sem pessoal de serviço, sem reserva aérea. O Exército era outra salada mista: canhões de campanhas franceses da outra guerra ao lado de alemães; metralhadoras francesas e dinamarquesas, artilharia de costa norte-americana, artilharia antiaérea alemã, fuzis-metralhadoras franceses e fuzis alemães.

Ou seja: a FEB teria que ser criada praticamente do zero.

Uma das armas de intenso desenvolvimento no período entre as guerras foram os blindados. Na Alemanha, as divisões Panzer foram aos poucos consideradas a arma decisiva. Os entusiastas de blindados foram convencendo os generais céticos (e havia muitos na Alemanha ainda em 1939). Mesmo nos aliados ocidentais, Grã-Bretanha e França, o tanque se desenvolvera muito, apesar de não ser considerado importante pela maioria dos generais (com os resultados desastrosos de 1940). Além disso, os exércitos se esforçavam por trocar cavalos por caminhões, se tornarem "motomecanizados", como diz o Exército Brasileiro.

Nessa área vital, o país dava passos vagarosos. Assim como na Marinha e na Força Aérea, o problema era a fraca base industrial do país. No final da Primeira Guerra foram comprados alguns tanques franceses Renault FT 17; depois disso, só em 1938 eram recebidas algumas tanquetas italianas Fiat Ansaldo Carro Veloce CV 33 (que logo se tornaram totalmente obsoletas durante a Guerra Civil Espanhola, 1936-1939). Os dois modelos poderiam servir no máximo para treinamento, para mostrar aos soldados o que era um tanque (os Renault tinham 7 toneladas de peso; os CV 33, meros 3,435 kg; em compensação, o tanque médio padrão americano da guerra, o Sherman, tinha 31,5 toneladas). O armamento e a blindagem eram irrisórios.[10]

O homem que comandou durante a maior parte do tempo o Esquadrão de Reconhecimento da FEB, o então capitão Plínio Pitaluga, lutou como soldado na Revolução de 1932, como parte da cavalaria do governo de Getúlio. Por um problema disciplinar, tinha sido rebaixado e ficou um ano como soldado. "Eu era um soldado especial, era um soldado com o segundo ano da escola militar. Era um cadete, e um cadete que lia, estudava, se preocupava com problemas como integralismo e comunismo, um cadete de formação democrática, preocupado com os totalitários que estavam se infiltrando em nós", diz ele.[11]

A guerra de 1932 foi feita na base da infantaria. "Nós fomos empregados na área da Bocaina, de montanha. Nosso emprego foi, portanto, limitado. Tive a oportunidade de conhecer uma guerra cabocla, que dava um sentido das dificuldades. Não se combate todo dia, mas se come todo dia", afirma Pitaluga.

Havia então apenas alguns Renault FT 17 no Exército, que mal chegaram a ser usados. "Os Renault estavam parados há muito tempo, haviam sido comprados em 1922. Uma tropa blindada não se improvisa. Não tínhamos uma indústria capaz de dar uma manutenção adequada. Não tínhamos mais material. Era a infantaria que tinha a Companhia de Renault, que era muito vagaroso, só 8, 10 quilômetros por hora", diz Pitaluga.

A Companhia de Renault ficou, de início, presa à infantaria, como era a praxe anglo-francesa. Em 1938 foi comprado um esquadrão de tanquetas. "Esses carros Ansaldo constituíram o núcleo do esquadrão auto-metralhadoras e daí a formação do Centro de Instrução Motomecanizado, junto com os Renault. Eram uns 38, 40. Dos Renault, uns 10 ou 15 ainda funcionavam", diz Pitaluga, que já era tenente nessa época.

Desde logo, o Exército procurou entrar em contato com os aliados anglo-americanos para participar das operações. Mas em agosto de 1942 os aliados ainda estavam na defensiva. A produção de material bélico pelos Estados Unidos ainda não tinha atingido o gigantismo dos anos seguintes, e a Força Expedicionária Brasileira teria de ser equipada com armamento americano.

Enquanto isso, o Exército no Brasil tomava posições ao longo da costa, principalmente a nordestina, para evitar qualquer surpresa por parte dos submarinos. Foi também improvisado, o que ainda hoje causa indignação ao general reformado Plínio Pitaluga. Ele foi com um pequeno esquadrão de tanquetas Fiat para o Nordeste. "Quando fui para Recife, saí daqui num navio levando meu material. Era um navio-frigorífico. Que quartel eu tive? Que recepção, que apoio eu tive? Onde dormiam meus homens? Onde comiam meus homens? No chão. Dormiam com esteira no chão, teto em cima de folha de coqueiro. Mas a gente superava, havia um espírito de responsabilidade", diz ele hoje.

Os planos originais previam enviar à Europa três divisões de infantaria, com um efetivo total de 60 mil homens. O objetivo foi atingido apenas em parte. A FEB chegou a ter um total de cerca de 25 mil homens, dos quais 15 mil eram tropa combatente – a 1ª Divisão de Infantaria Expedicionária (1° DIE).

No Brasil de 1940, 70% da população vivia no campo, contra apenas 24% hoje. Havia mais analfabetismo, maior mortalidade infantil, maiores problemas com doenças endêmicas. O atraso industrial tornava impossível que o Exército tivesse armas de fabricação nacional; os velhos – e ainda hoje longe de ser resolvidos – problemas socioeconômicos do país faziam com que fosse difícil recrutar homens aptos na proporção necessária. Aptos tanto em termos de saúde como em conhecimento das múltiplas especialidades que uma tropa moderna exige. Um exército de modelo americano, como era a FEB, não dispensa um grande número de especialistas. Foi preciso arranjar gente para empregar teletipos, telégrafos, criptógrafos, rádios, detetores de minas ou coisas aparentemente bem mais simples, como veículos. Não foi fácil achar motoristas no número necessário. A FEB teve 1.410 veículos à sua disposição. O Exército Brasileiro pré-FEB era "hipomóvel", a maneira bonita de dizer que dependia de cavalos.

A seleção médica foi igualmente difícil. Os critérios de seleção, de início rigorosos, tiveram que ser relaxados. Não era possível encontrar homens em número suficiente com a dentição em bom estado, por exemplo. Afirma Luís Paulino Bomfim que foi oficial de informação da FEB e depois oficial de ligação com a 10ª Divisão de Montanha americana:[12]

> A FEB era típica do Brasil em 1944, mas era também um *stratum* escolhido já que exigia brasileiros com 5 anos de escolaridade, 26 dentes na boca (essa foi a maior causa de rejeição médica), altura de 1,65 m no mínimo, peso mínimo de 60 kg, e uma saúde aparente boa (os exames psíquicos foram como se pôde ver depois deficientes). Note-se que mesmo os americanos consideram deficientes os seus exames psíquicos. As exigências da guerra levaram a ir buscar o soldado convocado entre os que haviam feito o Tiro de Guerra, de melhores índices do que os que normalmente serviam ao Exército. A FEB teria que contar com os oficiais R2 saídos dos CPORs como todos os demais Exércitos que estavam em luta.

Bomfim diz que é importante ter em mente que "a FEB foi feita pelo Exército Brasileiro de 1944, que era o Exército que a sociedade brasileira, a nação brasileira, decidiu que deveria ter e era uma parte do todo que era o Brasil de 1944 e, como tal, não podia ser muito diferente desse todo".[13] Em um capítulo anterior se viu como era esse país – uma população rural, uma economia agrícola, uma indústria incipiente e sem meios de comunicação e transporte efetivos.

Certo caos burocrático também fez parte da mobilização dos reservistas. Não se tomou o devido cuidado em procurar os especialistas que a divisão expedicionária precisaria. Houve tanto os analfabetos que foram recrutados como o caso de médicos que foram enviados à Itália como tenentes combatentes – havia cinco casos só no 1º Batalhão do 6º RI! –, isto apesar de haver dificuldade em prover pessoal de saúde. Um desses médicos, Massaki Udihara, afirmou que toda vez que contava a um americano que era médico e ao mesmo tempo tenente de infantaria, a incompreensão surgia.[14] Para os americanos era inconcebível que um médico, um indivíduo cuja formação é demorada e cara, não fosse recrutado como tal.

Outro desses médicos que se tornaram combatentes, José Álfio Piason, ficou espantado com o contraste entre os hábitos do Exército no Brasil e o que viu na Itália. "Dói-nos, também, dizer ter havido centenas de vezes mais higiene em nosso acampamento, acantonamentos e nas próprias linhas de frente da Itália do que em qualquer quartel onde estivemos no Brasil", escreveu ele no mesmo livro sobre a FEB feito pelos reservistas.[15] Os americanos, diz ele, davam grande importância à higiene, pois em quase todas as guerras do passado houve mais mortos por doenças do que em combate. Para que não me acusem de citar apenas ex-tenentes, e ainda por cima da reserva, eis o depoimento de um general, Estêvão Leitão de Carvalho, depois de percorrer guarnições no Rio Grande do Sul:

> em alguns corpos, porém, o primeiro contato foi muito desagradável, não só devido ao mau estado da caserna, à falta de zelo por suas instalações, mas inclusive pela falta de ordem e asseio nos dormitórios, de cuidados com o armamento, de conservação do arreamento, de limpeza na cozinha e nas instalações sanitárias, o abandono das baias e até, nos corpos de cavalaria, o desvirtuamento das funções do picadeiro, transformado em depósito de material.[16]

O médico Piason não se tornou apenas tenente; acabou sendo um dos primeiros jornalistas da FEB. "Sempre achei que o soldado precisava ser esclarecido", diz Piason,[17] que dirigiu o primeiro jornal feito por e para os soldados da FEB. O primeiro redator do jornal era o "soldado Vidigal" – Geraldo Vidigal, depois professor titular da Faculdade de Direito da USP. Alguns alunos da faculdade, por serem contra a ditadura de Getúlio Vargas, foram para a guerra como "castigo". Outros foram voluntários.

O jornal da FEB procurava dar conselhos práticos, entreter – por exemplo, publicando uma versão brasileira da clássica canção da guerra "Lili Marlene" –, ou esclarecer os motivos de as tropas do país lutarem na Itália.

Para muitos, não havia dúvidas. Submarinos alemães afundaram navios brasileiros, e o revide contra o nazifascismo era suficiente. "Os oficiais e graduados eram esclarecidos, mas 40% não tinham ideia do que faziam ali", diz Rômulo França, que foi soldado do 1º Regimento de Infantaria.[18] Muitos se preocupavam apenas com as dificuldades naturais da luta. Convém repetir: era uma situação muito estranha para soldados de um país sem grandes cordilheiras e de clima tropical. Havia montanhas, vales abruptos e, quando chegou o inverno, neve, muita neve. A primeira visão da região de combate devia ser desoladora. "Tinha um que disse, olhando pros morros, 'a gente não conquistou nenhum ainda e tem todos aqueles'", lembra Rômulo. Para azar dos brasileiros, o inverno de 1944-1945 foi um dos piores da década. "Sou de Natal (RN), acostumado a 28 graus, e fui lutar a 20 abaixo de zero", afirma ele.

Seja como for, houve casos interessantes de adaptação que mereceriam melhor estudo. Um exemplo sempre citado é o das galochas. Ao forrar as galochas de palha e jornal, tiveram menos casos de pé de trincheira (congelamento dos membros inferiores, com risco de amputação) do que os soldados americanos, que insistiam em usar botas e meias apertadas. Com isso estragaram muitas galochas e Waack chegou a encontrar um relatório americano reclamando disso. Ainda acho que é melhor do que estragar os pés.

O então sargento Cândido Teobaldo de Andrade (7ª Companhia, 3º Batalhão, 6º RI), lembra-se de uma inspeção feita por um médico americano, que foi responsável por jogar no lixo uma quantidade monumental de meias furadas e fedidas. Ficou a lição. O médico disse a Teobaldo: "a arma principal do infante é o pé. Cuidem dele, que o resto vai".[19]

O 1º Regimento de Infantaria (RI) foi lançado em combate sem nenhuma experiência de aclimatação à frente e sofreu com isso. Outro Regimento, o 11º RI, viveu situação parecida. "Recebemos nossas armas pouco antes, e ainda tinham graxa", diz Jairo Junqueira da Silva, do 11º RI.

A FEB era uma divisão incorporada ao Exército dos EUA e, portanto, tinha que se submeter aos seus regulamentos. O primitivo e acomodado Exército Brasileiro pré-FEB pouco se importava com a saúde dos soldados. A alimentação era péssima, lembra Piason. "No Exército tipo francês você era um escravo", diz Otávio Ferreira da Rocha, outro veterano, que participou da guerra no 1º Grupo de Obuses Autorrebocados (Rocha, conhecido desde 1941 como "Foguinho", certamente pela sua atração pelo vinho, foi depois o fundador de uma cidade, Santa Rita do Oeste, estado de São Paulo).[20] De um momento para outro, esses "escravos" passaram a ser mais bem tratados. De comedores de jabá com farinha, passaram a ter cafés da manhã com ovos, presunto, pão e sucos de fruta à vontade. Por motivos culturais, nem toda comida americana agradava aos brasileiros; mas não há dúvida de que era muito melhor do que aquilo que era servido nos ranchos dos quartéis do Oiapoque ao Chuí.

Também grave foi a maneira como o governo de Vargas recrutou opositores para a guerra, como universitários que defendiam a democracia (embora veteranos tenham afirmado que os estudantes, pelo maior nível de instrução, muitas vezes ficavam na retaguarda). Ironicamente, alguns opositores da ditadura, como os comunistas, procuravam se alistar, pois a FEB estaria combatendo o grande inimigo da União Soviética. Um comunista famoso da FEB foi Salomão Malina. Houve também casos de gente que procurou evitar a convocação – reservistas que deram um "jeitinho" para evitar a ida à guerra.

Essa recusa incluiu até oficiais do Exército regular, algo mais difícil de explicar, já que teoricamente seriam eles os profissionais da guerra. Provavelmente havia ceticismo sobre as chances de a FEB ter uma boa atuação. "Botaram no quadro-negro os nomes, pedindo quem iria ser voluntário para a FEB. O primeiro da turma não quis ir. Segundo da turma não quis ir.

Terceiro não quis ir. O 15º, esse quis ir. Ninguém da minha turma tem moral pra dizer 'não fiz a guerra porque não me mandaram'; se não foi, foi porque não quis", diz um dos que foram, Gerson Machado Pires, que comandou um pelotão de fuzileiros na 8ª Companhia, 3º Batalhão, 6º Regimento de Infantaria. Ironicamente, lembra Gerson, alguns dos que se recusaram foram depois para a Itália fazer parte do depósito de pessoal (oficiais e soldados que, na retaguarda, constituíam uma reserva para recompletamento das unidades quando sofressem baixas).

Ainda mais grave, o Exército pré-FEB tinha também racismo – e nem poderia deixar de ter, pois era um espelho da sociedade brasileira, com sua típica hipocrisia racial. Os veteranos se lembram de exercícios e desfiles públicos no Brasil em que os "pretos" eram excluídos ou colocados no meio da tropa para não ficarem tão visíveis.[21] Basta ver as fotos das guardas de honra feitas na Itália para visitantes ilustres. São todos brancos. Apesar desse racismo, basicamente restrito a alguns oficiais conservadores, a tropa brasileira tinha um trunfo especial: era a única formação racialmente integrada no campo de batalha. O contraste era flagrante com a 92ª Divisão de Infantaria americana, formada por negros, mas com oficiais brancos, como se fosse uma unidade colonial (os indianos no Exército britânico tinham oficiais europeus, assim como os senegaleses e marroquinos tinham oficiais franceses). A divisão era chamada "Divisão Búfalo", porque esse era o apelido dos soldados negros, dados pelos índios americanos no século XIX. Para os nativos, a pele escura e o cabelo crespo dos soldados negros lembravam o búfalo. O apelido pegou, e não era considerado pejorativo.

Os brasileiros renderam tropas da 92ª logo que chegaram à frente e ficaram impressionados com o desleixo de algumas pequenas unidades. O moral de uma tropa de negros comandada por brancos era naturalmente baixíssimo. "Não poderia haver nenhum oficial negro em posição superior a um branco, o que causou um problema de moral significativo. O Exército, para nós, era apenas uma extensão da segregação que nós tínhamos em casa. Nós éramos como uma colônia dentro dos Estados Unidos", afirma um veterano da 92ª, Jehu Hunter, hoje presidente da associação de ex-combatentes da Divisão.[22] Nessa época, os EUA lembravam a África do

Sul da era do *apartheid*, com banheiros diferentes para brancos e negros, por exemplo – para não falar em segregação em escolas, igrejas e praticamente toda instituição social.

Os próprios oficiais brancos que eram enviados para a 92ª se consideravam exilados em desgraça. Isso contribuiu para um desempenho em combate que o próprio Hunter reconhece que não foi dos melhores. Em contraste, outra tropa segregada americana lutou na Itália com devoção beirando o fanatismo: um regimento composto por descendentes de japoneses, o 442°. O motivo também é de ordem moral. Com seus familiares internados em campos de concentração nos EUA, eles queriam mostrar que eram "verdadeiros patriotas".

A FEB também teve muitos voluntários, pessoas que queriam sinceramente vingar os ataques feitos ao país – e houve até quem usou o "jeitinho" ao contrário para se alistar. Gerson foi um desses voluntários, mas não se vangloria. Ele diz que era soldado profissional, fez a Escola Militar por vocação, "e tinha que ir e pronto".

Outro voluntário foi Plínio Pitaluga, que antes tinha feito um curso de especialização nos Estados Unidos. Diz ele:[23]

> Em um campo de manobras na Louisiana participamos de uma manobra de 15 dias de Corpo de Exército, com três divisões na ofensiva e uma na defensiva. Eu então fiz estágio num esquadrão, com esse material que usei na guerra e que estava sendo empregado pela primeira vez. Até então o esquadrão americano estava na base do *scout cor* ou meia lagarta. Os (carros blindados) M-8 estavam entrando em ação pela primeira vez nessa manobra. Vim para o Brasil e pedi para ir à guerra, por questão de consciência. O esquadrão já estava organizado e por acaso havia uma vaga. Quando cheguei me apresentei.

Entre reservistas também houve a mesma atitude. Um professor de História da Universidade de São Paulo, Eurípedes Simões de Paula, tinha sido rejeitado depois do exame médico. Indignado com a recusa, recrutou colegas da Faculdade de Medicina para provar que não era incapaz. Impressionados com a junta médica de catedráticos, os médicos do Exército aprovaram o professor, que comandou morteiros em combate no 1º Batalhão do 6º Regimento.

A nossa Segunda Guerra

É importante saber como era a estrutura de uma divisão como a brasileira, para que se possa entender a narração dos combates. Há quem diga que a descrição das unidades envolvidas em uma ação específica é cansativa e sem sentido. De fato, há relatos ilegíveis por se aterem apenas a isso – "enquanto a 1ª Companhia do 1º Batalhão avançava pelo flanco esquerdo, a 2ª Companhia fez um ataque frontal..."; falta a esses textos o elemento humano. Esses números, porém, escondem realidades que um observador atento pode desvendar. A guerra não se caracteriza pela igualdade. Há unidades e indivíduos mais capacitados (um exemplo no ar: o maior ás de caça da história, o alemão Erich Hartmann, abateu 352 aviões aliados, principalmente soviéticos; um exemplo no mar: 2% dos comandantes de submarinos alemães foram responsáveis pelo afundamento de 30% dos mercantes aliados[24]).

Um general, um coronel ou mesmo um tenente comandando um punhado de homens tendem a usar suas forças de acordo com esse conhecimento de suas capacidades. Um batalhão pouco confiável não recebe tarefas difíceis. Uma divisão vai sendo experimentada aos poucos em locais mais tranquilos da frente – quando eles existem – até que possa juntar-se às outras em igualdade de condições.

Saber qual unidade era mais confiável é algo difícil. O assunto é delicado porque mexe com suscetibilidades. Cada veterano tem orgulho da sua unidade e acha que ela era a melhor, desde o regimento (o tribalismo regimental é particularmente forte no Exército britânico) até as menores frações como pelotões e grupos de combate. Os comandantes podem empregar suas unidades usando também outros critérios subjetivos – por exemplo, escolhendo a unidade comandada por um amigo para uma tarefa que poderá lhe render alguma glória. Ou escolhendo uma unidade de um desafeto para uma tarefa difícil, na qual ele tenderá a falhar (ou morrer).

Um bom exemplo desse tribalismo é a opinião de Gerson Machado Pires, tenente na 8ª Companhia, para quem seu Batalhão – o 3º Batalhão do 6º RI – era altamente confiável, pois participou de um número grande de combates e estava frequentemente "apagando incêndios" na frente. Ele argumenta:

> A FEB só tinha nove batalhões, três batalhões em cada regimento. Desses nove batalhões, precisa ver o seguinte: o pessoal que veio no segundo escalão, 1º RI e 11º RI, sofreu muito, eles não receberam armamento e instrução na hora certa. Esses batalhões não tiveram tanta chance de se adaptar. Os batalhões que tiveram mais chance foram os três do Sexto. E dos três comandantes, o que se destacava mais, isso dito pelo Zenóbio e pelo Mascarenhas, era o 3º do 6º, era o do major Silvino. Eles reconhecem isso. Então, toda missão importante daquela primeira fase era dada para o terceiro do sexto e na segunda fase também.[25]

Gerson fez essas afirmações em um grupo no qual estavam presentes outros veteranos, dos outros regimentos, que reagiram ruidosamente à provocação. Mas ele continuou. "Agora, dentro do 3º do 6º, havia 3 companhias. Qual era a companhia que se destacava mais? Era a 8ª, que foi formada em Araçatuba, com gente da região. Era uma companhia muito unida, os soldados se identificavam com ela. Já era uma companhia unida desde a preparação." A situação em que viviam contribuía, e muito, para aproximar os soldados, criando amizades que duram meio século.

Deixando de lado a óbvia, e compreensível, parcialidade de Gerson, ele toca em pontos importantes para a formação do "espírito de corpo" da unidade. Uma unidade com moral alto é como uma família. Uma foto feita já na Itália mostra integrantes da companhia posando em frente ao jipe com o nome Araçatuba pintado em destaque. Um soldado do pelotão de Gerson, Vicente Pedroso da Cruz, recusou ser promovido a cabo porque teria de deixar o pelotão onde estava enturmado. "Ele merecia ser cabo. Ele veio a mim e perguntou: 'tenente, eu, sendo cabo, vou ser transferido de pelotão?' 'Vai, porque só tem dois cabos no pelotão.' 'Então eu não quero', ele disse". Pedroso, presente na mesma entrevista, confirma. "A recepção foi excelente, eu cheguei e me sentia em casa", diz Pedroso, sobre sua chegada ao pelotão de Gerson.

O antigo tenente fala em regimento, batalhão, companhia, pelotão; uma explicação é necessária. A FEB era uma divisão de formato "triangular", ou "ternária", isto é, cada unidade costuma ser subdividida em três menores. É a formação básica dos exércitos ocidentais desde o início da Idade Contemporânea. De modo simplificado, cada divisão tem três regimentos, cada regimento tem três batalhões, cada batalhão tem três companhias, cada companhia tem três pelotões. Existe muita variação dentro desse esquema, que também inclui unidades de apoio com o mesmo nome – por exemplo, uma "Companhia de serviços", com homens que apoiam com suprimentos as tropas na frente, ou uma "Companhia de petrechos pesados", que agrupa morteiros e metralhadoras para dar apoio às companhias de fuzileiros.

Quando ficou completa, a 1ª Divisão de Infantaria Expedicionária tinha oficialmente 14.254 homens (734 oficiais e 13.520 praças). O total de homens enviados à Itália foi de 25.334 (a 1ª DIE, mais o depósito de pessoal e órgãos não divisionários).[26] Também foram enviadas 67 enfermeiras, que trabalharam em hospitais americanos e junto ao 1º Grupo de Caça. É quase desnecessário dizer que o caos burocrático também acompanhou as moças. O livro dos oficiais de reserva tem o depoimento de uma delas, Berta Morais.

Curiosamente, as enfermeiras tinham aulas de Educação Física e ordem unida. Marchavam como se fossem soldados; apenas se esqueceu de providenciar algum posto militar para elas. Ao chegar à Itália estavam em um limbo. Não eram nem oficiais nem soldados, o que complicava desde o alojamento até o uniforme. O próprio general Mascarenhas teve de conceder a elas a patente de segundo-tenente, depois confirmada.

A instrução que tiveram lembra as eternas reclamações sobre o bacharelesco e nada prático sistema educacional brasileiro. Elas tinham que aprender os nomes científicos dos vetores da febre amarela, mas ninguém lembrou de explicar como ler as temperaturas dos termômetros médicos no sistema americano, que usa graus Fahrenheit.[27]

O comandante da 1ª DIE, como o posto já demonstra, era um general de divisão – João Batista Mascarenhas de Morais. Típico da organização brasileira, havia um "inspetor", o general de brigada Olímpio Falconière da Cunha, um comandante da infantaria, general de brigada Euclides Zenóbio da Costa, um comandante da artilharia, general de brigada Osvaldo Cordeiro de Farias.[28]

As principais unidades da infantaria eram três regimentos de 3.256 homens cada, comandados por coronéis – 1º RI, 6º RI e 11º RI.

Cada regimento tinha três batalhões de 871 homens, comandados por majores (1º Batalhão, 2º e 3º).

150

A cobra aprende a fumar

Cada batalhão era dividido em três companhias de 193 homens e uma Companhia de Petrechos Pesados (CPP) de 166 homens, comandadas por capitães. A numeração, sequencial, correspondia aos batalhões. Assim, o 1° Batalhão tinha a 1ª, a 2ª e a 3° companhias, além da CPP. 1; o 2° Batalhão tinha a 4ª, a 5ª e a 6ª companhias, além da CPP.2; e o 3° Batalhão tinha a 7ª, a 8ª e a 9ª companhias, além da CPP.3.

Cada companhia era dividida em três pelotões de fuzileiros e um pelotão de petrechos leves (metralhadoras e morteiros de menor calibre), comandados por tenentes. Cada pelotão tem 41 homens. O pelotão também tem sua subdivisão, três grupos de combate (G.C.), em geral de 13 homens cada, comandados por sargentos, incluindo além dele 1 cabo e 11 soldados.

Além disso, o comandante da divisão era responsável por uma tropa especial (pessoal de manutenção, comunicação, banda de música etc.) e um Esquadrão de Reconhecimento, equipado com 13 carros blindados M-8 e 5 veículos de meia-lagarta, e comandado por um capitão. O M-8 era um veículo de 6 rodas armado com um pequeno canhão de 37 mm. Não era para entrar em combates encarniçados, e sim para fazer reconhecimento.

Também havia uma unidade de engenheiros de combate, o 9° Batalhão de Engenharia, com 655 homens e cujo equipamento incluía desde tratores e reboques até 47 botes de assalto.

A artilharia divisionária era dividida em quatro Grupos de Obuses (GO). O 1° GO, o 2° GO e o 3° GO tinham cada qual 12 canhões de calibre 105 mm. O 4° GO tinha peças de calibre mais pesado, 12 canhões de 155 mm. Cada GO tem 3 baterias de 4 canhões cada.

Em todas as suas unidades, a 1ª Divisão de Infantaria Expedicionária tinha uma dotação de 16.245 armas individuais (5.231 carabinas; 6.510 fuzis; 3.348 facas de trincheira; 1.156 pistolas); 505 metralhadoras; 237 metralhadoras antiaéreas; 144 morteiros; 66 obuses (canhões); e 70 canhões antitanque (de calibre 57 mm, razoavelmente obsoletos em 1944 para atacar os tanques alemães mais bem blindados, como os Tiger e Panther).

O primeiro regimento da FEB a chegar à frente de batalha, o 6° RI, de Caçapava (SP), pôde fazer uma espécie de "estágio" de combate, um batismo de fogo gradual que permitiu ganhar experiência. Os outros dois, o 1° RI, baseado no Rio de Janeiro, e o 11° RI, de São João del-Rei (MG),

151

foram jogados no fogo sem essa experiência inicial, por isso sofreram mais dificuldades. No final da campanha, tinham-se igualado aos companheiros que chegaram antes. O 1º RI teve papel de destaque na tomada de Monte Castelo, e o 11º (o "Onze"), na conquista de Montese.

Apesar de esses regimentos serem vinculados a São Paulo, Minas e Rio, suas tropas, assim como de outras unidades da FEB, vieram de todo o país. Tanto na composição social como na geográfica, a FEB refletia razoavelmente o Brasil de 1944-1945.

A passagem por mar foi tranquila, apesar do medo de submarinos. Parte da escolta foi feita por navios brasileiros. Em julho de 1944, porém, o período mais grave da ameaça submarina já tinha passado – com exceção daquele submarino que passou por perto.

A própria viagem já era algo surpreendente. Os navios-transporte de tropas eram pequenas cidades. Eles precisam alojar e alimentar até 6 mil homens de uma vez por períodos que podem passar de uma, duas semanas. Tudo tem de obedecer a cronogramas rígidos. Os soldados devem se movimentar o mínimo possível. Oficiais selecionados ficam de guarda em portas-estanques. Caso um torpedo atinja uma parte do navio, as portas devem ser trancadas. Se o compartimento estiver sendo alagado, só resta o consolo de saber que algumas dezenas ou centenas de homens estão morrendo para que os outros milhares sobrevivam.

A chegada a Nápoles teve alguns incidentes inesperados. O uniforme verde do Exército Brasileiro tinha uma cor parecida com a do alemão, um cinza-esverdeado. Como os soldados desembarcaram desarmados, houve quem pensasse que eles eram prisioneiros alemães. Os brasileiros não escaparam de alguns palavrões dos italianos já cansados do velho aliado que trouxera a guerra para seu país. Os xingamentos pararam quando os italianos viram negros entre a tropa "prisioneira", e sabiamente concluíram que não podiam ser alemães.

A guerra na Itália aconteceu por falta de coisa melhor. Depois que limparam a África do Norte de alemães e italianos, os Aliados tiveram que reconsiderar sua estratégia. Não havia ainda condições de atacar diretamente a França e, a partir daí, chegar à própria Alemanha. Os britânicos sugeriram atacar a Sicília e depois a Itália continental. Os americanos temiam que essas operações adiassem ainda mais o ataque à França. Mas era preciso fazer algo com as tropas na África. "Foi um exemplo clássico do grande fator que tantas vezes determina o curso das guerras: os Aliados, na África do Norte e depois na Itália, estavam lá porque estavam lá", resumiu o historiador A. J. P. Taylor.[29] Da Tunísia é um pulo para chegar à Sicília, e assim por diante. O problema veio depois que os Aliados desembarcaram. Os alemães foram extremamente hábeis em criar linhas defensivas nas montanhas. Roma só foi capturada em 4 de junho de 1944; mais dois dias e começava o desembarque na Normandia, que passou à história como o Dia D.

A dificuldade da luta de montanha foi o principal erro de cálculo dos Aliados na invasão da Itália. O primeiro-ministro britânico Winston Churchill era um dos entusiastas de atacar a Alemanha pelo sul, subindo a Itália. Churchill não levou em conta as dificuldades de terreno e a guerra na Itália não teve o caráter decisivo que poderia ter. O "teatro de operações" italiano era secundário se comparado com a guerra no norte da França e a invasão soviética da Alemanha pelo leste.

Para vencer tropas encasteladas em montanhas o inimigo tem que ter superioridade de tropas. Na Itália, alemães e Aliados tinham uma razoável paridade, o que tornava as ofensivas anglo-americanas bem mais difíceis.

O ataque península acima do 15º Grupo de Exércitos Aliados, comandado pelo britânico sir Harold Alexander, foi então desacelerado. Sete divisões, americanas e francesas, foram retiradas para o ataque no sul da França (um desembarque ironicamente supérfluo, pois os alemães não tinham como se manter no sul do país se estavam acossados na Normandia). Alexander comandava o 5º Exército Americano, do general Mark Clark, à esquerda da frente, e o 8º Exército Britânico, do general Oliver Leese, à direita.

Ao mesmo tempo, o inimigo – os 10º e 14º Exércitos alemães, comandados pelo marechal Albert Kesselring – recebia oito novas divisões. Apesar de as divisões aliadas terem maior efetivo que as alemãs, para uma ofensiva decisiva em terreno montanhoso seria necessário ter uma superioridade bem maior. E isso a guerra na França tinha roubado do 15º Grupo de Exércitos Aliados.

153

Em 16 de julho, quando os brasileiros desembarcavam em Nápoles, os britânicos tomavam Arezzo, no centro do país, e mais à direita os poloneses atacavam Ancona, na costa adriática. No setor americano, o 5º Exército chegava perto do rio Arno, capturando Livorno em 19 de julho e ameaçando tomar duas das mais conhecidas cidades do país, Pisa e Florença. No início de agosto, o avanço aliado estava parado à frente da mais nova linha defensiva, a Linha Gótica. No final do mês, Alexander atacou novamente. O maior esforço foi pela direita. Rimini, o ponto-chave da defesa na região, caiu em 20 de setembro. Enquanto isso, o 5º Exército avançava na esquerda. Pisa foi tomada em 2 de setembro. O principal objetivo era Bolonha, no centro.

Em 15 de setembro entra em ação o pequeno reforço recebido: o primeiro regimento da FEB, o 6º RI. Não foram os primeiros a fazer algum tipo de atividade para apoiar o esforço bélico local, porém; os engenheiros da 1ª Companhia do 9º Batalhão de Engenharia foram os primeiros a trabalhar, construindo uma ponte sobre o rio Arno. O 6º RI – conhecido como RCT 6, *Regimental Combat Team 6*, pelos americanos – substituiu unidades americanas do 434º Batalhão de artilharia antiaérea (na falta de aviões alemães, esse tipo de artilheiro acabava virando infante). No dia 16 foi a vez de ocupar a parte da frente da 1ª Divisão Blindada americana, antes ocupada pelo 2º Batalhão do 370º Regimento (da Divisão de negros, a 92ª).

O comandante do 6º Regimento, João de Segadas Viana, fez uma boa descrição do tipo de terreno e oposição que a FEB teria pela frente:

> A defesa alemã estava organizada em uma série de linhas sucessivas, estabelecidas nas elevações que formam a cadeia dos Apeninos que, na altura de Bolonha, inflete para oeste, em busca dos Alpes de fronteira com a França. Em consequência, a linha dos Apeninos era quase paralela à frente de combate. A cadeia dos Apeninos não é formada por um longo maciço com altitude mais ou menos uniforme, e sim por um número interminável de picos abruptos, separados por estreitos vales, o que muito facilita a defesa, a qual economiza seus efetivos e sempre dispõe de bons observatórios.[30]

O regimento precursor foi incorporado ao 4º Corpo do 5º Exército Americano e começou a operar contra a Linha Gótica na região entre o mar Tirreno e o vale do rio Serchio, ao norte de Pisa, depois de um período de treinamento.

A cobra aprende a fumar

Apesar de ser um reforço pequeno, naquele momento foi importante, pois as forças aliadas na Itália tinham sido desfalcadas naquelas sete divisões enviadas para invadir o sul da França. Os brasileiros foram incorporados à frente sob o comando do general de brigada Zenóbio da Costa.

A estreia foi bem-sucedida. Mas nem precisava ser muito; estar ali já era importante. "A alegria era geral. Não havia mais perigo de a guerra terminar sem que entrássemos em combate e estava desfeita a ação dos quinta-colunistas, que diziam ter, à nossa força, reservado um papel secundário de ocupação do território conquistado pelos outros", escreveu o comandante do 6º RI, Segadas Viana.[31] "O Brasil estava na linha de batalha dos que combatiam o nazismo e dos que lutavam pelos ideais democráticos", continuou (com certa ironia, pois o governo de Vargas fora uma ditadura – o texto foi publicado em 1946, já com o país democratizado. Além disso, não eram muitos os praças que entendiam bem o que os brasileiros estavam fazendo ali).

Se entendiam ou não, certamente isso não afetou a FEB em combate. Segadas diz que, durante um mês e meio de atuação na região do Serchio, o 6º RI fez 243 prisioneiros alemães e italianos. Algumas cidades e vilas italianas foram libertadas do inimigo. Houve um preço caro, porém, pelo batismo: 30 mortos (3 oficiais), 93 feridos e 10 desaparecidos.

A primeira missão do 6º RI foi substituir tropas americanas na frente – incluindo um batalhão de negros da 92ª – no dia 15 de setembro. Os 3 batalhões ocuparam suas primeiras vilas e cidades, como Massarosa, Bozzano e Quiesa, e foram progredindo, aprendendo aos poucos, sem correr riscos excessivos, pois o inimigo estava em retirada. Na manhã do dia 18, a 2ª Companhia (1º Batalhão) foi enviada para Camaiore. A descrição da tomada dessa pequena cidade merece maior detalhe. O pequeno destacamento brasileiro – menos de 100 homens – teve basicamente que enfrentar fogo de morteiro e canhões para atingir a cidade, cujos poucos ocupantes alemães fugiram.

Por ser a primeira cidade de algum vulto – cerca de 5 mil habitantes – tomada pela FEB, mereceu destaque compreensível da imprensa no Brasil. Os soldados estavam entrando em combate e a imprensa, integrada no esquema de propaganda, cumpria entusiasmada o papel a ela reservado. "Avançam os brasileiros!"; "Os brasileiros dentro da Linha Gótica"; "Atingem os brasileiros a crista dos Apeninos" são alguns exemplos de manchetes destes dias, tirados de *O Globo*.[32]

155

Mas o que significou de fato essa ação? Há várias versões. Comecemos por uma curiosa: "Seu valor avulta, cresceu imenso e foi projetar-se na história militar do Brasil e, quiçá dos exércitos da Itália, como um lugar onde se desenvolveu uma das mais belas manobras do Exército", escreveu o tenente-coronel João Almeida Freitas, oficial do Estado-Maior do general Zenóbio da Costa, no jornal *Cruzeiro do Sul*, órgão oficial da FEB.

Para esse oficial, a tomada de Camaiore impediu que o inimigo deslocasse algumas das suas *divisões* para outras frentes! Não contente em exagerar de modo absurdo a tomada de uma cidadezinha, o coronel ainda bajula seus superiores: "os soldados estavam eletrizados com a presença do seu general no posto avançado", diz ele sobre Zenóbio (ele cita o general Zenóbio várias vezes, a quem chama de um "chefe" no qual os soldados "depositavam ilimitada confiança", mas não menciona o capitão que comandava o destacamento). Mais adiante, refere-se à "notável e longa ordem do dia" do general Mascarenhas de Morais.

O texto do tenente-coronel Almeida Freitas é um exemplo extremo de "militarês". Seria extremamente injusto considerá-lo representativo da literatura de depoimentos sobre a guerra. A descrição é uma aberração tão grande que foi ironizada até por outros expedicionários, que fizeram questão de citá-la no livro *Depoimento de oficiais da reserva sobre a FEB*, a polêmica obra publicada no imediato pós-guerra. Os oficiais da reserva contrastaram a ufanista – e, o que é bem mais grave, imprecisa – descrição do coronel com uma outra, publicada em outro jornalzinho da FEB, *... E a Cobra Fumou*, feito por pessoal do 1º Batalhão do 6º Regimento de Infantaria, um órgão não oficial (e como! O jornal fazia questão de mostrar a seus leitores, logo na primeira página, que era um órgão "não registrado no D.I.P." – Departamento de Imprensa e Propaganda, a censura getulista. O pequeno tabloide conquistou imediatamente o coração e a mente do autor. Se existe uma unanimidade entre jornalistas, é a repulsa à censura).

"O valor principal dos dois depoimentos a seguir está, principalmente, no contraste de mentalidade que oferece e que é digno de atenção", informa o livro dos oficiais da reserva, que por já terem saído do Exército puderam fazer críticas que seus colegas ainda de farda não poderiam.[33]

O segundo texto, escrito pelo tenente José Álfio Piason, tem bem menos adjetivos e muito mais fatos. Nele se vê como a missão de ocupar

156

A cobra aprende a fumar

Em Massarosa, no dia 17/9/1944, Zenóbio e Mascarenhas (3º e 4º em pé, da esquerda para a direita) comemoram com seus auxiliares a primeira conquista. Agachado, à esquerda, o futuro presidente, então tenente-coronel, Humberto de Alencar Castelo Branco.

157

A nossa Segunda Guerra

Camaiore foi dada a um pelotão de fuzileiros comandado pelo capitão Ernani Ayrosa da Silva, apoiado por uma seção de metralhadoras pesadas, uma seção de morteiros e outras tropas de apoio, como equipe de saúde e de limpeza de minas. Também estavam na missão "cerca de nove tanques americanos, tudo apoiado por uma bateria de artilharia inglesa".

A presença de um canhão antitanque alemão de calibre 88 mm – certamente a mais famosa peça de artilharia da guerra – impediu que os tanques fossem até o fim, segundo Piason. Já anoitecia. Ayrosa decide prosseguir em jipes. Piason anotou para a história até um detalhe aparentemente irrelevante, mas simpático: o jipe que Ayrosa usou havia sido batizado de "Eliana-Maria-Dulce". Hábito comum na guerra, seja entre alemães, americanos, ingleses ou brasileiros, era dar nome a veículos, de jipes a aviões. Podiam ser qualquer coisa – de namoradas, esposas, filhos, chefes militares, cidades, humorísticos ou belicosos. Fotografias preservaram parte dessa memória. O Esquadrão de Reconhecimento tinha o meia-lagarta Yvone e um dos seus carros blindados M-8 era o Andrade Neves (comandante de cavalaria da Guerra do Paraguai). Um M-8 também tinha na frente uma caveira com ossos cruzados. Sirigaita era um canhão de 155 mm. Os generais também decoravam seus veículos. O jipe do general Cordeiro de Farias era o Osvaldinho e o do general Mascarenhas era o Liliana.

O texto de Piason compara o serpentear dos jipes do destacamento de Ayrosa pelas estradinhas com a cobra simbólica da FEB (é mais fácil uma cobra fumar do que o Brasil mandar tropas à guerra europeia, diziam os do contra; essa é a explicação mais aceita para a insígnia da divisão). Os brasileiros a princípio tinham no braço um brasão com a palavra "Brasil"; depois receberam o distintivo da cobra fumando. Uma versão da cobra fumando chegou a ser desenhada por Walt Disney, a pedido do jornal *O Globo*. O desenho da cobra de Disney mostra um réptil belicoso, com dois revólveres enormes. O americano também criou um personagem brasileiro, o Zé Carioca, típico da política de boa vizinhança, e que logo foi desenhado em alguns aviões da FAB. Um caça Curtiss P-40 mostra o Zé Carioca na frente da fuselagem. Hidraviões Catalinas do Grupo de Patrulha do Galeão tinham um distintivo do Zé Carioca segurando uma bomba.

Já bem escuro, os soldados deixam os jipes a cerca de 3 ou 4 quilômetros da cidade e partem a pé. Cerca de 19h30, chega-se a Camaiore, debaixo de

158

fogos de morteiro do vizinho Monte Prano. O destacamento passa a noite na cidade e no dia seguinte recebe reforços. Ayrosa recebe uma condecoração americana pelo feito, a *Bronze Star* (estrela de bronze). A citação que acompanha a medalha é também uma boa descrição do comportamento do capitão brasileiro, sem adjetivos desnecessários: "Durante esta ação, distinguiu-se pessoalmente pela sua coragem e frieza, conduzindo seu grupo através de fogos hostis de artilharia, morteiros e pequenas armas, para capturar o objetivo."

O avanço prosseguiu. No dia 26 de setembro, foi tomado o Monte Prano. Em seguida, o destacamento deveria prosseguir mais a leste, ao longo do vale do Serchio, na direção de Castelnuovo di Garfagnana.

Substituindo tropas americanas, o destacamento brasileiro prosseguiu na direção norte pela margem esquerda do rio Serchio, ocupando mais cidadezinhas, como Borgo a Mozzano, Fornoli e Pescaglia. Os alemães não tiveram tempo de destruir uma simpática ponte de mais de sete séculos de existência, que logo estava sendo usada pelos brasileiros. Era conhecida como Ponte della Maddalena ou Del Diavolo – porque se diz na região que com a ajuda desse senhor ela foi construída em apenas um dia (ou talvez existisse ali um oficial alemão tão civilizado quanto aquele que se recusou a destruir a Ponte Vecchio de Florença, preferindo obstruir sua entrada). Cinquenta anos depois, a ponte continuava igualzinha.

Em 1º de outubro os expedicionários receberam a visita do ministro da Guerra, Eurico Gaspar Dutra, que fez o *tour* típico de autoridades – homenagens e almoços e jantares, e de preferência longe do perigo.

Um resumo interessante do que significou a viagem de Dutra pode ser encontrado no livro de um brasilianista, Rober A. Hayes:

> A FEB revelou eficiência e honradez na frente de combate da Itália. Entretanto, mesmo durante o período de combates mais encarniçados, constituía uma fonte de problemas a existência de duas facções – uma de partidários de Vargas e outra, majoritária, favorável aos Aliados. O gen. Mascarenhas de Morais, comandante da FEB, tinha desentendimentos com o gen. Dutra e também com o cel. Henrique Teixeira Lott, subordinado à FEB, mas considerado como um representante da guarda pretoriana, ligada à ditadura de Vargas. Estes atritos motivaram uma visita do gen. Dutra à frente de operações e o consequente desligamento do cel. Lott da FEB. Estes incidentes, bastante sérios na época em que ocorreram, iriam ter consequências importantes no futuro.[34]

A nossa Segunda Guerra

Chuvas atrapalham o avanço, mas no dia 11 de outubro os brasileiros já conquistam Barga, vários quilômetros acima de onde começaram. Quem ocupou a cidade foi a 8ª Companhia do 3º Batalhão – aquele que Gerson afirma que seria o futuro bombeiro da frente. Comandado pelo major Silvino Castor da Nóbrega, ganhou o apelido de o "Batalhão Navalha" – ou melhor, "Navaia", como dizia o seu nordestino comandante (quando perguntado por um general se o batalhão estava pronto para o combate, Silvino invariavelmente respondia que sim, que a unidade estava como uma "navaia afiada").

Gerson se lembra de uma senhora italiana que ficava no caminho das patrulhas tanto brasileiras como alemãs em Barga, e conversava com o pessoal de ambas. Um dia os alemães deixaram um recado com ela: "passaremos o Natal aqui". Os brasileiros tomaram nota. E, de fato, os alemães retomaram Barga dos americanos pouco antes do final do ano, e perderam-na novamente pouco depois.[35]

No dia 14 de outubro, uma patrulha alemã de uns 30 homens aprisionou os dois primeiros brasileiros, dois soldados que reparavam sozinhos fios de telefones de campanha. "Eram os primeiros brasileiros a cair prisioneiros, quando já tínhamos em nossas mãos 71 alemães!", diz, com evidente orgulho, o coronel Segadas.[36] A área de transmissões era uma das mais sacrificadas, pois parte da missão era consertar fios de telefone que as granadas de artilharia destruíam. Além do canhoneio, às vezes o soldado tinha que ir atrás de um fio que poderia ter sido cortado por um alemão, correndo o risco de topar de cara com o inimigo.

O telefone tinha a vantagem de ser mais seguro que o rádio, pois o inimigo poderia localizar as transmissões, fazer uma triangulação para descobrir o ponto de onde provinha e providenciar uma chuva de artilharia em cima. É por isso que o pessoal de transmissões tinha de sair desenrolando fios a partir de bobinas que podiam pesar 50 kg cada uma.

Um desses combatentes da área de transmissão, o então sargento Teobaldo (7ª Companhia do 6º RI), teve um encontro surpreendente em uma patrulha que comandou nos primeiros dias. Um civil italiano apareceu de repente no meio da estrada em que avançavam. Os soldados, ainda inexperientes, estavam nervosos. Podia ser um truque alemão, podia ser mesmo um alemão disfarçado, pensavam, e mantinham o dedo no gatilho e as armas

160

apontadas. Teobaldo tentava acalmá-los, evitando que alguém disparasse de medo. O civil percebeu o risco e, cuidadosamente chegando mais perto, começou a cantar o Hino Nacional brasileiro. Com uma estupefação fácil de imaginar, Teobaldo descobriu que ele era um antigo morador do bairro italiano de São Paulo, o Brás, e que tinha estudado perto de sua casa, no Grupo Escolar Almirante Barroso – onde aprendeu a cantar o hino.

Não faltaram ocasiões de encontros inesperados, de missões exóticas ou de situações estranhas, como mostra a literatura dos febianos e dos correspondentes. Houve até um brasileiro que "bombardeou" Viena. Integrados às forças americanas, os soldados brasileiros participavam de missões e tinham funções iguais às de seus colegas dos EUA. O então primeiro-tenente Mário Amaral, do 6º Regimento de Infantaria, por saber bem inglês, foi escolhido para ser oficial de ligação com unidades como a 1ª Divisão Blindada americana ou o 107º Regimento de Infantaria. Além disso, foi escalado em outubro de 1944 para estagiar junto à Força Aérea do Exército Americano. Amaral foi provavelmente um dos poucos brasileiros – senão o único – a ter bombardeado a capital da Áustria, em 3 ocasiões, a bordo de um bombardeiro quadrimotor Liberator B-24 do 449º Esquadrão.

Notas

[1] Plínio Pitaluga, "A FEB não foi ganhar a guerra sozinha. Nem podia", em Joel Silveira e Thassilo Mitke (orgs.), *A luta dos pracinhas*, 3. ed. rev. e aum., Rio de Janeiro, Record, 1993, p. 258.

[2] John Keegan, *The Second World War*, New York, Penguin Books, 1990, p. 353. O inglês John Keegan é o mais conhecido dos historiadores militares do mundo anglo-saxão. Seus livros não são escritos em militarês e alcançam sucessos de venda raros em um autor do gênero. Pode-se dizer, sem exagero, que ele está para a história militar como Carl Sagan para a astronomia ou Stephen Jay Gould para a biologia.

[3] Frank D. McCann, "A Força Expedicionária Brasileira na Campanha Italiana, 1944-1945", em Joel Silveira e Thassilo Mitke (orgs.), op. cit., p. 275. Trata-se de um trabalho apresentado em uma conferência do Centro de História Militar do Exército dos EUA em 1992. O livro original de McCann é *The Brazilian-American Alliance, 1937-1945* (Princeton, Princeton University Press, 1973), para o qual usou documentos americanos que Waack consultaria anos depois.

[4] George S. Patton Jr., *A guerra que eu vi*, Rio de Janeiro, Biblioteca do Exército, 1979, p. 307. Agradeço a Cesar Campiani Maximiano por me lembrar do livro de Patton, que, apesar de ter ficado famoso por comandar unidades blindadas, faz ótimas sínteses de como era o combate de infantaria na Segunda Guerra.

[5] Alfredo Souto Malan, *Missão militar francesa de instrução junto ao Exército Brasileiro*, Rio de Janeiro, Biblioteca do Exército, 1988, p. 201.

[6] Idem, p. 188.

[7] Idem, p. 34.

[8] *História do Exército Brasileiro* publicada em 1972 pelo Estado-Maior do Exército em três volumes (Rio de Janeiro e Brasília, v. 2, p. 812).

[9] Demócrito C. de Arruda et al., *Depoimento de oficiais da reserva sobre a FEB*, 2. ed., São Paulo, Ipê, 1949, p. 39. Foi Demócrito quem teve a iniciativa do livro e quem coletou os outros depoimentos. O comando do Exército tentou fazê-los desistir de publicar a obra.

[10] Dados técnicos dos blindados foram extraídos da *Illustrated Encyclopedia of the World's Tanks and Fighting Vehicles*, de Christopher Foss et al. (London, Salamander Books, 1977).
[11] Entrevista ao autor, Rio de Janeiro, fevereiro de 1995.
[12] Carta ao autor, 27 de maio de 1994.
[13] Idem.
[14] Demócrito C. de Arruda et al., op. cit., p. 139.
[15] Idem, pp. 93-4.
[16] Citado por Edgar Carone, em *O Estado Novo: 1937-1945*, São Paulo, Difel, s.d., pp. 353-4.
[17] Entrevista ao autor, Itália, junho de 1994.
[18] Idem.
[19] Entrevista ao autor, São Paulo, março de 1995.
[20] Entrevista ao autor, Itália, junho de 1994.
[21] Mais uma vez é no polêmico *Depoimento de oficiais da reserva sobre a FEB* que se vê menção a esse tema delicado, por exemplo, às páginas 97-9. Entrevistas com veteranos confirmaram o problema.
[22] Entrevista com o autor por telefone, de Washington, março de 1995.
[23] Entrevista com o autor, Rio de Janeiro, fevereiro de 1995.
[24] Jak P. Mallmann Showell, *U-Boats under the Swastika*, Annapolis, Naval Institute Press, 1987, p. 18.
[25] Entrevista ao autor, São Paulo, 1995.
[26] Os números foram tirados daquela que ainda é a obra padrão de referência, *O Brasil na II Grande Guerra*, de Manoel Thomaz Castelo Branco (Rio de Janeiro, Biblioteca do Exército, 1960), que possui tabelas utilíssimas.
[27] Demócrito C. de Arruda et al., op. cit., pp. 403-19.
[28] Eram quatro personalidades bem diferentes. Faltam relatos menos parciais sobre suas reais capacidades e sobre as brigas internas. Lima Brayner, por exemplo, elogia muito Zenóbio e diz que Cordeiro de Farias era "sempre afastado das decisões de campo de batalha como medida de prudência, pois que, apesar de sua brilhante inteligência, estivera sete anos longe das lides militares, como interventor do Rio Grande do Sul" (*A verdade sobre a FEB*, Rio de Janeiro, Civilização Brasileira, 1968, p. 408). Cordeiro era mais pró-americano do que Brayner, o que também deve ter influenciado o veredicto.
[29] A. J. P. Taylor, *The Second World War: An Illustrated History*, London, Penguin Books, 1976, p. 172.
[30] João de Segadas Viana, "Anotações para a história da FEB", separata da *Revista Militar Brasileira*, Rio de Janeiro, Imprensa Militar, p. 30, 1946. Trata-se de um relato honesto de um comandante que viveu um momento importante.
[31] Idem, p. 27.
[32] Uma maneira simples de acompanhar como foi noticiada a campanha é pela seleção de reproduções das primeiras páginas de *O Globo*, no livro *O Globo Expedicionário*, da Agência Globo.
[33] Demócrito C. de Arruda et al., op. cit., pp. 423-31.
[34] Robert A. Hayes, *Nação armada: a mística militar brasileira*, Rio de Janeiro, Biblioteca do Exército, 1991, p. 176.
[35] Entrevista ao autor, Itália, junho de 1994. Na época, escrevi um texto para a *Folha de S.Paulo* com um erro que é útil para mostrar ao leitor não só como jornalistas como eu precisam de aulas de lógica, mas também como erros costumam se infiltrar em reportagens apressadas. Gerson me disse que Barga tinha sido tomada pelos brasileiros e depois retomada pelos alemães. Eu bestamente concluí que tinha sido retomada dos brasileiros – quando à época já eram americanos que estavam lá!
[36] João de Segadas Viana, op. cit., p. 38.

Um revés em Sommocolonia

No final de outubro, a FEB viveu seu primeiro revés. Não foi uma derrota grave, nem envolveu muitos efetivos, mas ganhou um simbolismo forte por ter sido o primeiro contratempo sério. Estava claro para todos os expedicionários que eles representavam o Brasil. Havia apenas um regimento brasileiro em guerra, logo haveria uma divisão, e eles não podiam se dar ao luxo de fazer feio.

Esse estado de espírito deu o tom das reações e dos relatos que seriam escritos depois, alguns altamente emotivos. Justamente por isso convém analisar essa operação em detalhe, já que há uma pletora de opiniões divergentes sobre ela. O conjunto dessas interpretações permite uma visão mais clara do que aconteceu. Além disso, cada participante tem um foco de visão distinto do campo de batalha. Havia os generais e oficiais de Estado-Maior na retaguarda, ansiosos para que o avanço prosseguisse; o coronel comandando o regimento, e o major do batalhão, mais próximos da frente e com uma imagem menor, porém mais nítida do combate; o capitão e o tenente na própria frente; o soldado em seu canto; e o que disseram alemães e italianos.

Dar ênfase a esse revés pode levar a interpretações erradas quanto aos motivos do autor. O episódio é útil não só pelo número de depoimentos existentes. Na verdade, é nas derrotas que se pode aprender mais. Vitórias fáceis levam a uma atitude de otimismo descuidado. Um dos mais repetidos clichês da história militar afirma que o vencedor é o que comete menos erros. O perdedor tende a procurar identificar os erros para não os repetir. O vencedor muitas vezes deixa passar erros que serão fatais mais tarde. O tenente-coronel Manoel Thomaz Castelo Branco concordaria com essas ideias. "Eram ensinamentos singelos, mas úteis e oportunos, que, com o correr do tempo, foram destruindo os últimos pruridos de excessiva confiança que dominavam determinados escalões, convictos de que o inimigo debatia-se nos seus últimos estertores", disse ele do revés.[1]

Mais ainda: a exposição que se segue deixa claro que o revés foi uma derrota honrosa.

É útil, portanto, mostrar antes um resumo curto e grosso feito por alguém não envolvido emocionalmente, o historiador americano Frank McCann:

> Os brasileiros progrediram muito bem perseguindo unidades alemãs em retirada de 16 a 30 de outubro, quando sofreram um contra-ataque súbito que conseguiram conter durante cerca de dez horas, até que ficaram com pouca munição e se viram forçados a recuar. Pelos registros americanos, podemos notar que isso foi considerado uma ocorrência normal de combate.[2]

Sem dúvida foi normal; mas os brasileiros ainda não sabiam disso.

Essa operação pretendia conquistar uma linha de pontos altos na direção geral de Castelnuovo di Garfagnana, um entroncamento de estradas importante na região. Esses pontos seriam Calomini, C. Casela, Monte San Quirico, Colle, cota 906 (um ponto sem nome a 906 metros de altitude) e 'Lama di Sotto. Um dos motivos para o ataque ser desencadeado era a confirmação de que haveria tropas italianas da Divisão Monterosa à frente, bem menos aguerridas que as alemãs da 232ª Divisão de Infantaria. O ataque seria feito de surpresa, portanto sem preparação prévia de artilharia.

O principal defeito eram os meios escassos. Quem atacaria seria o 1º Batalhão, depois de ultrapassar as posições do 3º Batalhão, que ficaria de reserva e apoiaria o ataque cedendo uma de suas companhias (a 7ª). A frente de ataque tinha 4,5 km de largura; um batalhão tem apenas 871 homens.[3] O restante do regimento estava empregado em outros pontos da frente. Só sobraram essas 4 companhias. "Atacar somente com três companhias seria arriscar-se a um insucesso logo de saída, pelo que, por se tratar de um objetivo limitado, resolvemos empregar as quatro companhias no ataque e jogar com a sorte", afirmou o coronel Segadas.[4]

O terreno era abrupto e havia espaço de sobra. Logo, seria fácil a uma tropa inimiga se infiltrar e contra-atacar mesmo que os objetivos fossem tomados. E foi o que aconteceu.

Uma descrição feita por um autor italiano dá conta de que a região do Serchio próxima a Garfagnana favorecia mais ao defensor do que ao atacante:

> Localmente, as características do terreno eram favoráveis à defesa. A via natural de acesso e trânsito pelo vale é a estrada rodoviária e ferroviária, que segue o curso do Serchio de Lucca a Castelnuovo Garfagnana, o maior centro do vale e nó de estradas importante. Na altura de Palleroso, o vale se torna tão estreito e apertado que um defensor pode facilmente bloqueá-lo. O atacante que quisesse abrir o caminho a Castelnuovo era consequentemente obrigado a abandonar o fundo do vale e tentar o cerco do desfiladeiro procedendo pelo alto sobre as vertentes oriental ou ocidental (ou a entrada). Forçada a defesa, o atacante tem acesso a Castelnuovo, onde o vale se alarga e torna-se acessível aos meios motorizados. Uma nova linha de resistência se poderia constituir somente quinze quilômetros mais ao norte, sobre a garganta de Piaba al Serchio, mas menos eficaz. Era conveniente, portanto, esforçar-se por permanecer na altura de Palleroso, onde as elevações que dos Apuanos e dos Apeninos sobem do vale oferecem as melhores possibilidades de defesa.[5]

Duas companhias do 1º Batalhão – a 1ª e a 2ª – reuniram-se no vilarejo de Sommocolonia;[6] a 3ª estava a nordeste de Albiano e a 7ª, do

A nossa Segunda Guerra

3º Batalhão, estava ao sul desse mesmo vilarejo. Essas pequenas unidades (uma companhia tem 193 homens) receberam reforços da companhia de petrechos pesados do 1º Batalhão, a CPP.1, cujo comandante, capitão Atratino Cortes Coutinho, decidiu acompanhar seus homens, a maioria dos quais seguiu para o combate. Trata-se de um fato aparentemente corriqueiro, mas muito significativo: o oficial que em vez de gritar "em frente" diz "sigam-me". É o tipo de oficial que tende a ganhar o respeito de seus homens, por correr os mesmos riscos que eles.

Castelo Branco, um oficial de Estado-Maior que escreveu no pós-guerra, informa qual era o plano do comando brasileiro. Segundo ele, os objetivos estão detalhados em uma Ordem Geral de Operações (OGO) do destacamento, de número 15, de 28 de outubro de 1944, modificada parcialmente pelo memorando número 1, do comandante do regimento, de 29 de outubro. É útil reproduzir a ordem, como um exemplo da linguagem que os militares usam entre si quando querem dizer para alguém fazer algo:

> 1º BI:
> Ultrapassando as posições atualmente ocupadas pelo 3º BI, conquistar a linha Battosi – Colle – M. Pian del Rio – Cota 906 – Le Rocchette – Lama di Sotto.
>
> 3º BI:
> Uma vez ultrapassado, passará à reserva nas posições que ocupa atualmente, devendo:
> Apoiar a ação do 1º BI com seus fogos, em especial neutralizando M. S. Quirico.
> Acolher o 1º BI, se necessário.
> Ter uma Companhia em condições de ocupar M. S. Quirico, tão cedo Battosi e Colle tenham sido conquistados pelo 1º BI, mediante ordem.
>
> Artilharia:
> O 1º BI contará com o apoio direto de todo o 2º GO e Cia C/701º BDT (Batalhão Destruidor de Tanques, americano).
> Tendo em vista a surpresa do ataque, não haverá preparação.
> O desencadeamento da proteção sobre Fiattone, Perpoli e Treppignana será feito a pedido do RI.
>
> Ritmo do ataque:
> 1ª Fase: Conquista de Lama di Sotto – Le Rocchette – Cota 906.
> 2ª Fase: Conquista da região de Battosi – Colle – M. Pian del Rio.[7]

Um revés em Sommocolonia

O avanço tinha até plateia. Havia oficiais dos outros regimentos recém-chegados estagiando na linha de frente que ficaram na retaguarda acompanhando a progressão.

As posições do inimigo ficavam em elevações com altitudes variando entre 500 e 1.000 metros; os brasileiros estavam mais abaixo, em uma altitude média de 300 metros, com exceção de Sommocolonia, mais elevada (mas ainda assim abaixo dos alemães e italianos).

As companhias que saíram de Sommocolonia, mais a leste, saíram de manhã, cerca de 8h30, e por volta do meio-dia já tinham chegado aos seus objetivos, a 1ª em uma elevação, a cota 906, a 2ª na região de Le Rochette e Lama di Sotto. As outras duas só saíram de tarde, mas também atingiram seus objetivos, Monte San Quirico (os três pelotões da 3ª Companhia do 1º Batalhão) e Colle e Battosi (dois pelotões da 7ª Companhia do 3º Batalhão – um pelotão permaneceu em Albiano). Praticamente não houve resistência preocupante. Os inimigos eram italianos da Divisão Monterosa, uma unidade nova, embora constituída de tropas típicas de montanha, os *alpini* (alpinos). Do lado aliado também havia desses combatentes italianos, que serviam principalmente no reabastecimento das tropas. O livro que descreve a história dos alpinifascistas retrata seus soldados como pouco experientes e desconhecedores do terreno em que operavam, ou seja, como os brasileiros. Patrulhas já tinham feito prisioneiros italianos antes. Segundo Segadas, eles "não demonstravam ardor combativo" – basta ver o número elevado que caiu prisioneiro. O episódio mostra a importância do moral. Os igualmente neófitos brasileiros queriam mostrar serviço e lutaram com entusiasmo. Os italianos sabiam que a guerra estava perdida para eles e se rendiam quando podiam. Essa situação confortável mudaria. O contra-ataque seria feito principalmente por soldados mais experimentados e mais motivados que os italianos: os alemães. Desde a campanha na África do Norte, tropas alemãs eram posicionadas entre as menos aguerridas italianas para servirem de espartilho, dando rigidez ao conjunto. Da costa do mar Tirreno para leste, havia na frente naquele momento a 148ª Divisão de Infantaria alemã; a Divisão Monterosa italiana; e a 232ª Divisão de Infantaria alemã. Os italianos, entre as duas, estavam como um recheio de sanduíche. Entre eles havia também um batalhão de fuzileiros navais, o

167

A nossa Segunda Guerra

San Marco. Tanto os fuzileiros navais como os *alpini* estão entre as melhores tropas italianas hoje. Mesmo no final da guerra ainda estavam acima da média do Exército disponível para Mussolini, armado pelos alemães.

Os brasileiros instalaram-se nos locais tomados para passar a noite. Acordados, apenas as sentinelas e os que não tinham sono – quem sabe muitos, pois estar na frente era uma situação nova para aqueles soldados, e um contra-ataque era provável. As duas companhias a leste estavam mais bem posicionadas; as duas a oeste tinham maiores intervalos entre as forças. Uma resposta inimiga seria provável, quase inevitável. Os alemães, particularmente, tendem a contra-atacar quando o inimigo ainda não teve tempo de se consolidar no terreno recém-conquistado.

O pelotão da 3ª em Battosi foi o primeiro a ser atacado, às 3 horas da madrugada. Um dos grupos de combate do pelotão caiu prisioneiro dos alemães. O resto bateu em retirada. Com isso, foi deixado desguarnecido o flanco do pelotão vizinho à esquerda (da 7ª), que também recuou. Houve um pelotão que não arredou pé, comandado por um oficial da reserva, o aspirante José Jerônimo de Mesquita, que morreu ao pisar em uma mina. À direita, em Colle, estava o comandante da 3ª Companhia, o capitão Aldenor da Silva Maia, que preferiu aguardar o amanhecer para decidir o que fazer. Sem ter como entrar em contato telefônico com o Batalhão, ele enviou uma patrulha à retaguarda.

Eles não foram os únicos a voltar. Todo um pelotão se retirou, alegando falta de munição. Segundo Manoel Thomaz Castelo Branco, que fez uma das narrações mais sóbrias do episódio, a força do capitão Aldenor ficou reduzida a sete homens: ele, o capitão Atratino (da CPP.1), o tenente José Maria Pinto Duarte, que comandava um pelotão de metralhadoras, o primeiro-sargento Rodoval Cabral da Trindade, o terceiro-sargento Geraldo Moacir Marcondes Cabral, o cabo José Ribeiro Bastos e o soldado Mário José Pedro.[8] Os nomes merecem ser lembrados. Mas com sete homens não era obviamente possível manter a posição em face do contra-ataque. Os alemães já estavam infiltrados. Os brasileiros toparam com eles dentro da própria casa em que estavam por volta do meio-dia. Depois de uma troca de tiros, tiveram que fugir por uma janela. Na fuga, o capitão Atratino encontrou o tenente José Maria Pinto Duarte ferido nas pernas. O tenente morreria duas horas e meia depois em um abrigo próximo. Não foi possível trazer seu corpo na hora e depois não se conseguiu achá-lo. A história é bem conhecida, mas merece ser repetida. O capitão Atratino voltou no final da guerra para encontrar o corpo do amigo. Graças à neve do inverno, o corpo estava ainda em bom estado. A mesma coisa fez o tenente Lúcio Marçal, buscando depois da guerra o corpo do amigo, o aspirante Jerônimo Mesquita, no Monte San Quirico.

Ainda se tentou restabelecer a frente, mas as forças enviadas encontraram um pelotão da 7ª Companhia voltando em retirada, o que inviabilizou a tentativa. Essa companhia foi então enviada para Barga.

Já de tarde, foi a vez das duas companhias mais ao norte sofrerem o ataque. Em torno das 14 horas, a primeira companhia foi atacada pelo flanco esquerdo. O pelotão aí posicionado, o 2º, do tenente Murilo Victor Halbout Carrão, repeliu 3 ataques, segundo a descrição de Castelo Branco. Os brasileiros acharam que estavam sendo atacados por tropas das Waffen-SS alemãs,[9] com "uniformes negros" (primeiro problema: o uniforme negro na SS era usado por tanquistas. A infantaria usava ou o cinza-esverdeado comum do Exército ou uniformes camuflados. Na Itália, ainda se usava restos de uniforme tropical, de cor bege).

Essa informação tem sido repetida sem questionamento, talvez porque ajude a justificar o revés, pois as Waffen-SS eram tropas extremamente motivadas e capazes. No calor do combate, esse tipo de identificação é difícil. Não houve má-fé na identificação ou na repetição do erro. Waack, baseado em documentos alemães, refuta secamente a ideia: "ao contrário da lenda, não havia naquele dia tropas SS na região".[10] Neste ponto ele está certo. Havia na região, além do Batalhão Brescia da Divisão Monterosa e da 232ª Divisão de Infantaria, o 2º Batalhão do 264º Regimento da 232ª Divisão de Infantaria alemã, como relata o livro que conta a história da Divisão italiana.[11]

Segundo Waack, o contra-ataque foi "registrado em seis secas linhas num lacônico comunicado oficial". Nesse ponto, os brasileiros estão em boa companhia. Em 20 de janeiro do mesmo ano, a 36ª Divisão americana, também do 5º Exército, tentara cruzar o rio Rapido, perto de Monte Cassino, durante 3 dias, tendo mais de mil mortos no processo – uma operação bem maior do que a que está sendo descrita. O relatório da Divisão alemã que causou o massacre, a 15º Panzergrenadier (Granadeiros Blindados), apenas informou que ela tinha "impedido que tropas inimigas

169

cruzassem o rio".[12] Em um exército de milhões como o alemão, devia haver um bom número de lacônicos. Escrever relatórios está entre as atividades mais irritantes da vida militar (e de qualquer profissão).

Ainda relatando o episódio, Waack diz também que "os soldados brasileiros haviam capturado a pequena localidade de Barga e logo depois foram expulsos pelos alemães, justamente por elementos de uma unidade da 232ª". Há um erro evidente – Barga não foi retomada nessa ocasião. Foi retomada mais tarde pelos alemães quando eram americanos que ocupavam a cidade. O objetivo do contra-ataque alemão do final de outubro era basicamente aliviar a pressão sobre Castelnuovo di Garfagnana, por isso sua penetração não foi extensa. Segundo o historiador Carlo Cornia, o vale oferece melhores chances de ataque do norte para o sul – "mas aos alemães faltavam forças para se aproveitarem".[13]

Se os alemães tendem a ser lacônicos, esse não é o caso mais comum entre latinos, italianos ou brasileiros. Vale a pena reproduzir a versão italiana expressa no livro que conta a história da Monterosa (ainda mais porque ela é praticamente desconhecida no Brasil). Depois de informar que na noite de 26 de outubro a Divisão substituíra alemães da 42ª Divisão Ligeira na frente, o autor afirma que:

> Os brasileiros, devidamente informados, na noite do dia 28 acumularam na linha de partida diante de Castelvecchio e Sommocolonia forças correspondentes a cerca de três batalhões.
>
> O ataque foi desferido ao amanhecer; uma breve e violenta preparação de artilharia, depois a infantaria avança em várias colunas que investem toda a linha dos alpinos. São guiados por gente do local e convergem decididamente na direção dos intervalos entre os grupos de combate, para envolvê-los. Núcleos de partigiani (guerrilheiros), provavelmente o destacamento de Módena que opera do lado de cá do passo de Radici, atacam das alturas.
>
> Os alpinos do 1º Pelotão, do rio à altura de Treppignana, enfrentam o adversário com calma e segurança. Diante do fogo de suas metralhadoras, os brasileiros param, tentam de novo, param definitivamente sem que os defensores tenham cedido um passo.
>
> À esquerda do 1º está o 2º Pelotão, que em poucas horas perdeu o comandante, morto por uma mina durante a primeira saída em patrulha. Eventualmente,

Um revés em Sommocolonia

a falta de um chefe se faz sentir. Os brasileiros chegam de surpresa entre os defensores, penetram nos intervalos em meio aos centros de fogo, circundam-nos e, de um a um, os reduzem ao silêncio. Conta um sargento de morteiros: "o 2° Pelotão foi pego de surpresa, de manhã. Não pôde fazer muita resistência: percebemos disparos, ordens gritadas, depois mais nada". Os atacantes prosseguem pela brecha, cercam o 3° Pelotão, que, incompleto, se encontra no flanco esquerdo e o forçam à capitulação. Em seguida saem na direção de onde estão as metralhadoras, que permanecem até aquele momento inativas porque faltam ordens. Também essa defesa foi superada.

O tenente Glauco Frenguelli, comandante da companhia, no momento em que percebeu que o 2° Pelotão foi arrasado, reúne toda a *squadra* (grupo de combate) de comando, também os cozinheiros, e acorre na direção da frente. Quando chega na posição das metralhadoras, os atacantes estão tão próximos que não há mais tempo de organizar a defesa. Então Frenguelli pega uma metralhadora e dispara até que uma rajada o abate sobre a arma. É uma morte heroica, e uma perda desastrosa para a companhia, que por todo o resto do dia, em circunstâncias igualmente difíceis, permanece sem comando.

No passar de poucas horas, a situação tinha-se tornado preocupante. É verdade que na direção do fundo do vale o 1° Pelotão resistia e que à esquerda, na direção de cima, os dois batalhões da 232ª estavam intactos, mas no centro se tinha criado um vácuo através do qual os brasileiros marchavam na direção de Fosciandora, de onde é fácil subir o Castelnuovo. Perto da noite, as colunas atacantes tinham penetrado no dispositivo da Monterosa em uma profundidade de cerca de quatro quilômetros.

Essa descrição é significativa porque mostra o quanto o ataque brasileiro perturbou a defesa ítalo-alemã naquele trecho até então calmo da frente – tão calmo que foi lá que os alemães colocaram a novata Monterosa, e para lá que os americanos enviaram o Destacamento da FEB para iniciar o aprendizado de combate. Há um problema de datas. As tropas não se concentraram "na noite do dia 28"; o ataque brasileiro foi no dia 30 de outubro, logo a noite anterior seria 29. Como se trata de um livro sem rigor acadêmico, o erro é compreensível, pois as principais fontes provavelmente foram a memória dos veteranos (infelizmente não há notas indicando a origem de muitas afirmações).

A descrição acaba sendo extremamente elogiosa aos brasileiros (sem que, naturalmente, tenha sido esta a intenção). Logo no início, o autor italiano estima as forças brasileiras em três batalhões – quando havia pouco mais que um. A infiltração foi tão bem feita que o inimigo concluiu que

171

a população do local guiou os brasileiros. De fato, havia guias, mas não todo o tempo e, principalmente, não na etapa final da progressão. A tênue força de ataque brasileira – 4 companhias estendidas em 4,5 km – virou "várias colunas". Em Treppignana, os brasileiros teriam tido o avanço brecado por metralhadoras, "sem que os defensores tenham cedido um passo"; na verdade, o objetivo brasileiro não era chegar lá – embora o efeito desnorteador do ataque possa ter feito os pressionados italianos acharem que sim. Treppignana figurava nas ordens como um objetivo posterior – esse vilarejo deveria apenas ser reconhecido por patrulhas depois de consolidada a linha de alturas anterior, Calomini – C. Casela – M. San Quirico – Colle – cota 906 – Lama di Sotto. A maneira como o pessoal do 6º RI foi silenciando o fogo inimigo também merece registro. Conforme descrição do autor italiano, foi feita de modo extremamente competente.

Do ponto de vista dos italianos, a situação parecia preocupante, já que os "três batalhões" tinham penetrado quatro quilômetros e criado um vácuo no centro do seu dispositivo. Se eles soubessem que eram apenas quatro companhias, teriam ficado menos preocupados. Quem deveria estar apreensivo eram os brasileiros, dada a presença de dois batalhões alemães intactos e o fato de não terem recebido reforços, nem munição.

As tropas do Eixo foram-se rearticulando para frear o ataque. "Os brasileiros avançando tinham formado um saliente muito pronunciado", descreve o historiador da Monterosa, Carlo Cornia.[14] Ou seja: atacando a base do saliente, seria possível tentar cercar e capturar as tropas isoladas na ponta. O batalhão alemão da 42ª Ligeira, que tinha sido substituído na linha pelos italianos, foi chamado de volta e disposto de modo a barrar a direção de marcha brasileira. Os generais Jost, alemão, e Carloni, italiano, não economizaram meios. Decidiu-se que o Batalhão Brescia e outro da 232ª atacariam o saliente em sua base. "Na área do saliente deveria concentrar-se o tiro de toda a artilharia e morteiros da zona", segundo Cornia.[15]

Dito e feito. O contra-ataque começa de madrugada "segundo o plano estabelecido"; "surpresos com a violência da ação, os brasileiros se põem em defesa, e em seguida começam a retroceder. Pela noite retornaram a suas linhas, deixando vários prisioneiros". O autor ainda conclui que pelas forças empregadas (os "três batalhões"), a FEB estava tentando chegar a

Castelnuovo di Garfagnana – "O adversário se apresentou com forças cinco a seis vezes superiores";[16] sem querer, o italiano fez um belo elogio às 4 companhias do 6º RI.

O tenente-coronel Manoel Thomaz Castelo Branco descreve sucintamente o que aconteceu com a 1ª Companhia: "À tarde, quando as munições já escasseavam, o comandante da Companhia recebeu ordens no sentido de retirar-se para as suas antigas posições em Sommacolônia".[17]

Já o tenente da reserva José Gonçalves, que comandou o 1º Pelotão da 1ª Companhia, achou que o episódio era o tema que merecia ser enfocado em sua contribuição ao livro de depoimentos dos reservistas – apesar de Gonçalves ter combatido até o fim da campanha e participado de outras situações igualmente perigosas. Ele já era um oficial experiente em 1944, pois tinha visto ação do lado paulista na Revolução de 1932.

A conclusão de Gonçalves é simples: os pelotões cumpriram sua missão de tomar os objetivos. Para mantê-los, porém, seria preciso receber munição e alimento. Quem falhou, portanto, foi o comando, e não as tropas do 1º Batalhão. "Com o emprego deste batalhão, ficava o regimento praticamente sem reserva e, consequentemente, impossibilitado de acudir a qualquer ponto onde o desenrolar dos acontecimentos pudesse requerer algum reforço!", reclamou Gonçalves.[18] Para ele, a falha do comando foi primária. "Conhecidas como eram as dificuldades sem conta que aquele terreno oferecia, a qualquer leigo acudiria que aos homens que tivessem por missão a conquista daquelas alturas não seria possível carregar muita coisa, ainda mesmo em se falando de munição que era com o que deveriam contar para a manutenção de suas posições". Gonçalves está certo. Não cabia aos seus fuzileiros transportar comida ou munição para vários dias. Os seus superiores hierárquicos é que deveriam ter proporcionado as condições para eles se aferrarem ao ponto conquistado.

A linha de partida da 1ª Companhia era em Sommocolonia. Chegar lá foi difícil. As trilhas eram estreitas e escorregadias, chovia e estava escuro. Quando nasce o dia, os oficiais olham o objetivo com binóculos. Logo constatam que a frente é ampla e que haverá grandes intervalos entre as unidades. Antes de subir até a crista (a cota 906), os pelotões ainda têm de descer uma ribanceira e contornar um pequeno rio. Como se trata de um avanço difícil, os soldados deixaram suas mochilas para trás, em Catagnana. Levam apenas um cobertor, armas e munição e algumas latas de ração.

O pelotão de Gonçalves, o 1º, dirige-se então para a cota 906, acompanhado pelo pelotão de petrechos leves do tenente Benedito Félix de Sousa. Outro que estava presente era um dos sargentos do pelotão de Gonçalves, Ferdinando Piske, que escreveu um livro sobre suas experiências na Itália. Disse Piske:

> O que estamos vendo lá na frente não agrada a ninguém. Cota 906 fica atrás de outro morro, quase tão alto como a própria 906. O trajeto, em resumo, será o seguinte: descemos de Sommocolonia uns 300 metros, quase a pique. Atravessamos uma ravina e subimos o outro morro. Descemos do outro lado, e só então começa a escalada da 906.[19]

O 2º Pelotão, do tenente Carrão, dirigiu-se mais à esquerda, mas só mais tarde. O posto de comando do capitão ficou em Sommocolonia. Em vez de seguir em frente com a tropa, como fizeram, por exemplo, os capitães Aldenor da Silva Maia (3ª Companhia) e Atratino Cortes Coutinho (CPP.1), o comandante da 1ª, capitão Alberto Tavares da Silva Jr., preferiu ficar na base de partida, observando a progressão de seus comandados morro acima.[20] Não há dúvida, cada um tem seu estilo de comando... O soldado do 1º Pelotão Vicente Gratagliano confirma a opção do chefe da companhia. "O capitão Tavares? Nunca foi no *front*, só se comunicava pelo telefone. Nunca foi no *front*", afirma Gratagliano, um dos soldados mais condecorados do batalhão.[21]

A tropa foi escalando o monte com cuidado. As trilhas poderiam estar minadas. Andar em terreno possivelmente minado é algo que abala os nervos.[22] Cada passo é uma vitória. O próximo passo pode ser uma explosão e a perda de uma perna.

Perto do cume, o caminho foi abandonado e uma linha de soldados foi formada pelo mato, avançando em silêncio e com passos macios. De repente se percebe um movimento suspeito. O F.M. (fuzil-metralhadora B.A.R., *Browning Automatic Rifle*) fica de posição. Outros soldados tentam cercar o ponto de onde viera o ruído.

"Desnecessário seria dizer que essas providências foram tomadas debaixo de forte tensão nervosa e, por que não completar? – com muita *paura*

174

Um revés em Sommocolonia

também... Apertando o cerco, ouve-se um dos nossos homens gritar 'Alto!'. Ato contínuo, vê-se um rapagão alto, tipo atlético, levantar *incontinenti* os braços!".[23] Era o primeiro prisioneiro italiano da companhia. Logo surge o segundo, que tenta fugir, mas é barrado. Na direção da fuga, os brasileiros encontram um ninho de metralhadoras – que apontavam na direção por onde o pelotão poderia ter subido se não tivesse se espalhado antes. Os dois soldados revelam a força da posição – sete homens. Mais uns momentos de espera e outros cinco prisioneiros são feitos sem o disparo de um tiro, o efetivo da Monterosa começava a diminuir.

Gratagliano também dá sua versão do episódio. "Nós subimos o morro. Tomamos o morro e não tinha ninguém, tinha só uns italianos. Inclusive nós pegamos uma lurdinha que tinha lá." (Lurdinha é o apelido dado pelos expedicionários à metralhadora alemã, modelos MG 34 ou MG 42, que disparava rajadas tão rapidamente que o barulho contínuo soava como um pano ou papel rasgando. A origem do apelido é misteriosa mesmo hoje, pois circulam várias versões – por exemplo, seria o nome da mulher de alguém, uma senhora que nunca fechava a matraca, disparando continuamente como a metralhadora.)

O primeiro italiano do posto avançado e seus colegas a seguir foram aprisionados sem problema. Conclui Gratagliano: "Ele saiu do buraco em que estava de sentinela e foi tentar avisar os companheiros que estavam numa barraca lá. Aí estava eu, o Atanásio e o Nelson. Cercamos o buraco e ficamos esperando o cara vir." Ele veio, e foi preso.

Depois de aprisionados os dois primeiros, foi armada a emboscada. Os brasileiros ficaram esperando os outros cinco chegar. "A um sinal do tenente Gonçalves, pulamos em pé, prontos para atirar ao menor gesto dos inimigos. Largaram imediatamente as armas e levantaram as mãos", escreveu Piske.

Piske foi um dos que levaram os prisioneiros para a retaguarda. Ele diz que havia dois alemães entre eles. "Tratamos de evacuar os prisioneiros para a retaguarda, o que fiz com mais dois soldados. No caminho, insisti com os italianos e com os tedescos, mas não consegui arrancar-lhes nenhuma informação que prestasse, sobre a tropa inimiga."[24]

O 2º Pelotão também topou com outro posto italiano, matando dois homens e aprisionando os outros.

175

O general, depois marechal, Mascarenhas de Moraes descreveu o incidente em algumas linhas de seu livro sobre a FEB, publicado no imediato pós-guerra:

> Às 9h45min, a 1ª Cia. progredindo através de terreno íngreme e escorregadio, desbaratava vários núcleos de resistência germânica, apoderando-se da cota 906 e capturando alguns inimigos. Ao seu lado, operando em similares condições topo-táticas e defrontando resistências inimigas de valor análogo, a 2ª Cia. assenhoreou-se de La Rochette.
>
> Às 11h45min, a 1ª Cia. infligia novas perdas aos contrários e a 2ª Cia. conquistava e ocupava Lama di Sotto. Quatro horas depois, esta Cia. capturava novos prisioneiros e se assenhoreava das áreas de Lama di Sopra e Prodoscello.[25]

Para passar a noite foram preparados abrigos e instaladas posições de metralhadoras. "Finalmente veio a noite e com ela um forte e gélido granizo, cuja friagem varava nossos agasalhos e parecia chegar até os ossos!", escreveu Gonçalves depois da guerra. Em seu diário, a última anotação de 30 de outubro de 1944 diz que estavam "batendo os queixos e sempre temendo qualquer surpresa desagradável, acordando a todo instante, passamos a noite".[26]

Uma linha telefônica ligava o pelotão avançado ao capitão Tavares em Sommocolonia. Podia-se ouvir uma sanfona no posto de comando da companhia na cidadezinha, afirma o então tenente.

A 1ª Companhia ouviu sobressaltada a fuzilaria quando houve o primeiro contra-ataque, contra o pelotão da 3ª em Battosi. "A manhã está calma e com bom sol. Apenas se ouve de quando em quando o sibilar de nossas granadas, procurando o inimigo. Às 10h, porém, ouve-se uma grande fuzilaria lá para os lados da 3ª Cia. Percebe-se nitidamente a cadência da 'rasga papel'. De repente começa então o bombardeio alemão sobre a 3ª", recomeça o diário de Gonçalves no dia 31. As anotações do dia 31 só seriam terminadas mais tarde. Logo seria a vez deles.

A 1ª Companhia ficou esperando a sua vez. "Com fome, com frio, cansados até a exaustão, dormir de que jeito? Mas tentamos assim mesmo. Afinal, sempre se conseguia dormitar por alguns minutos em meio àquela barulheira toda", afirma Piske.[27]

Para evitar o risco de um cerco, pois havia um grande espaço vazio entre os pelotões, o 2º Pelotão, da 1ª Companhia, do tenente Carrão, aproximou-se mais, ficando à esquerda do 1º. O 2º tinha a princípio ficado em

Sommocolonia, segundo Gonçalves,[28] por desejo do capitão, contrariando as suas próprias ordens iniciais. Depois de protestos, ele foi mandado ao morro.

A 1ª Companhia foi uma das que, no contra-ataque, tinham alemães em frente. Era uma tropa de calibre diferente dos italianos. Só quando estavam a 50 metros é que começaram os tiros. "Apesar de toda a dramaticidade da situação, podíamos vê-los perfeitamente em seus uniformes verdeoliva, na cor e feitio idênticos aos nossos!", comenta o tenente Gonçalves, que também achou, erroneamente, que eram tropas das Waffen-SS.[29]

Os brasileiros estavam abrigados e puderam resistir ao primeiro ataque sem perdas. Os alemães recuam depois de sofrer algumas baixas. O capitão vai ao telefone perguntar o que acontece. O tenente informa e pede munição. O capitão diz que é impossível – não há munição nem como transportá-la. Começa então o segundo ataque.

Os alemães instalam uma metralhadora no flanco direito e com ela podem atirar sobre toda a crista. Alguns soldados precisam ser posicionados na retaguarda, pois alguns tiros já chegam dessa direção.

Gratagliano continuava com seu fuzil-metralhadora, mas logo ficaria sem munição. "Os alemães vieram em cima de nós. Aí nós tacamos fogo lá pra baixo, e eles chegaram perto. Já tinha acabado a munição. Eu estava com uma caixa de granada de mão e fui atirando e atirando..."[30]

"E quando tudo fazia crer que estávamos irremediavelmente perdidos, o F.M. do 1º G.C. acerta em cheio num grupo de homens em torno de uma metralhadora já colocada a menos de 20 metros de nós! Quase ao mesmo tempo o soldado Ferreira, com certeira 'bazucada' fazia calar a outra que já nos vinha fustigando pelo flanco direito", continua Gonçalves em sua descrição no livro de depoimentos, ainda abusando, de modo mais que compreensível, dos pontos de exclamação.

A artilharia brasileira tenta ajudar, atirando contra a cota 914, de onde vinham os alemães. Um dos tenentes, tenente Félix, dá coordenadas para os tiros. O verdadeiro observador avançado de artilharia, que deveria estar na frente, como diz o seu cargo, também ficou atrás com o capitão Tavares. O sargento relata uma ordem que recebeu de Gonçalves: "Piske, vá até aquela árvore com o telefone e oriente a artilharia até que eles acertem nesses f... d... p... Depois o Félix te substitui...".

A *nossa Segunda Guerra*

O soldado que deu o tiro com a bazuca, Armando Ferreira, descreveu o incidente:

> Quando o negócio começou a ferver, eles vieram de monte, avançando aos poucos. Observei um lance que eles deram e havia três caras na frente. Vi que um deles era o comandante. Eles se jogaram atrás de uma castanheira. Firmei a pontaria da bazuca na árvore. Na hora que eles levantaram para dar outro lance e o comandante levantou o braço e gritou, puxei o gatilho. Os três caíram para trás, no mesmo lugar.[31]

A bazuca tem um homem que faz a pontaria e dispara e um outro que a carrega por trás. Piske também estava junto de Ferreira – "pelo amor de Deus, faça pontaria direitinho", disse ele ao soldado antes de começarem.

> A granada partiu e explodiu no meio do grupo. Foi um belo tiro. Recarreguei a arma e assim fomos caçando alemães a torto e a direito. Chegamos à última granada, quando uma nova onda de ataque avançava sobre nós. O Ferreira fez pontaria numa árvore e lá se foram mais seis ou sete alemães pro beleléu...[32]

Mais uma curta pausa e vem novo ataque, quebrado pelas metralhadoras brasileiras, que matam aquele que parecia ser o comandante. Mais um telefonema – dessa vez o capitão ordena que a sua companhia retorne. Continua o diário de Gonçalves:

> Há uma pausa naquele inferno. Sei que já estamos no fim da munição. Peço ao capitão que diz não ter. Outra vez recrudesce a fuzilaria! Respondemos também. Grito aos homens para que economizem munição! A situação é de angústia! Já há uma hora que lutamos! Eis que recebo ordem do cap. cmt. da Cia. para retirar-me.

Conclui Gratagliano:

> Eles vieram em cima de nós... Tinha aquela munição suficiente para quando a gente subia, depois se providenciava mais... Aí o tenente percebeu e deu ordem de recuar... Quando nós nos retiramos coincidiu que também os alemães se retiraram, entendeu, eles não chegaram até o topo.

O recuo foi na hora certa. Quase sem munição, os pelotões iniciam o caminho de volta tentando não ser percebidos nesse momento vulnerabilíssimo. A 1ª Companhia consegue descer sem perdas. O Pelotão de Gonçalves

178

faz questão de não abandonar as armas ao inimigo e desce carregando todo o material. "Foi com grande satisfação que, já em Sommocolonia, constatei não faltar nenhum homem do pelotão. Aliás, afora vários ferimentos, a Cia. não sofreu nenhuma perda", diz ainda o diário do tenente.

O fato de os brasileiros na cota 906 terem rechaçado três ataques mostra a vantagem da posição mais elevada. Eram eles que ocupavam a crista da cota e eram os alemães que tinham que subir para desalojá-los – uma situação rara. A maior parte das vezes eram os Aliados que atacavam o inimigo morro acima. Nas próximas semanas, os brasileiros aprenderiam como é difícil atacar um inimigo entrincheirado no alto, capaz de enxergar os movimentos da tropa atacante embaixo. E o inverno estava começando. O granizo que Gonçalves notou era um prenúncio de neve.

Com a volta da 1ª, a 2ª Companhia se viu em apuros, pois era a que estava em posição mais avançada. Os alemães e italianos já tentavam flanqueá-la quando ela também recebeu ordens para se retirar, para Sommocolonia, de onde tinha partido o ataque. A 1ª foi enviada a Catagnana.

Com o malogro da operação, começaram as análises dos motivos. José Álfio Piason era oficial de informações do 1º Batalhão, e como tal recolheu os testemunhos dos participantes, tanto brasileiros como prisioneiros interrogados – além de ter falado no pós-guerra com os soldados que tinham sido aprisionados pelos alemães. "Cerca de doze horas durou a resistência de nossos homens, apesar de seu enorme cansaço, do frio intenso, de sua inferioridade numérica, mas principalmente de sua inferioridade em munições", escreveu Piason.[33]

O que levou Piason e Gonçalves a escreverem sobre o episódio foram os comentários que tinham ouvido de oficiais de Estado-Maior da FEB, que tacharam de covardes os soldados do batalhão. Mesmo antes de partir, quando os tenentes mostraram dúvidas sobre a validade da ação, já estavam sendo abusados. "Vocês estão com medo de meia dúzia de vagabundos. A pau eles sairão de lá!", foi uma das frases que Gonçalves anotou,[34] sem citar o nome de quem a disse. Cinquenta anos depois, ele conta ao autor o nome desse oficial: tenente-coronel João Almeida Freitas, o mesmo oficial que bajulou o general Zenóbio da Costa no jornal *Cruzeiro do Sul*.[35]

Os tenentes também ficaram irritados com o que leram no livro do general Mascarenhas de Moraes sobre a FEB. Escreveu o general, no livro publicado em 1947:

> Nossas tropas foram surpreendidas. Cansados de fatigantes jornadas e certos de que os elementos inimigos em contato não possuíam valor combativo, descuraram de certas medidas de segurança e nem sequer estabeleceram um razoável plano de fogos, arremates obrigatórios da manutenção de um objetivo conquistado.[36]

Em outras palavras: para o general a culpa não seria da falta de munição e suprimentos que o comando não enviara, mas da incompetência dos pelotões, que não teriam procedimentos de defesa, como instalar metralhadoras e cavar trincheiras individuais (os *fox-holes*, "buracos de raposa"). É compreensível a irritação dos que arriscaram a vida e não tiveram apoio, ao ser insultados desse modo pelo seu general.

Mas outros oficiais superiores foram mais compreensivos. Foi o caso do comandante do 1º Batalhão, major João Carlos Gross. "Sigam tranquilos, rapazes. Vocês cumpriram exemplarmente seu dever. Nessas circunstâncias, nenhuma tropa seguraria essa posição", disse ele aos soldados que voltaram a Sommocolonia, segundo Piske. O sargento também anotou quanto sobrou de munição: "Os 45 homens do Pelotão, mais uns 12 do Pelotão de petrechos, tinham 137 cartuchos. Pouco menos que três tiros para cada um!"[37]

Uma outra análise foi feita pelo então coronel Floriano de Lima Brayner, que seria o chefe de Estado-Maior da Divisão quando ela estivesse completa com os outros dois regimentos de infantaria. "Sofremos perdas. A segurança não funcionou. Os comandos faltaram. A tropa dormiu. Foi o primeiro insucesso do 6º RI, depois de um mês e meio de ininterruptos êxitos. Era o ensinamento que faltava".[38] Lima Brayner diz que todos concordaram em que a menor culpa era da tropa, o que é meia verdade, pois não faltaram destemperos e acusações de covardia. Ele coloca a maior parcela da culpa no Estado-Maior do general Zenóbio, que comandava a operação (Mascarenhas só comandaria quando a Divisão estivesse completa). E ele não perde a chance para alfinetar seu desafeto, o futuro presidente Castelo Branco. "Também cabia parte da responsabilidade ao Estado-Maior da Divisão, pois encontrava-se ao lado do Gen. Zenóbio, como seu assessor imediato, o próprio Chefe da 3ª Seção do Estado-Maior Divisionário, Ten-Cel. Humberto Castelo Branco."[39]

Que a lição fora aprendida pode ser verificado pelo relato de um dos envolvidos diretamente, o então primeiro-tenente João Evangelista Mendes da Rocha, da 2ª Companhia do 6º RI (ele viria mais tarde a comandar a companhia no lugar do capitão Ayrosa). Evangelista fez anotações em seu diário, depois reproduzidas em um pequeno livro. Escaldado com a falta de munição no episódio, ele fez questão de corrigir o problema em um novo ataque. Escreveu Evangelista:

> Desta vez avisei ao Btl.: só avanço com as mulas, logo atrás dos Pels, levando munição, pois o inimigo sempre aguarda o nosso ataque para desencadear em seguida seu contra-ataque. Não podíamos ser surpreendidos de novo e foi assim que, com a grande quantidade de munição transportada, mesmo através de um terreno exposto aos fogos, foi possível revidar com êxito o pesado golpe de mão que o inimigo desfechou sobre nossas posições, em especial em Montecavalloro.[40]

Outra lição não tão apropriada foi a obra do comando brasileiro. Rubem Braga assistiu ao ataque e ao revide ítalo-germânico em Barga. Escreveu uma crônica "bastante truncada pela censura". E mais grave: "no dia 1º de novembro foi proibido aos correspondentes ir ao *front*".[41]

O melhor epílogo para a história foi obra de um tenente que viu parte do drama do alto, bem do alto – mais até do que um general. O tenente Elber de Mello Henriques era observador do Exército, vinculado à 1ª ELO (Esquadrilha de Ligação e Observação), a unidade especializada em observar o tiro para a artilharia. Ele tinha chegado à Itália e estava inativo, à espera dos aviadores da FAB. Impaciente, chegou até a pedir para usar o avião do general Mascarenhas. "O velho nos respondeu com aquele 'não' característico", disse ele ao cronista da FAB na Itália, Rui Moreira Lima.[42] Ele e seu colega Adalberto Vilas Boas procuraram então, e conseguiram, uma missão como observadores em um avião americano. Ele relatou a Moreira Lima como foi a missão:

181

> De binóculo a tiracolo, pus-me a observar tudo lá embaixo. Quase não tive tempo de apreciar a paisagem. De repente o piloto apontou-me nas imediações de Castelnuovo di Garfagnana um movimento de tropa inimiga. Eram viaturas que vinham, descarregavam homens e material, voltando em seguida, repetindo a mesma manobra. Exagerando, parecia um pequeno formigueiro. Ao regressar, apressei-me a informar ao meu superior o que havia observado. Como era uma tropa que tomava posição em frente à nossa Infantaria Divisionária, alertei meu comandante da possibilidade de virmos a sofrer um ataque ao alvorecer do dia seguinte. Não me levaram a sério. Houve até um coronel que mandou dizer para eu deixar de sonhar acordado! No dia seguinte, porém, não vi a cara desse companheiro, mas soube dos maus momentos passados pelos brasileiros sob um vigoroso ataque inimigo. A tropa atacante era justamente aquela que reportei. Coisas da guerra. Afinal, eu e todos os componentes da FEB estávamos saindo da casca do ovo... A experiência vem depois. O maior mestre mesmo é o combate.[43]

Um relato como esse ajuda a entender o que o pessoal da linha de frente sentia sobre o comando na retaguarda.

Como oficial, Gonçalves tinha uma pistola americana Colt 45, mas preferiu ficar com a alemã P-38 que tinha tomado aos prisioneiros. Os oficiais de Estado-Maior, sempre que viam a pistola, queriam trocá-la por algo ou comprá-la. Gonçalves se recusava e ainda brincava: "lá em cima tá cheio", dizia, apontando para os morros ocupados pelo inimigo, com uma ironia difícil de esconder.

Mas, mais que ironia, muitas vezes havia mesmo hostilidade entre oficiais na frente e na retaguarda. Isso é comum em todos os exércitos (a situação era pior na Primeira Guerra, quando a frente era estática. Havia os homens das trincheiras; e os "generais de *châteaux*", que "comandavam" a partir de QGs em castelos franceses).

Na Segunda Guerra, mais móvel, os oficiais de Estado-Maior também corriam riscos – houve vários generais mortos e aprisionados. Mas esses eram a exceção. A regra era que o pessoal da frente é que sofria. Basta ver os números citados pelo general Mascarenhas. Dos mortos e feridos da FEB, de 16 de setembro de 1944 a 31 de dezembro de 1944, 97% eram da infantaria, contra 3% de artilharia, engenharia, cavalaria e "diversos"; de 10 de janeiro de 1945 a 2 de maio de 1945, a infantaria teve 92,5% das baixas, contra 3% de transmissões (uma atividade de

Um revés em Sommocolonia

Uma companhia: a 2ª Companhia do 1º Batalhão do 6º RI, comandada pelo capitão Ernani Ayrosa da Silva, em setembro de 1944. Ayrosa é o segundo à direita na primeira fileira; o terceiro é um médico que virou tenente de infantaria, Massaki Udihara.

infante, como colocar fios de telefone) e 4,5% de artilharia, engenharia, cavalaria, batalhão de saúde e "diversos".[44] Outros soldados da FEB com tarefas notadamente desagradáveis eram os soldados da engenharia, responsáveis por retirar minas explosivas do chão com as mãos. "A gente fazia o trabalho sujo no anonimato", diz Rudemar Marconi, ex-soldado da engenharia. Houve quem perdesse as duas mãos, embora as minas geralmente arrancassem o pé ou a perna.

Cinquenta anos depois, quando um veterano da FEB quer provocar um colega, usa um xingamento peculiar: "saco B". Chamar alguém de "saco B" equivale a dizer que o sujeito passou a guerra na retaguarda, sem participar de combates e não correndo risco de vida. O termo vem dos dois sacos de roupa que cada soldado tinha. O "saco A" tinha o equipamento que ele precisava levar para a linha de frente. O "saco B" continha roupas e utensílios que deveriam ser deixados na retaguarda, como os uniformes de passeio para usar em momentos de licença.

Os livros oficiais tendem a passar por cima dessa hostilidade e usam linguagem asséptica. Na verdade, era comum que os tenentes xingassem seus superiores pelo telefone – muitos dos quais compreendiam o destempero de quem está levando bomba na cabeça. Não se deve confundir isso com quebra de disciplina. Vários desses tenentes tornaram-se generais mais tarde (no auge do combate, descarregar a tensão xingando, principalmente o inimigo, é comum). No 6º RI, havia um tenente que costumava tratar os outros como "punheta" – não mudou em 50 anos. "Ô, seu punheta, leva essa metralhadora pra lá", é o exemplo de uma frase típica. E o 'punheta' não ficava ofendido. Guerra sem palavrões não é guerra.[45]

A FEB, como parte do 4º Corpo de Exército americano, também recebia as mesmas senhas e contrassenhas que os soldados dos EUA. Mas como poucos sabiam inglês, praticamente ninguém decorava as senhas. Já que as chances de um alemão falar português eram poucas, e, mesmo que falasse, provavelmente teria um sotaque forte, as "senhas" eram sempre improvisadas – geralmente palavrões ou trechos de músicas de carnaval. Durante a Batalha das Ardenas, na França e Bélgica, os alemães infiltraram tropas vestidas com uniformes americanos. Para evitar riscos, os americanos também improvisavam senhas – geralmente escalações de times de beisebol. E palavrões.

Um revés em Sommocolonia

Outro balanço da operação foi feito pelo coronel Segadas. Houve 153 prisioneiros inimigos, a maioria italianos; não se sabe quantos mortos e feridos os alemães e italianos tiveram. Os brasileiros tiveram 59 baixas – 15 mortos (entre os quais 2 oficiais), 36 feridos e 8 prisioneiros.

> Dois meses após, um regimento norte-americano que nos substituiu nessa posição tentou realizar a mesma operação e, ao ser contra-atacado pelos alemães, não conseguiu ao menos manter a base de partida, tendo perdido as vilas de Galicano, Albiano, Castagnano [sic] e Somacolonia e a cidade de Barga, que lhes entregáramos, e sendo necessário o emprego de um regimento da excelente Divisão Indiana para restabelecer a situação e recuperar essas localidades.[46]

O incidente com os americanos lembrado por Segadas merece ser contado neste ponto, embora tenha acontecido só no final do ano.

Por ser uma região onde as tropas aliadas inexperientes faziam "estágio", o vale do Serchio serviria muito bem a um ataque inimigo – além da maior facilidade de um ataque na direção norte-sul do que na direção sul-norte. No dia 23 de dezembro, os Aliados tiveram indicação de que havia uma concentração de forças do Eixo no setor mais a oeste da frente, na região da 92ª Divisão americana. Tomam-se precauções para reforçar a área com outras unidades, da 8ª Divisão indiana e da 85ª americana. Na noite de 25 para 26, começam as primeiras operações de sondagem ítalo-germânicas no vale do Serchio. Mais uma unidade aliada é indicada para ficar de reserva na região, a 1ª Divisão blindada, em Lucca. No dia 26, os alemães e italianos atacam a 92ª, forçando uma retirada generalizada.

Ironicamente, no dia seguinte, durante o qual continua a retirada da Divisão de negros, chega à Itália o primeiro escalão de uma unidade radicalmente diferente, cujo moral e espírito de corpo são tão elevados que beiram a arrogância. Trata-se da 10ª Divisão de Montanha, uma unidade hipertreinada, mas carente de experiência de combate, que ganhou a fama de ser composta por "mauricinhos" (é uma meia verdade) e lutaria depois ao lado dos brasileiros, como se verá adiante.

O general Mark Clark foi honesto ao se referir à Divisão de infantaria de negros, a única do gênero na Segunda Guerra: "Esse desempenho da 92ª – e foi um mau desempenho – desde então tem sido usado em várias ocasiões

185

A nossa Segunda Guerra

em um esforço para argumentar que não se pode confiar em que tropas de negros lutem bem em uma emergência", escreveu ele em suas memórias da guerra.[47] De fato, diz ele, das dez divisões americanas na Itália, foi a que teve pior desempenho, apesar de casos de heroísmo individuais, e do papel útil que a divisão teve depois na ofensiva final. Mas ele diz que havia um grande problema de liderança entre os negros, que foi necessário um tempo mais longo para treiná-los (porque havia muitos analfabetos na tropa), e que também havia uma relutância em aceitar responsabilidade pela disciplina rígida que a guerra pede. Clark, que se diz contra a discriminação, põe o dedo no ferimento: "Esse fracasso eu não vejo como um reflexo do soldado ou do oficial negro, mas como uma reflexão do nosso tratamento aos problemas das minorias em casa."

Os comentários de Mark Clark sobre os negros são particularmente importantes porque ele tinha consigo uma outra divisão que de início também era uma incógnita – a FEB. Por motivos óbvios de política de boa vizinhança, ele não poderia desancar os aliados brasileiros em declarações públicas quando os comandou. Em suas memórias ele poderia ser um pouco mais honesto, mas elas foram publicadas logo após a guerra. Lembrou o historiador Frank McCann:

> Seu diário e as entrevistas com o seu biógrafo revelam insatisfação e talvez frustração por ter tido que incluir em seu comando uma Divisão cujos oficiais subalternos tinham dificuldade em controlar seus homens mal treinados sob o fogo do inimigo. O biógrafo de Clark conta que ele considerava Mascarenhas um oficial "inconstante, uma palavra-código para não confiável", que "dava desculpas e via a presença dos brasileiros na Itália como um meio de ganhar prestígio; não estavam lá, disse ele francamente a Clark, para serem feitos em pedaços".[48]

Nas memórias, Frank McCann elogia a "capaz e compreensiva liderança" de Mascarenhas.[49] O biógrafo, Martin Blumenson, assim como muitos outros biógrafos, idolatra Clark. "Soberbo como planejador, ele revelou-se esplêndido como executor", escreveu em outro livro, em parceria com James Stokesbury[50] (exagero evidente; Clark, na opinião de outros, quase perdeu o controle durante o grande desembarque na Itália, em Salerno, em setembro de 1943. Por pouco não ordena o reembarque das tropas, o que teria sido desastroso para a causa aliada).

186

Ainda no dia 27 de dezembro, os indianos iniciam a estabilização da frente e a retomada do terreno perdido. Os problemas causados pela contraofensiva alemã, além das dificuldades naturais do inverno, fazem o comando do 5º Exército adiar a tentativa de tomar Bolonha. No último dia de 1944, as posições no vale do Serchio são basicamente as mesmas de quando os brasileiros saíram dali dois meses antes. Alguns pontos, como Gallicano, Castelvecchio e Albiano, só seriam tomados pela 92ª em 4 de fevereiro do novo ano.

Notas

[1] Manoel Thomaz Castelo Branco, *O Brasil na II Grande Guerra*, Rio de Janeiro, Biblioteca do Exército, 1960, p. 214.

[2] Frank McCann, *The Brazilian-American Alliance, 1937-1945,* Princeton, Princeton University Press, 1973, p. 273.

[3] Manoel Thomaz Castelo Branco (op. cit.) informa que o "normal" é uma frente de 3 mil metros ser atacada por um regimento (3 batalhões) à página 128. Por esse cálculo, o ataque deveria ter sido feito por pelo menos 4,5 batalhões, e não por apenas 1 batalhão reforçado, como foi o caso.

[4] João de Segadas Viana, "Anotações para a História da FEB", em *Revista Militar Brasileira*, Rio de Janeiro, Imprensa Militar, p. 42, 1946.

[5] Carlo Cornia, *Monterosa: storia della Divisione Alpina Monterosa della R.S.I.,* Udine, Del Bianco, 1971, p. 117. Agradeço a Cesar Campiani Maximiano por ter-me emprestado esse texto raro, que nunca vi mencionado na bibliografia brasileira sobre a FEB. Quase com certeza é inédito no país. Cesar recebeu a obra de um amigo italiano depois de ter escrito seu simpático livro *Onde estão nossos heróis: uma breve história dos brasileiros na Segundo Guerra* (São Paulo, edição do autor, 1995). É um livro honesto feito por um historiador jovem em início de carreira, que mereceria uma segunda edição, ampliada com novas pesquisas.

[6] O nome deste vilarejo costuma ser escrito de vários modos em livros brasileiros – por exemplo, Sommacolônia ou Somacolonia, ou o correto Sommocolonia. Os ex-combatentes costumam referir-se ao local deste jeito: "Soma" em vez de "Somo". É um erro explicável. Quando os franceses invadiram o Rio de Janeiro em 1711, costumavam se referir à "Ilha das Cabras", em vez do correto "Ilha das Cobras".

[7] Manoel Thomaz Castelo Branco, op. cit., p. 207.

[8] Idem, p. 210.

[9] As Waffen-SS eram o braço armado da SS, organização paramilitar nazista que era um verdadeiro Estado dentro do Estado, e que acabou criando suas Forças Armadas – um Exército dentro do Exército. As tropas da SS eram as mais fanáticas formações alemãs e também estavam entre as mais bem equipadas.

[10] William Waack, *As duas faces da glória: a FEB vista pelos seus aliados e inimigos*, Rio de Janeiro, Nova Fronteira, 1985, pp. 69-70.

[11] Carlo Cornia, op. cit.

[12] John Keegan, *The Second World Word*, New York, Penguin Books, 1990, p. 356.

[13] Carlo Cornia, op. cit., p. 117.

[14] Idem, p. 125.

[15] Idem.

[16] Idem.

[17] Manoel Thomaz Castelo Branco, op. cit., p. 212.

[18] José Gonçalves, "Nosso revés em Somacolonia", em Demócrito C. de Arruda et al., *Depoimento de oficiais da reserva sobre a FEB*, 2. ed., São Paulo, Ipê, 1949, pp. 183-99.

[19] Ferdinando Piske, *Anotações do "front" italiano*, Florianópolis, FCC Edições, 1984, pp. 69-70.

[20] Infelizmente, o capitão Tavares já morreu e não pude conseguir a sua versão do episódio, nem consegui descobrir algum relato seu por escrito. Mas todos os ex-combatentes que entrevistei que o conheceram – incluindo gente que não era da sua companhia – concordam com o que foi dito a respeito de suas atitudes.

[21] Entrevista ao autor, São Paulo, fevereiro de 1995. As ações que fizeram Gratagliano ser condecorado por americanos e brasileiros serão descritas no próximo capítulo.
[22] Em 1994, soldados brasileiros voltaram a ter a sensação ao caminhar pelo mato em Moçambique, onde paraquedistas faziam parte da força de paz das Nações Unidas. Não houve incidentes. Um oficial uruguaio da força de paz perdeu a perna ao sair da estrada e entrar no mato por um breve momento.
[23] Demócrito C. de Arruda et al., op. cit., p. 192.
[24] Ferdinando Piske, op. cit., p. 71.
[25] J. B. Mascarenhas de Moraes, *A FEB pelo seu comandante*, 2. ed., São Paulo, Instituto Progresso, 1947, p. 92.
[26] Diário de José Gonçalves, em seu arquivo pessoal.
[27] Ferdinando Piske, op. cit., p. 72.
[28] Entrevista ao autor, São Paulo, março de 1995.
[29] Isso não quer dizer que os brasileiros nunca encontraram os SS. Havia unidades SS no norte italiano, e nada impede que vez ou outra tenha havido contatos, embora nunca de grandes unidades. A situação é semelhante ao que aconteceu com os tanques inimigos. Há quem diga que tenha sido alvejado pelos aterradores tanques Tiger, os mais poderosos do arsenal alemão, que criaram também toda uma mística a respeito. Eles eram agrupados em um batalhão especial de tanques pesados (Schwere Heeres Panzer Abteilung). Mais uma vez, sabe-se que havia batalhões desses tanques na frente italiana, o 504 e o 508, mas os brasileiros podem ter sido alvejados por outros modelos, de silhueta parecida. Há muitas fotos de pracinhas em cima de outros modelos de blindados alemães.
[30] Entrevista ao autor, São Paulo, fevereiro de 1995.
[31] Citado em Cesar Campiani Maximiano, op. cit., pp. 39-40.
[32] Ferdinando Piske, op. cit., p. 75.
[33] Demócrito C. de Arruda et al., op. cit., p. 110.
[34] Idem, p. 191.
[35] Entrevista ao autor, São Paulo, março de 1995.
[36] J. B. Mascarenhas de Moraes, op. cit., p. 93.
[37] Ferdinando Piske, op. cit., pp. 75-6.
[38] Floriano de Lima Brayner, *A verdade sobre a FEB,* Rio de Janeiro, Civilização Brasileira, 1968, p. 185.
[39] Idem, p. 186.
[40] João Evangelista Mendes da Rocha, *Senha e contra-senha,* Rio de Janeiro, edição do autor, s.d., p. 26.
[41] Rubem Braga, *Crônicas da guerra na Itália,* Rio de Janeiro, Record, 1985, p. 39.
[42] Rui Moreira Lima, *Senta a pua!,* 2. ed. ampl., Belo Horizonte/Rio de Janeiro, Itatiaia/Instituto Histórico-Cultural da Aeronáutica, 1989, p. 341.
[43] Rubem Braga, op. cit.
[44] J. B. Mascarenhas de Moraes, op. cit., p. 306.
[45] Um excelente exemplo da verdadeira linguagem usada no campo de batalha infelizmente não está em português. E o livro *Dispatches*, do jornalista americano Michael Herr. Pode ser tudo uma questão de gerações. Os veteranos da Segunda Guerra tendem a ser mais pudicos quando escrevem. Não é o caso do livro desse jornalista americano que cobriu a Guerra do Vietnã.
[46] João de Segadas Viana, op. cit., p. 45.
[47] Mark W. Clark, *Calculated Risk*, New York, Harper & Brothers, 1950, pp. 413-5.
[48] Frank McCann, op. cit., p. 280.
[49] Mark W. Clark, op. cit., p. 451.
[50] Martin Blumenson e James L. Stokesbury, *Masters of the Art of Command*, Boston, Houghton Mifflin, 1975, p. 187.

Um monte chamado Castelo

No dia 2 de novembro, o comando do 5º Exército americano emitiu instruções – já delineadas verbalmente em conferência no dia 30 de outubro – para as futuras operações durante o inverno, uma estação na qual as ofensivas são notoriamente difíceis. Basicamente, tratava-se de consolidar o saliente existente na direção de Bolonha e fazer ações limitadas em seus flancos, tentando melhorar as posições.

Com a chegada das outras unidades da FEB, o general de divisão Mascarenhas de Moraes pôde assumir o comando da Divisão. Entre 3

A nossa Segunda Guerra

e 7 de novembro, os brasileiros substituíram tropas americanas na região do vale do rio Reno, sendo observados pelos alemães nas alturas. Entre os picos na frente brasileira estava Monte Castelo, alvo de quatro ataques malsucedidos antes de sua tomada em fevereiro de 1945.

Posicionados em lugares altos, os alemães podiam praticar tiro ao alvo em quem estivesse embaixo. Para evitar que fossem visados, os Aliados tiveram que se proteger em certos pontos fabricando uma perene cortina de fumaça. Havia uma "fábrica de fumaça" para manter a região baixa eternamente nublada.

Um dos alvos encobertos por fumaça era a ponte de Sila, ponto vital para o suprimento da frente brasileira. Para evitar ser atingidos, os caminhões e jipes passavam nela o mais rápido que podiam, porque mesmo com a fumaça os alemães podiam ouvir o ruído dos veículos se aproximando.

Nessa época ainda havia chances de se fazerem alguns avanços limitados, mas não era nada fácil. No dia 9 de novembro, a 8ª Divisão indiana toma o Monte Budriatto, devido a uma retirada alemã. No mesmo dia, a 46ª Divisão britânica tenta cruzar o rio Montone, mas é impedida pelo inimigo na outra margem. Um pelotão que cruzou foi perdido.

Quando alguém recorda da FEB hoje, 50 anos depois, o primeiro nome que surge é o de Monte Castelo. A tomada dessa elevação nos montes Apeninos ganhou um significado extra, muito acima da sua importância tática local. Virou um símbolo. Curiosamente, a tomada de Monte Castelo – que só se daria em fevereiro de 1945 – não foi a maior batalha, nem a mais sangrenta, da FEB nos 239 dias de luta no norte da Itália durante a Segunda Guerra Mundial. O Castelo é um monte sem nenhum charme especial (apesar do nome, não tem um castelo em cima). Mas em 1944, os brasileiros participaram de quatro ataques malsucedidos contra ele. Quem não conhece o significado tático da posição, uma entre outras do dispositivo alemão, tende a achar que ali ficava uma fortaleza inexpugnável. Depois de quatro derrotas, com feridos se acumulando nos hospitais e mortos deixados sem sepultura no morro, tomá-lo era uma questão de honra. E quando isso foi feito, o mito solidificou-se.

O primeiro e o segundo ataques (que alguns autores juntam em um só, por terem sido em dias subsequentes) foram feitos em 24 e 25 de novembro

190

sob responsabilidade de um grupo tático americano, a *Task Force 45* (Força-Tarefa 45), apoiado por um Batalhão da FEB, o 3° do 6° RI, além de seu Esquadrão de Reconhecimento e artilharia. Conseguiu-se pelo menos conquistar uma elevação importante, o Monte Belvedere. O 3° do 6° (o batalhão "navaia") teve 3 mortos e 30 feridos nessas operações. Houve falhas no reconhecimento antes do ataque, na coordenação com os americanos e no apoio de fogo deficiente. Principalmente, subestimou-se a defesa inimiga.

O terceiro ataque, de 29 de novembro, foi feito só pelos brasileiros. O principal esforço seria feito pelo 1° Batalhão do 1° RI e pelo 3° Batalhão do 11° RI, mas havia unidades do 6° RI apoiando o ataque em locais próximos. A reserva seria do 3° Batalhão do 6° RI, o mesmo que tinha participado dos ataques anteriores. Infelizmente, os alemães da 232ª Divisão de Infantaria expulsaram os americanos de Belvedere na véspera do ataque. Com isso, os brasileiros que tentavam subir o monte tinham que aturar fogo não só pela frente, mas também pelo flanco esquerdo. Não havia como dar certo, e não deu certo.

Foi o mais custoso dos ataques ao Castelo – 195 mortos, feridos e desaparecidos, segundo Manoel Thomaz Castelo Branco, que procurou explicar as causas do fracasso. Para ele, duas das falhas mais graves foram justamente o retraimento dos americanos de Belvedere, que deixou desguarnecido o flanco dos brasileiros; e também a ausência de um apoio de fogo intenso, incluindo mais artilharia e também caças-bombardeiros. Ele está certo.

Para defender seu ponto de vista, Manoel Thomaz Castelo Branco começa falando que as duas unidades empregadas eram "irmãs e de escol", apesar de serem "inexperientes, deixando transparecer novas dúvidas quanto à sua sorte". Em seguida, acrescenta: "Poderíamos, desde logo, atribuir o novo insucesso a essa circunstância, porém tais foram a fibra, a valentia e a determinação com que se empenharam, que somos levados a afastá-la e a procurar outras no meio do emaranhado dos acontecimentos."[1]

Sem perceber, ele acertou em cheio em uma boa explicação. As duas coisas – inexperiência e valentia – não são excludentes. Ao contrário, complementam-se perfeitamente para explicar por que certas unidades tiveram baixas significativas no dia 29 de novembro de 1944 – só o 1° Batalhão do 1° RI teve 157 baixas das 195. Ao avançar temerariamente, com inexperiência

A nossa Segunda Guerra

e valentia, eles foram dizimados pelos morteiros e metralhadoras alemães. Há um bom exemplo no próprio livro de Castelo Branco – embora seja uma descrição imprecisa, pois ele, como oficial de Estado-Maior, não acompanhou a tropa. Gerson Machado Pires, do 6º RI, que presenciou tanto o reconhecimento prévio como o ataque, dá uma versão mais realista. "Nesse ponto, o livro do Castelo é um romance", diz Gerson.[2]

Vamos ao "romance", à página 250:

> O 1º/1º RI avançou com a 3ª Cia. pela esquerda e a 1ª Cia. pela direita, mantendo a 2ª Cia em reserva.
>
> Lutando contra toda sorte de obstáculos, alguns elementos da 3ª Cia., galvanizados pela coragem e energia do Cap. Mandim, seu Cmt., atingiram a meia encosta do M. Castelo, acompanhados de perto por outros tantos bravos da 1ª Cia.
>
> Os cinco carros de combate norte-americanos que os acompanhavam progrediram cerca de 100 metros apenas, detendo-se logo à frente, alegando motivos de ordem técnica.
>
> Flanqueados por ajustados fogos que partiam de todas as direções, exaustos e abalados pelas inúmeras perdas sofridas pela manhã, inclusive a do Cap. Mandim, ferido gravemente na cabeça, os homens não puderam prosseguir no ataque, cedendo progressivamente o terreno conquistado, ao preço de novas perdas, até retornarem definitivamente às posições primitivas na linha de partida.
>
> A Cia. reserva chegou a receber ordens para apoiá-los. Todavia, não se animou a executá-las, frustrando-se a manobra.

A descrição permite ver a coragem, sem sombra de dúvida, de sujeitos avançando de peito aberto contra o inimigo. Quem lembra que o Castelo não tinha vegetação, destruída pelos combates, entende que era um ataque de bravura suicida, pois os atacantes não tinham proteção. Nesse sentido, a atitude da companhia de reserva e dos cinco tanques ("carros de combate") americanos não foi covardia, e sim prudência.

Faltou dizer o que tinha acontecido no dia anterior. Segundo Gerson, que estava em uma casa na área de onde partiriam os atacantes da 3ª Companhia, o capitão Salvador Gonçalves Mandim aparecera ali na véspera para reconhecer seus objetivos. Ele e seus oficiais se expunham à vista do inimigo, que

192

permanecia quieto. Gerson apontava para o alto e dizia que ali estavam os alemães. "Capitão, isso aqui não é Gericinó, o senhor está revelando a minha posição", disse ele, referindo-se ao local de treinamento do Exército no Rio de Janeiro. Não adiantou. "Você está com paúra", chegaram a lhe dizer.

Os alemães não deram chance à companhia de Mandim. "O homem não chegou a andar 200 metros. O alemão arrasou aquela companhia. Foi vapt-vupt", lembra Gerson.

Lima Brayner também lembra o caso de Mandim em palavras candentes: "A maior reação inimiga se opôs ao I/1º RI. O comandante da 3ª Companhia, Cap. Mandim, indiferente ao fogo diabólico do inimigo, procurava arrastar, bravamente, sua companhia para o objetivo. E o fez, enquanto não lhe faltaram as forças. Foi ferido gravemente na cabeça, depois de ver sua magnífica unidade estraçalhada."[3]

Sobrou também para o pelotão de Gerson, o 3º Pelotão da 8ª Companhia, que estava enfraquecido depois de perdas anteriores. O bombardeio de artilharia e morteiro feriu vários soldados; um estilhaço de granada se alojou no capacete do tenente Gerson. E morreu o soldado Benedito Eliseu dos Santos, natural de São Luiz do Paraitinga (SP). O boletim especial do Exército de 2 de dezembro de 1946, com a relação dos mortos da FEB, descreve o fim de Eliseu:

> Um grupo de seu pelotão foi obrigado a abandonar um abrigo destruído por bombardeio de artilharia inimiga, tendo deixado provisoriamente certo material no local. Em virtude da necessidade de reaver esse material, o soldado Eliseu ofereceu-se para ir buscá-lo sem se preocupar com o forte bombardeio da artilharia inimiga. Dirigiu-se para o local e, quando no abrigo dava cumprimento à missão, foi atingido por uma granada inimiga, caindo morto no local, tendo revelado bravura, iniciativa, calma e compreensão dos seus deveres.[4]

Gerson diz que essa descrição está incorreta. Eliseu foi morto pelo bombardeio dentro da casa em que estavam abrigados, mas não depois de sair e voltar a ela para apanhar algo. Segundo o tenente de 1944, o soldado ficou com o rosto irreconhecível.

Esse tipo de erro acontecia às vezes quando se colocava em papel o que tinha acontecido. O tenente de linha de frente não tinha acesso à papelada na retaguarda. O então tenente Tulio C. Campello de Souza contou, no livro de depoimentos dos oficiais de reserva, um exemplo de confusão de identidade entre dois soldados mortos (Rubem Braga também lembrou esse caso). Só muito tempo depois que os erros foram corrigidos pelo Exército. Ações atribuídas a uma pessoa podem ter sido feitas por outra.

O mesmo boletim traz uma desconcertante sequência de nomes, a maioria do 1º Batalhão do 1º RI, com a frase: "faleceu em ação no dia 29 de novembro de 1944, Monte Castelo, Itália". Muitos não têm a morte descrita em detalhe, como Eliseu. O decreto que lhes concedeu uma condecoração póstuma, geralmente a Cruz de Combate de 2ª classe, diz apenas: "por uma ação de feito excepcional na campanha da Itália".

Lima Brayner elenca uma quantidade enorme de erros (e, naturalmente, afirma ou sugere que a maioria era culpa do seu desafeto, tenente-coronel Humberto de Alencar Castelo Branco). Segundo ele, as tropas tiveram de marchar muito até a base de partida para o ataque; foram retiradas do treinamento, ainda incompleto; não foram alimentadas antes de atacar.[5] Acima de tudo, ele critica a forma como o ataque foi feito: "um ataque frontal morro acima". Uma farpa, injusta, foi endereçada aos cinco tanques americanos, "que não se solidarizaram com a Infantaria brasileira". No caso, solidarizar-se significava participar também de um ataque suicida.

O comandante do batalhão que mais sofreu, o então major Olívio Gondim de Uzeda, escreveu no pós-guerra que tinha sugerido aos seus superiores, dias antes do ataque, que o ideal seria fazer um ataque pelo flanco:

> Essa nossa ideia, dissemo-la a diversos de nossos chefes, comprometendo-nos a executá-la.
>
> E por que dias depois executamos o 3º ataque frontal do 4º Corpo de Exército ao Monte Castelo? Por ordem! Entretanto, ponderamos antes a nossa preferência pelo ataque de flanco, e confessamos nosso ponto de vista quanto aos inconvenientes gravíssimos que apresentava o ataque de frente ao Monte Castelo.[6]

Ordem não se discute, se cumpre, é a mais antiga das regras pelas quais vivem e morrem os militares. Uzeda cumpriu a sua, seus capitães, como Mandim, a cumpriram, e também o fizeram soldados como João Ferreira da Silva, condecorado postumamente com a Cruz de Combate de 1ª classe. Diz a citação de sua medalha:

> Durante o ataque ao Monte Castelo, o inimigo ocupava posições dominantes, de frente e de flanco. Nossa tropa avançava com grande dificuldade, sob pesado bombardeio e fogos ajustados de metralhadoras, até que foi detida e finalmente forçada a voltar à base de partida. Um homem, entretanto, progrediu infatigavelmente e sem temor, só sendo detido quando caiu morto, já quase no topo do monte: o soldado João Ferreira da Silva. Dado como desaparecido, seu cadáver só foi encontrado depois do ataque vitorioso de 21-II-1945, verificando-se então o quanto de bravura e espírito agressivo havia naquele soldado brasileiro.[7]

Esse exemplo mostra que o 1º RI tinha soldados capazes de atos de bravura, apesar de ser uma tropa sem experiência nem treinamento adequado. Lima Brayner afirma que esse também era o caso do comando. "Éramos ainda muito inexperientes e não sabíamos fazer o exame de consciência que o infortúnio ensina", escreveu ele.[8]

O próximo incidente grave a demonstrar a inexperiência dos brasileiros não teve resultados tão trágicos, mas o assunto é polêmico e delicado até hoje porque causou profunda vergonha a um batalhão de outra unidade novata: a debandada do 1º Batalhão do 11º RI na noite de 2 de dezembro. Foi mais uma salutar lição a aprender. Nesse sentido, a FEB teve até sorte no episódio, pois aconteceu em um momento calmo e não durante uma emergência real. Meses depois, o regimento mostraria que tinha aprendido a lição, e bem, com a tomada de Montese.

Mais uma vez é interessante ver o que vários dos envolvidos, com focos de visão distintos, têm a dizer – desculpas corretas ou esfarrapadas; análises sinceras ou tentativas de cobrir o sol com a peneira. Comecemos pelo alto, pelo general Mascarenhas. Ele faz um breve resumo da atividade inimiga na frente de 30 de novembro a 11 de dezembro, véspera de mais um ataque ao Castelo. A debandada do 1º Batalhão é assim descrita: "ataque na noite de 2 para 3 de dezembro na frente de Guanella, motivando um recuo do Batalhão do major Jacy (I/11º RI), sem consequências, felizmente, dada a intervenção oportuna do III/6º RI, que reocupou as posições."[9]

O então general Mascarenhas deu ao episódio a dimensão que achou correta: uma nota de rodapé no seu livro sobre a FEB. Ele não detalha o que foi o "ataque", nem o que ele causou, "um recuo". Ou seja, preferiu não tocar no assunto. A minidescrição não diz nada.

O então coronel Lima Brayner, com um livro chamado *A verdade sobre a FEB*, precisou dedicar bem mais espaço ao episódio, que julgou causado por "patrulhas alemãs, de efetivo crescente", que "abordaram energicamente toda a frente defendida pelo 1º Batalhão". O resultado foi que "formações inteiras retiravam-se desordenadamente. A irradiação do pânico, em plena escuridão, sob pressão inimiga, foi fulminante, tornando impossível e impraticável a ação do comandante do batalhão".[10] "Era um golpe da fatalidade, dessas que têm acontecido em todas as guerras e em todos os exércitos do mundo. Absolutamente imprevisível. Os mais surpreendidos foram os capitães, que se tornaram, por isso mesmo, os grandes responsáveis, pois eles é que tinham a tropa na mão diretamente", continuou ele. Para salvar a situação, foi necessário trazer de volta para a linha o batalhão "mais duramente provado de toda a tropa da FEB", segundo Brayner, o 3º do 6º RI (mais um argumento para Gerson Machado Pires em defesa do seu batalhão). Era uma tropa que estava exausta e entrando em descanso merecido, mas mesmo assim cumpriu as ordens para ocupar as posições que o batalhão que tinha fugido deixara vazias, criando um perigoso buraco na frente.

Pelo relato de Lima Brayner, foram "patrulhas alemãs, de efetivo crescente" que criaram o problema; já a descrição de um outro oficial de Estado-Maior, o então capitão Manoel Thomaz Castelo Branco, mostra que a crise foi causada principalmente por fogo de artilharia:

> Às 23h, aproximadamente, correu célere a notícia de que uma patrulha inimiga ameaçava o flanco esquerdo do batalhão, exatamente na frente da 1ª Cia.
>
> Temerosos e excitados, os homens dispararam as suas armas, frenética e desordenadamente, procurando, a qualquer preço, evitar que se aproximasse das suas linhas. Ribombaram os morteiros, crepitaram as metralhadoras e, como se não bastasse tanto fogo para repelir o fantasma, troaram, a pedido, os canhões.
>
> Os alemães reagiram com igual fúria, quem sabe temendo também um ataque![11]

De repente, tropas neófitas tinham que se deparar com uma barragem de artilharia que nunca tinham experimentado. Chegou um momento em que a 1ª Companhia debandou. "Poucos elementos da 1ª Cia. mantiveram-se nos seus postos, destacando-se, dentre eles, o 2º ten. José Resende Leite que, com o seu pelotão, suportou estoicamente todas as ameaças do inimigo que, afinal, não passaram de simples demonstrações", concluiu Castelo Branco.

Tanto Castelo Branco como Lima Brayner não estavam presentes na linha de frente. Os relatos mais interessantes são justamente daqueles que foram participantes diretos. Curiosamente, alguns desses relatos evitam mencionar nomes – apesar de serem conhecidos e constarem de outros livros ou artigos. É como se sentissem vergonha, como se os personagens do episódio tivessem se tornado intocáveis. Provavelmente não é essa a intenção, mas é esse o efeito.

O então capitão Adhemar Rivermar de Almeida, oficial de operações do Estado-Maior do Batalhão, escreveu sobre o incidente na *Revista do Exército Brasileiro* e em seu livro *Montese: marco glorioso de uma trajetória*. Na *Revista*, ele escreveu:

> A intensidade dos bombardeios e o emprego de grande número de armas automáticas, quer na base de fogos inimiga em Castelo, C. Vittelini e KM 16, quer dos elementos móveis, demonstravam que os alemães, julgando tratar-se da preparação de um novo ataque a Monte Castelo, tentavam desorganizá-lo antes da partida. Metralhadoras inimigas, as temidas "lurdinhas", instaladas nas melhores alturas, dominavam todos os pontos do terreno. As ações inimigas eram acompanhadas de bazucas e granadas de mão, constituindo verdadeiras ondas de ataque.[12]

Adhemar diz que as duas primeiras "ondas de ataque" foram desfechadas quase que exclusivamente contra a 1ª Companhia, que "resistiu bem, não obstante o extremo nervosismo do seu comandante". O pânico do capitão que a comandava, Carlos Frederico Cotrim Rodrigues Pereira, contaminou a tropa, que abandonou as posições. Com a saída dessa companhia de sua posição na frente, o major que comandava o batalhão, Jacy Guimarães, decidiu fazer toda a unidade retrair. Segundo Adhemar, o major alegou, em sua "Parte de Combate", que "elementos inimigos já faziam sentir sua presença, descendo a encosta, nas primeiras casas de Guanella, de onde começaram a atirar de metralhadoras sobre o PC [Posto de Comando]". Ademar diz que não pôde argumentar contra a decisão, pois começava então "uma retirada geral, sem ordem, sem comando, sem nada".

A ordem do major piorou a situação, fazendo as outras companhias aderirem ao pânico. O recuo debaixo de fogo é muitas vezes uma atividade militar ainda mais delicada que um ataque frontal. O comando tem que ter o controle completo da situação, e as próprias circunstâncias tornam isso impossível. Qualquer boato é amplificado, qualquer vulto se transforma em uma força inimiga na retaguarda. É como gritar "fogo" em um cinema lotado.

O resultado do episódio foi a substituição do capitão Cotrim na 1ª Companhia pelo capitão João Tarcísio Bueno. "Sentimento de inferioridade – estado ansioso" foi o diagnóstico psiquiátrico de Cotrim. Houve também a substituição do comandante da 2ª Companhia, capitão Sílvio Schleder Sobrinho, pelo capitão Carlos de Meira Matos. O major Jacy ficou no comando do 1º Batalhão até 16 de fevereiro de 1945. Foi retirado, de modo profilático, na véspera das novas ofensivas e substituído pelo major Manoel Rodrigues de Carvalho Lisboa.

Falta ainda a versão de um soldado. Ela pode ser encontrada em um dos livros mais explosivos escritos por um integrante da FEB: *Verdades e vergonhas da Força Expedicionária Brasileira*, de Leonércio Soares. Os nomes dos participantes estão ligeiramente modificados nesse livro. O capitão Cotrim virou "Godrim"; o major Jacy virou "Juacir"; o capitão Schleder passou a ser "Scheleder".

Leonércio lembra que o dia, com a chegada do batalhão à frente substituindo outras tropas, foi tranquilo: "O tiroteio começou no setor da 1ª Companhia. Umas poucas e distanciadas rajadas de metralhadoras alemãs foram também ouvidas em meio ao espocar dos tiros das armas brasileiras."[13] Começou então um crescendo, à medida que os soldados começavam a disparar com fuzis, metralhadoras, morteiros e em seguida entra a artilharia, tudo englobando uma frente de quatro quilômetros. Os alemães respondem no mesmo grau. Leonércio confirma o estado de "apreensão e insegurança" do capitão Cotrim/Godrim. Chega o momento em que a tensão é demais para o capitão. "A essa altura, Godrim já havia transmitido

198

ao major Juacir as mais assustadoras notícias de avanços e ataques incontidos das tropas alemás. Tudo inverossímil e fantasioso. E debanda, desordenadamente, arrastando consigo toda a 1ª Companhia."[14]

Leonércio não procura desculpas, pois não tinha nenhuma carreira a zelar (o comando do batalhão chegou a pensar em substituir o comandante da 1ª Companhia quando ele começou com suas alucinações, mas preferiu-se não destruir sua carreira). Ele é categórico:

> A verdade é (triste e decepcionante verdade!): não houve nenhum ataque de tropas alemás, na frente do 1º Batalhão, na noite de 2 de dezembro de 1944. Tudo que se disse, se afirmou e se escreveu sobre "ataques em quatro tempos ou ondas..." e ainda sobre os "...novos assédios do inimigo..." não passou de invencionices descabidas de visões fantásticas oriundas do pavor incontrolável que dominou certos escalões da tropa.

A explicação de Leonércio faz sentido. Os alemães observaram a movimentação despreocupada dos soldados inexperientes durante o dia e, como era hábito, começaram a dar tiros de morteiro e rajadas de metralhadora de noite. É uma tática de fazer provocações que outros veteranos dizem ser comum. Com isso, faziam o inimigo revelar as posições de suas armas, o erro mais comum de tropas novas. Comentando o trecho da "Parte de Combate" do major, citado anteriormente, Leonércio diz que ela foi redigida habilmente, quatro dias depois, para eximir-se de culpa e mostrar que de fato houve combate. Ele termina contando que a permanência de "Juacir" no posto deprimiu o batalhão, que contava com a sua substituição. E que, entre os capitães substituídos, houve uma injustiça no caso de "Scheleder", que terminou bode expiatório como os outros capitães.

O epílogo dessa história foi o apelido dado ao batalhão pelos outros expedicionários: "Laurindo". Havia uma música na época com o verso "Laurindo desce o morro".

Não era uma época de grandes ataques, muito menos por parte dos alemães. Se realmente tivesse acontecido um ataque, o batalhão em retirada desordenada teria sido massacrado, ainda mais se todas essas "ondas" de atacantes tivessem mesmo aparecido. O pessoal do 3º Batalhão do 6º RI que ocupou as posições do batalhão em fuga não encontrou indícios de um ataque de patrulhas.

199

No início de dezembro houve alguns sucessos na frente aliada, mas nada de espetacular. Em 4 de dezembro, o 2º Corpo polonês, no setor da frente do 8º Exército britânico, toma a cidade de Montecchio. No mesmo dia, o 1º Corpo canadense toma Ravenna e chega ao rio Lamone.

A ofensiva do 8º Exército britânico, na área de seu 5º Corpo, teve de ser suspensa no dia 9 de dezembro depois de contra-ataques alemães. Os ataques do inimigo foram contidos; mas isso enfraqueceu o Corpo a ponto de ele ter de parar com seu próprio ataque.

Fracassado também foi o quarto ataque ao Castelo, em 12 de dezembro, que durou apenas cinco horas antes de a retirada ter de ser feita. Chuva, lama, frio, céu encoberto conspiraram contra o sucesso. Com o céu encoberto, a aviação não poderia ajudar – e essa era a única área em que os Aliados tinham supremacia absoluta na Itália. O excesso de lama atrapalhava a ação dos tanques americanos no apoio ao ataque e fazia os soldados escorregarem nas encostas. O ataque de 12 de dezembro resultou em 145 baixas (mortos e feridos), 112 no 1º Regimento de Infantaria, 33 no 1º Batalhão do 11º RI, o mesmo que tivera a experiência da debandada 10 dias antes. Mais uma vez eram os dois regimentos novatos que sofriam.

Um dos problemas para os ataques ao Castelo em 1944 era a falta de cobertura. Em 1994, o morro estava coberto por uma vegetação luxuriante, que teria proporcionado boa proteção aos atacantes. Revendo a vegetação espessa do Castelo 50 anos depois, o mineiro Feliciano Costa Araújo foi taxativo: "Quem dera se na nossa época tivesse esse trem".[15] Os que escaparam mal podiam acreditar na sorte. "Quase que eu fui nessa", diz o ex-soldado do setor de transmissões Nilton Louro Pereira, que ainda por cima tinha de subir o morro com uma carga pesada, um rádio volumoso, "aquela caixa de bacalhau nas costas".[16]

Rubem Braga olhou o Castelo do alto, a bordo de um dos teco-tecos da 1ª ELO. Reparou que do lado alemão havia "um denso pinheiral com seu verde-escuro, contrastando com o 'nosso' lado, árido e liso, onde qualquer ataque tinha de ser feito sob os olhos e o fogo do inimigo entocado em suas fortificações lá em cima. Perguntei a mim mesmo se algum dia nossos homens galgariam aquela montanha maldita...".[17]

O ataque coincidiu com a visita do ministro da Aeronáutica, Salgado Filho, ao Quartel-General de Mascarenhas em Porretta-Terme, ciceroneado pelo general comandante do 4º Corpo, Willis D. Crittenberger. Quando o avanço começou a andar mal, o clima no QG ficou decididamente pesado.

Apesar de sua significação para os brasileiros, o ataque de 12 de dezembro não chega a ser mencionado em uma obra vasta e detalhista como a cronologia diária de operações do Exército dos EUA, publicada pelo seu Centro de História Militar, que relata os principais acontecimentos em todas as frentes e às vezes desce até a nível de batalhão nas informações.[18] Trata-se de uma falha difícil de explicar. As ações brasileiras são em geral mencionadas, por exemplo, a entrada na frente em 15 de setembro ou as tomadas de pequenas cidades como Massarosa (16 de setembro) ou Camaiore (18 de setembro). A tomada do Castelo já em fevereiro de 1945 também é citada. Mas a entrada relativa ao dia 12, para a área do 5º Exército americano, informa apenas que "na área do 13º Corpo britânico, os alemães, contra-atacando de madrugada, temporariamente fazem recuar uma posição da 19ª Brigada indiana no Monte Cerere. A 6ª Divisão blindada começa a segunda fase de sua ofensiva, na noite de 12-13, empregando a 61ª Brigada, que consegue colocar elementos em Tossignano, onde eles recebem forte pressão".

Depois do ataque ao Castelo de 12 de dezembro começou para a FEB o período conhecido como a "defensiva do inverno", que duraria até a tomada do morro em 21 de fevereiro de 1945, quando novas operações começariam, preliminares à ofensiva final aliada na frente italiana em abril.

Foi uma fase de guerra de patrulhas, de golpes de mão rápidos e violentos. O treinamento aconteceria agora na própria linha de frente, em condições nada tropicais. Na segunda quinzena de dezembro, a temperatura chegou a cair perto de 20º abaixo de zero.

Escreveu, 40 anos depois, o general Hélio Portocarrero de Castro, que durante toda a guerra comandou a 7ª Companhia do 6º RI:

> Nossas posições de combate eram muito próximas das linhas alemãs, com uma diferença: nós ficávamos nas baixadas, em situação de inferioridade, e o inimigo, nas partes altas do terreno, com bons observatórios. Exerciam severa vigilância e não perdoavam qualquer descuido. O remuniciamento e a distribuição de alimentos para os pelotões somente podiam ser feitos à noite, para consumo no dia seguinte e da própria noite. Durante o dia, só se admitiam deslocamentos individuais, rápidos e curtos.[19]

Ironicamente, essa descrição lembra o que acontecia aos alemães em relação à aviação aliada, que tinha quase total superioridade aérea na Itália nessa época. Um comboio de veículos alemão corria um risco suicida de andar em uma estrada à luz do dia. Mas na imediata linha de frente era outra história. Eram os Aliados que estavam mais vulneráveis.

Com instrução dada por americanos, houve até um curso de esqui para os brasileiros, que também receberam capotes brancos para camuflagem na neve. "O 6º RI tinha matriculados, no curso, três mato-grossenses, sendo um índio puro e dois filhos de branco com índio!", lembra seu comandante, coronel Segadas.

No dia 16 de dezembro, o marechal de campo sir Harold R. L. G. Alexander torna-se o comandante supremo aliado para o teatro de operações do Mediterrâneo, substituindo o marechal de campo sir Henry Maitland Wilson, que vai para a missão britânica em Washington. O general Mark Clark deixa então o comando do 5º Exército para assumir o controle dos 2 exércitos aliados na Itália, o 15º Grupo de Exércitos. O novo chefe do 5º passa a ser o general americano Lucian K. Truscott Jr.

Nos primeiros dias de janeiro de 1945, os exércitos aliados na Itália fazem remanejamentos de tropa na frente. No dia 9, o 5º Exército anuncia a decisão de só fazer a ofensiva em abril, quando terá mais tropas, mais munição, e o tempo será mais favorável. Um dos regimentos da 10ª de Montanha, o 86º, entra na linha de frente. Os remanejamentos de tropa servem para descansar formações que tinham lutado intensamente nos meses anteriores. Ao mesmo tempo, o comando americano toma medidas para treinar melhor suas tropas e manter os alemães ocupados sem descanso na frente.

Parte da instrução eram os ataques aos alemães, mas também partindo deles. Com isso a tropa foi adquirindo experiência. Cada unidade, cada soldado, tem muitos casos a contar. O major Olívio Gondim de Uzeda, do 1º Batalhão do 1º RI, lembra um daqueles raros episódios em que apareciam tanques alemães na frente. O terreno não era propício para blindados, que terminavam sendo usados como uma espécie de artilharia móvel. Só ao irromper no vale do rio Pó é que os tanques aliados puderam cumprir funções mais associadas a eles, como perseguições rápidas ao inimigo em retirada depois que sua frente foi rompida.

Um monte chamado Castelo

O general americano Mark Clark, comandante do 5º Exército americano e depois do 15º Grupo de Exércitos aliado, passa em revista tropas brasileiras.

A nossa Segunda Guerra

O batalhão de Uzeda foi substituir tropas do Esquadrão de Reconhecimento do capitão Plínio Pitaluga. Era o começo do inverno e ali eles deveriam esperar pela primavera, a estação de novos avanços. Nesse local, o povoado de Pietra Cobra, era hábito dos alemães trazerem 3 tanques, sempre às 6 horas da manhã. "Quando pedíamos tiros à nossa artilharia, já era tarde: eles tinham fugido!", lembra Uzeda, que resolveu chamar o comandante do pelotão de canhões antitanque, tenente Paulo Paiva, para fazer uma surpresa aos alemães. A ideia era colocar um dos canhões de calibre 57 mm na primeira linha. Para isso foi preciso usar bois para transportar o canhão e aplainar parte da estrada, tudo isso de noite.

Na manhã seguinte, a rotina dos tanques alemães foi bruscamente interrompida pelo pequeno canhão, além de morteiros e tiros da artilharia. Escreveu Uzeda:

> Alarmou-se o inimigo, julgou-se sob a preparação de um ataque vultoso a iniciar-se imediatamente. Desencadeou sua barragem, soltou uma série de sinais luminosos, movimentou-se, denunciou suas posições. As metralhadoras do batalhão caçavam os "super-homens"! O canhão 57 atingiu visivelmente um tanque! Desde então o "Fritz" diminuiu o seu entusiasmo![20]

Em outro ponto quente da frente houve, em 8 de janeiro, um combate noturno particularmente violento e a curta distância. A luta em meio à neve em Affrico incluiu até combate em um cemitério. Os brasileiros da 8ª Companhia do 6º RI revidaram ao fogo de metralhadoras e ao ataque de granadas de mão e conseguiram repelir os atacantes. "Foi esse o mais violento golpe de mão que sofremos no vale do Reno", disse o coronel Segadas Viana.[21]

Segundo um dos presentes, Gerson Machado Pires, dessa companhia, havia cerca de 60 alemães, que estavam pretendendo explodir uma ponte no rio Marano. Eles conseguiram se infiltrar em torno do pelotão do tenente Ubirajara Dolácio Mendes, que, surpreendido dentro de uma trincheira individual, precisou matar um soldado inimigo à queima-roupa. Um dos edifícios maiores da cidade era a igreja. "Eles deram a volta na igreja quando eu estava lá, jogaram granada de mão, a gente devolvia para eles", diz Gerson. A igreja era perto do cemitério. "A uma certa hora eu não tinha ligação com ninguém, tudo que era fio estava cortado. E o alemão ali em cima, lá no cemitério", continua ele. Afirma Gerson:

204

> Aí eu chamei o cara da bazuca, não me lembro bem o nome, ele não era do meu pelotão, era do pelotão do Tulio. Quando chegamos pertinho do cemitério, o bazuqueiro disse assim, "tenente, eu estou com vontade de cagar". Eu respondi: "pode cagar". Eu tô falando sério. Arriou a calça e todo mundo ficou esperando. O que eu podia fazer? Era o homem da bazuca... Aí nós encostamos o pessoal da granada no muro do cemitério e começamos a jogar granada dentro. Peguei o bazuqueiro e apontei o alvo pra ele, lá no fundo tinha aqueles nichos, quando dava o tiro era só osso que voava. Mas o alemão abandonou.

Outro ponto delicado da frente era um dos raros pontos altos das linhas brasileiras, a Torre di Nerone. Justamente por isso também foi alvo de ataques alemães intensos. Mas também era dominada por outras elevações. "Nossos homens só sobem à noite, com muito cuidado, sem qualquer luz nem ruído. Descer é mais fácil; alguns lances rápidos, homem a homem, encosta abaixo, e o nazista não tem tempo de ajustar a pontaria", explicou Rubem Braga.[22]

Como a frente estava relativamente estática, as unidades permaneciam por mais tempo em suas posições. Nenhum dos lados tinha fôlego para grandes ofensivas. Os soldados tinham que achar jeitos de sobreviver com o conforto possível. O Tulio citado por Gerson – tenente Tulio C. Campello de Souza – escreveu, no livro de depoimentos dos oficiais de reserva, que em Affrico – onde o inverno o prendeu por dois meses – "a instalação foi completa". Foram colocados fogões na cantina da casa que pertencera a um padre, havia até esse luxo na linha de frente, colchões. Conseguiram até ligar os telefones de campanha ao aparelho receptor de rádio do Pelotão de Transmissões, o que permitia ouvir música.[23] Tulio reconhece que era arriscado fazer alguém perder a vigilância por estar ouvindo música, mas admite que valia a pena. A guerra é feita de raros momentos de terror entremeados por longos momentos de chateação.

No mesmo regimento, um oficial e um sargento encontraram nessa fase da guerra tempo para namorar duas moças italianas – Giovanna e Genoveva – que moravam em uma casa no campo perto das posições das tropas brasileiras. Para facilitar a vida, os dois instalaram uma extensão do telefone de campanha na casa das garotas. Quando um oficial superior ligava, sempre encontrava os dois no "posto de comando" – ou o verdadeiro, ou a "extensão".

205

A nossa Segunda Guerra

Durante toda a guerra, os dois lados mantinham essa incessante atividade de patrulha. Uma maneira de fustigar o outro lado era preparar emboscadas no caminho dos patrulheiros inimigos. Um veterano, que participou desse tipo de emboscada, relata uma outra "modalidade": a patrulha com hora marcada. Foi um caso isolado, mas que mostra um lado curioso da guerra. Tratava-se de uma região da terra de ninguém que era útil aos dois lados, por se tratar de uma cidadezinha. Não seria conveniente brigar dentro dela. Por sugestão dos alemães, foi feito um acordo informal: eles patrulhavam de manhã, os brasileiros de tarde, e ninguém de noite... (o ex-combatente que prestou essa informação e a sua unidade devem, obviamente, permanecer anônimos). Recados foram deixados com um italiano e o trato selado. Esse tipo de acordo já foi descrito em outras frentes e outras guerras. Em pontos importantes da frente desse mesmo pelotão, porém, ainda prevalecia o patrulhamento "normal".

Esse tipo de situação não deve passar a impressão errada. O historiador John Keegan disse que a campanha na Itália foi mais custosa para a infantaria do que a guerra na França. O terreno favorecia muito mais a defesa, com uma "riqueza de obstáculos" como rios, lagos, colinas isoladas, montanhas e desfiladeiros. E para os Aliados, depois da invasão da França, passou a ser uma campanha marginal. Escreveu Keegan:

> As perdas e as privações eram mais difíceis de suportar, particularmente para os Aliados, por causa da marginalidade da campanha. Os alemães sabiam que estavam mantendo o inimigo a uma distância curta da fronteira sul do Reich. Aos Aliados, depois do Dia D, foi negada qualquer sensação de se estar lutando uma campanha decisiva. Na melhor hipótese mantinham uma ameaça ao "ventre mole" [frase de Churchill] da Europa de Hitler; na pior, estavam apenas prendendo ali divisões inimigas.

Referindo-se tanto aos alemães como aos Aliados, ele disse que o fato de continuarem a lutar quando o inverno imobilizou a frente no Natal de 1944 "foi um tributo ao seu senso de propósito e à sua firmeza de coração".[24] É mais um argumento – como se ainda fosse necessário – mostrando o quanto ainda eram aguerridas as tropas alemãs em 1944-1945.

Um exemplo de patrulha pode ser extraído de um relatório típico, de 25 de março de 1945, enviado por um comandante de companhia – no

206

caso, a 8ª – para seu comandante de batalhão – no caso, o 3º do 6º RI. O relato começa no tom respeitoso de praxe: "Comunico-vos que foi realizado, nas seguintes condições, o golpe de mão determinado pelo IV Corpo a fim de fazer prisioneiros em C. Campidelli (526-209)". O tom impessoal do texto esconde uma tarefa nada simples: sair pela terra de ninguém até o objetivo previsto, achar o inimigo e trazê-lo de volta vivo! O comandante do golpe de mão era o tenente Nestor Corbiniano de Andrade, que estava acompanhado por um grupo de combate comandado por dois sargentos, Décio Augusto Neves e Onofre dos Santos. O relatório mostra que havia outro grupo de reserva, e relaciona como seria feito o eventual apoio de artilharia, tanques, morteiro e metralhadora pesada.

O grupo saiu "aproveitando ainda o clarão do luar" e cercou duas casas. Conseguiram surpreender as guarnições alemãs que estavam nessas casas, "que não tiveram tempo de oferecer resistência". Em cada casa foram feitos quatro prisioneiros. Continuando a missão, revistaram outras casas mais adiante, sem nada encontrar. O tenente, então, "mantendo elementos de vigilância que se alternavam na retirada, partiu imediatamente para o S., conduzindo armas e prisioneiros". Ao chegarem perto das linhas brasileiras, em locais onde o retraimento era feito à vista do inimigo, foram deslanchados os fogos de cobertura de artilharia. Não houve reação do inimigo, e os Aliados tinham em mãos mais 4 cabos e 4 soldados da 5ª Companhia, 3º Batalhão, 1.044º Regimento de Infantaria alemão, junto a 1 metralhadora e 5 fuzis, tendo ficado no local outras armas que não era possível carregar. A volta durou 1 hora e meia, morro acima.[25]

A mesma dupla de soldados que teve papel de destaque na luta na cota 906, no final de outubro de 1944, participou de uma típica armadilha aos alemães na região de Boscaccio, ao lado do morro de Soprassasso. Trata-se de Vicente Gratagliano e Armando Ferreira, do 1º Pelotão, 1ª Companhia, 1º Batalhão, 6º RI. Gratagliano narra o incidente:

> Aconteceu que eu estava de sentinela. Eu pegava das onze horas à uma, duas da manhã. Um companheiro meu que faleceu agora, no mês passado, o Armando Ferreira, fez uma armadilha em uma cancela, com granadas, uma para iluminar, um negócio pequenininho. Era meia-noite e meia, quinze para uma. Eu tava quase que sonolento, quieto. Aí escutei

um barulho, acordei. Aquele barulho era a cancela se abrindo. Assim que eles abriram acendeu o negócio. Clareou, logo de cara eu vi que tinha uma meia dúzia. Um bando de alemão tudo de branco, de capa branca. Ah, na hora eu meti fogo em cima, não quis nem saber. Aí do outro lado, onde tava o Armando e o (Ferdinando) Palermo, eu virava e vi que tinha mais uns três ou quatro. Quando viram aquela iluminação, eles atiraram pro lado onde estava o Palermo. Atiraram no lado e eu meti fogo. Não vi mais nada. A turma tava tudo dormindo. Aí veio o Gonçalves. Depois me deu uma tremedeira, um nervoso.[26]

As granadas não chegaram a explodir, apenas o cartucho de iluminação acendeu. O tenente José Gonçalves também recorda o acontecido:

Um dia o Ferreira chegou para mim com uns fios e um balde de granadas para fazer a armadilha. A neve estava caindo, a temperatura era de 18 graus negativos, segundo os boletins na retaguarda. As árvores nem tinham mais galhos. Ferreira era muito engenhoso. Ele até botou um pano sobre o seu buraco para não cair neve dentro.

Quando a armadilha disparou, ele estava dormindo. "Uma noite no abrigo eu ouço uma rajada de metralhadora nossa. Saí como uma mola da posição. Era o Gratagliano. 'Tenente, tem gente lá', ele me disse. O Ferreira estava debaixo da sua barraquinha. Quando saiu a rajada, os alemães do outro lado atiraram e derrubaram a barraquinha do Ferreira".[27] Ferreira mostra o resultado: "contei nove furos no oleado".[28]

O sargento Ferdinando Piske descreve a posição:

Boscaccio é um PA [Posto Avançado] do outro lado do Soprassasso. Fica situado a meia encosta do morro gigantesco, e de lá se avista perfeitamente a cidade de Castelnuovo, onde a FEB escreveria uma das mais belas páginas da sua história.

A posição, encravada no meio da encosta, tem a forma de um seio de mulher. À esquerda, cerca de 300 metros, fica o nariz do Soprassasso, porém, projetado bem para trás de Boscaccio, de forma que os alemães ali instalados, na verdade, estão na retaguarda das posições brasileiras. À frente, fica a vila de Precária, ocupada pelos alemães; à direita, outro morrinho, igual a Boscaccio, de forma que aquela parte do terreno é como se uma mulher, de seios fartos, estivesse deitada ali.

Para chegar a Boscaccio, tinha-se de ir primeiramente a Monzone, uma vila cerca de 500 metros para trás, mais perto de Riola, onde está instalado

Um monte chamado Castelo

o PC da Companhia. Depois passa-se por Casa Rosa e dali, passando pelo outro morrinho, se inicia a subida do morro. É a única estrada existente. Nos fundos de Boscaccio há um formidável precipício e a ravina entre Boscaccio e Soprassasso foi fortemente minada pelos alemães.[29]

O pelotão ficou oito dias consecutivos nessa posição avançada, onde estavam sujeitos a receber não só granadas de morteiro, mas até mesmo, em alguns pontos, tiro direto de metralhadora dos alemães. Gonçalves tinha recebido ordem para ocupar a posição não do comandante da sua Companhia, a 1ª, mas do oficial que tomara Camaiore, capitão Ernani Ayrosa, da 2ª Companhia, a quem seu pelotão ficou adido provisoriamente.

A posição deveria ser ocupada por 60 homens. Os soldados da 2ª Companhia não se mantiveram no local e voltaram, necessitando por isso da ajuda do pelotão de Gonçalves. O primeiro grupo de combate (fração de pelotão) que ele mandara subir também não tinha conseguido ficar lá. Ayrosa soube disso e ordenou que outro subisse. "A fim de que não se repita o que se deu com o primeiro, este grupo deverá ser levado pelo Ten. Cmt. do Pel. que só deverá descer de Boscaccio quando a tropa se achar instalada no terreno", escreveu Ayrosa em sua ordem para Gonçalves.[30]

No caminho, o grupo topou com manchas de sangue sobre a neve, que o tenente mandou rapidamente cobrir para não abalar o moral da tropa que vinha atrás. "Os alemães tinham botado pra correr 60 homens. Nós subimos com 17", diz ele. Os soldados se espalharam para ocupar as posições. A noite estava começando a cair quando Gonçalves foi a um paiol de palha e abriu cuidadosamente um buraco na parede. Pelo buraco pôde ver uma patrulha alemã subindo, a uns 50 metros de distância. Mas não teve tempo de preparar uma armadilha. Um sargento disparou nervoso contra os alemães, que, alertados, recuaram – mas já sabendo que o posto avançado voltara a ser ocupado.

Nessa primeira noite, dormir deve ter sido quase impossível na expectativa de um contra-ataque. As posições de tiro que eles encontraram eram improvisadas, havia mesmo um ponto fora do campo de visão, o que obrigava a um sentinela ficar isolado adiante do grupo de combate. No dia seguinte chegou o restante do pelotão.

"Dentro do buraco, com o ouvido na linha do chão, se ouvia muito bem", diz Gonçalves. Era possível ouvir na noite quieta sons que

209

A nossa Segunda Guerra

lembravam o movimento de patrulhas inimigas se aproximando da posição. Uma noite, quando o pelotão achava que seria alvo de um ataque, de repente cai uma salva de tiros de morteiro na posição de onde atacariam os alemães. Era o tenente Eurípedes Simões de Paula, com seus morteiros de calibre 81 mm, "dando uma caquerada" em torno do pelotão. "Foi a nossa salvação", lembra Gonçalves, que telefonou a Simões no dia seguinte para descobrir o motivo dos disparos. Não havia nenhum em especial. Simões de Paula, preocupado com o isolamento do amigo, resolvera fazer uma limpeza profilática do terreno em torno. Ele não era o único a se preocupar com a tropa isolada no morro. O comandante do 1º Batalhão, major Gross, chegou a telefonar ao tenente dando apoio moral. "Não se esqueça de que você foi do 10º BCR [Batalhão de Caçadores da Reserva]", disse ele certa vez, apelando ao orgulho tribal de Gonçalves (tratava-se da unidade paulista em que ambos combateram na Revolução de 1932).

Gratagliano pôde ajudar seu pelotão de maneira importante várias vezes. Ele tinha mais poder de fogo do que a maioria dos fuzileiros, pois era um dos que manejavam o F.M. (fuzil-metralhadora B.A.R., *Browning Automatic Rifle*). Já em 5 de março de 1945, ele fez isso de modo crucial, em um ataque ao Soprassasso:

> Quando nosso pelotão estava atacando, tinha uma metralhadora alemã que estava segurando o pelotão. Os outros estavam avançando, mas tinha uma metralhadora que estava segurando nós. Aí então eu fui para o lado esquerdo, subi uma elevação – tinha uma pequena elevação – e fui de lado, eu com o F.M. e mais um rapaz que carregava munição, o Araújo. Então eu fui contornando, e aquela lurdinha lá tava atirando pra baixo. Quando dei por conta, saí na clareira, do lado do alemão, ele ainda atirando e eu já estava do lado, a uns 50 metros. Fiquei escondido para eles não me verem. Aí eu dei um jeito de pôr a metralhadora numa posição porque eles não me viam, eles estavam virados pro outro lado. Comecei a atirar em cima do alemão e ali eles pararam de atirar e se renderam.[31]

Gratagliano recebeu duas condecorações importantes pelo seu uso criterioso do fuzil-metralhadora B.A.R.: a *Silver Star* (estrela de prata) americana e a brasileira Cruz de Combate de 1ª classe. Depois da guerra, foi durante mais de 40 anos peixeiro em uma feira livre de São Paulo no bairro do Ipiranga (devem ter sido milhares os fregueses que nunca suspeitaram da identidade prévia do feirante, assim como muitos alunos de Eurípedes Simões de Paula na Universidade de São Paulo ou os clientes da indústria gráfica do empresário José Gonçalves em Alphaville).

As "lurdinhas" que aparecem em toda parte nesses relatos merecem mais que uma breve menção. Elas estavam por trás de boa parte do sucesso alemão e revolucionaram o combate de infantaria na Segunda Guerra, tornando-se os protótipos das metralhadoras modernas de emprego múltiplo. A culpa de sua existência em grande número nas Forças Armadas alemãs pertence, ironicamente, aos Aliados de 1914-1918.

Havia dois tipos básicos de metralhadora: a pesada, de calibre maior, que pelo seu peso geralmente servia para a defesa de posições estáticas; e a leve, de calibre menor e capaz de ser transportada por um grupo de combate em movimento. A metralhadora pesada padrão americana, a Browning .50 (12,7 mm), pesava 38,1 kg. Já as metralhadoras leves têm peso em torno dos 10 kg.

Depois da Primeira Guerra, os Aliados incluíram no Tratado de Versalhes uma cláusula que proibia a fabricação de metralhadoras pesadas. Os inventivos alemães produziram então uma metralhadora usando munição com calibre de fuzil – 7,92 mm, capaz de disparar de 800 a 900 tiros por minuto e pesando apenas 11,5 kg com o seu bipé. A MG 34, adaptada a um tripé, podia ter o mesmo papel das colegas bem mais pesadas. Com a capacidade de trocar rapidamente o cano aquecido pelos disparos, ela podia manter um fogo contínuo. O único problema da MG 34 era o seu custo. Uma metralhadora de fabricação mais barata, a MG 42, foi então criada, mantendo as mesmas boas qualidades da MG 34. Também tinha carregadores de fita de 50 balas cada um e podia atirar ainda mais rápido – cerca de 1.500 tiros por minuto.

A disponibilidade dessa arma, aliada ao valor que os alemães deram às metralhadoras na Primeira Guerra, fez com que adotassem uma doutrina diferente para o combate de infantaria daquela que era comum no Exército dos EUA – e, por extensão, da FEB.

O grupo de combate americano típico tinha 12 homens, um dos quais carregava uma arma híbrida, o já citado B.A.R., que era um misto de fuzil pesado e metralhadora leve. Dispunha de um carregador de apenas 20 balas e

211

sua cadência de tiro máxima era de 600 tiros por minuto. Os outros soldados tinham fuzis, geralmente o excelente Garand M-1, às vezes (como muitos brasileiros) o mais antigo Springfield. Para os americanos, o fogo combinado dos fuzis apoiados pelo B.A.R. era a chave do combate de infantaria.

Já os alemães tinham grupos de combate menores, de 9 homens, mas o seu ponto focal era o operador da MG 34 (ou MG 42). O resto carregava ou submetralhadoras (como o chefe do grupo) ou fuzis. Isso dava às unidades alemãs de tamanho comparável maior poder de fogo. "Em 1944, os 193 homens da companhia média de fuzileiros americanos eram apoiados por duas metralhadoras, que estavam em um pelotão separado de petrechos, além de nove B.A.R.s. Em dramático contraste, uma companhia alemã de 142 homens tinha 15 metralhadoras, mais 28 submetralhadoras, todas distribuídas integralmente dentro de cada grupo de combate", diz um artigo publicado em uma revista de história militar americana.[32] As MGs alemãs causaram tamanho impacto nos americanos que de início eles tentaram copiá-las. Não deu certo, e em 1957 eles introduziram um modelo próprio de metralhadora de emprego múltiplo, a M-60, que foi largamente empregada na Guerra do Vietnã.

Tomar as elevações, incluindo o Castelo, era importantíssimo para que os Aliados tivessem um "trampolim" para a ofensiva final futura. E em muitos pontos, como no Castelo, as elevações vizinhas tinham que ser tomadas simultaneamente, para evitar que a tropa avançando recebesse tiro pelos flancos, de várias MGs e outros petrechos similares.

Com todas essas montanhas, não havia espaço para os carros blindados do Esquadrão de Reconhecimento, que tiveram de ser postos de lado enquanto seus ocupantes viravam infantes e tinham de lidar com curiosos aliados. "Estivemos inicialmente na defensiva. O esquadrão tinha um reforço de dois grupos de guerrilheiros, um comunista e outro democrata cristão. Tinha que lutar com os dois. Botava um distante do outro. Era uma frente de 3, 4, 5 km, com todos os pelotões engajados", lembra o seu comandante, Plínio Pitaluga. Seus cavalarianos-tornados-infantes foram depois substituídos na frente pelo 1º Batalhão do 1º RI, do major Uzeda. "Esse comandante de infantaria ficou surpreso de ver como ele, com um batalhão de 800 homens, substituiu um esquadrão de 120 homens com dois reforços de guerrilheiros, que só trabalhavam à noite". Uzeda, depois que se tornou general, escreveu um elogio ao esquadrão, "um punhado de gente" que defendeu aquele trecho de cerca de cinco quilômetros – a cada dia, disse ele, "mais admirava aqueles infantes improvisados". Para Pitaluga, "esse é o maior elogio que eu tenho da guerra".

Ficar preso aos morros devia ser particularmente irritante para uma tropa cuja razão de ser é o movimento. "É uma tropa com instrução especializada. O sujeito deve saber atirar, falar no rádio, dirigir uma viatura. Atirar de canhão, de morteiro, tem que fazer de tudo, é uma tropa muito difícil de ser comandada, de ser preparada", diz o capitão.

Monte Castelo só foi tomado em 21 de fevereiro de 1945 graças a um ataque simultâneo às várias elevações próximas. Para a nova tentativa, os Aliados dispunham de um trunfo: a 10ª Divisão de Montanha, uma tropa de elite especialíssima, formada por homens acostumados à vida em regiões altas dos Estados Unidos, altamente treinada e dispondo de equipamento especial.

Seria difícil encontrar um contraste maior entre a 1ª de Montanha, a divisão dos "mauricinhos", e a 92ª de Infantaria, a dos negros. Uma é a dos excluídos do sonho americano, mas que apesar disso deveriam lutar para defendê-lo, o que inclui a sua própria segregação. A outra inclui uma mistura eclética de montanheses e filhos da elite, sem experiência de combate, mas ávidos por mostrar o que aprenderam. Um dos livros mais arrogantes sobre a 10ª tem um subtítulo significativo: "a história da 10ª Divisão de Montanha, seu desempenho em combate na Segunda Guerra Mundial e sua influência no desenvolvimento do esqui nos Estados Unidos".[33] Ou seja, os feitos da divisão em combate são igualados em importância à difusão de um esporte na classe média americana.

Um artigo bajulando a 10ª de Montanha na revista *Yank*, do Exército Americano, saiu pela culatra. O artigo mencionava o "alto QI" dos soldados da divisão, chamando-a de unidade de "elite" e mostrando que havia muito "sangue azul" nela. Até um documento alemão capturado dizia que ela tinha "jovens de famílias ricas ou politicamente influentes". Mauricinhos ou não, nos dias seguintes membros da divisão eram regularmente convidados para brigas por soldados de unidades não tão chiques como as 34ª, 85ª, 88ª e 91ª Divisões de Infantaria, e que já estavam há bem mais tempo em combate.[34]

Tudo isso acontecia porque o pessoal da Divisão de Montanha queria mostrar serviço. Ela era uma coisa exótica no Exército dos EUA, e sua estreia em ação foi um fiasco. No ataque a Kiska, ilha pertencente ao estado americano do Alasca, não havia japoneses para combater, e soldados da 10ª terminaram atirando uns contra os outros. O livro, escrito por um ex-oficial da divisão, é um bom exemplo de obra em que o autor não presta atenção no que acontece em torno e acha que sua experiência é suficiente (com razoável dose de imodéstia, ele diz que a 10ª era "a melhor divisão que já serviu no Exército dos Estados Unidos"). Em uma das poucas referências que faz à FEB, ele a trata como a pequena Força Expedicionária Brasileira. Como é notório, a FEB era a mesma coisa que a 10ª: uma divisão.[35]

Em 16 de fevereiro, o 5º Exército ordena ao 4º Corpo que faça ataques limitados para melhorar as posições aliadas a oeste da rota 64, a rodovia que corre na direção norte-sul e passa por Bolonha. A rodovia era importante para o abastecimento. Seriam os ataques feitos aos montes Belvedere, na primeira ação de vulto pela 10ª, e Castelo, mais uma tentativa da FEB.

A tomada do Castelo no quinto ataque ganhou um simbolismo tão forte que houve quem procurasse diminuir a importância da vitória, em vez de colocá-la no contexto, como o já citado livro do jornalista brasileiro William José Waack. O historiador americano Frank D. McCann refuta os argumentos do jornalista:

> Waack também procurou minimizar a importância da vitória observando que os veteranos alemães lhe disseram que raramente tinham mais de cinquenta homens guarnecendo qualquer posição naquela área. Ele não levou em conta que aqueles grupos de cinquenta controlavam elevações de onde disparavam ao longo de trajetórias predeterminadas que cobriam todos os acessos. É fato tão sabido na cultura militar que são necessários menos homens para defender posições elevadas do que para conquistá-las, que é quase embaraçoso realçá-lo.[36]

O artigo na revista americana citado pouco atrás mostra o óbvio:

> mesmo que estivesse com apenas 50 homens, uma companhia alemã era capaz de reter tropas aliadas atacantes em uma frente de mil jardas, desde que todas as suas quinze MG 42 estivessem funcionando e os 20 soldados que não estivessem com as metralhadoras pudessem supri-las continuamente com munição.[37]

Além dessas metralhadoras orgânicas às companhias, havia também no batalhão alemão o equivalente da companhia especializada de armas pesadas (as "companhias de petrechos pesados" brasileiras), com as mesmas MGs, mas com tripés para funcionarem como "pesadas".

McCann lembra algo que Waack deixou de observar: na área Campiano-Belvedere-Castelo havia 97 canhões alemães em posição. E é bom lembrar também que, à medida que eram expulsos de posições pelos americanos, os alemães se retraíam para o setor brasileiro.

O ataque começou com os americanos da 10ª, à esquerda, tomando os montes Belvedere e Gorgolesco, de onde os alemães poderiam alvejar os brasileiros, à direita.

Durante a noite de 18 para 19 de fevereiro, a 10ª de Montanha mostra suas habilidades especiais, quando um de seus batalhões escala um penhasco íngreme, Sarasiccia-Campania, e pega os alemães de surpresa. A principal força de ataque da 10ª se prepara então para o ataque aos montes Belvedere-Gorgolesco.

No dia 19, os alemães tentam contra-atacar a 10ª em Sarasiccia-Campania, mas são repelidos, e às 23 horas dois regimentos da Divisão, o 85º e o 87º, sem preparação de artilharia, começam o ataque ao conjunto Belvedere-Gorgolesco. A resistência é esporádica e ganhos importantes são feitos pelos americanos. No dia seguinte, de posse desses montes, é a vez de iniciar o ataque a outro, o Torraccia.

No dia 21, a oposição alemã no Torraccia é grande, mas aí é a vez de os brasileiros atacarem e tomarem o Castelo e o vilarejo de Abetaia. A tomada foi facilitada pelo avanço americano, embora baste olhar nos mapas da época para ver como os alemães, uma vez expulsos pelos americanos, tendiam a se deslocar para o setor dos brasileiros a leste.

No dia 20 de fevereiro, houve um raro ataque na área feito por caças P-47 Thunderbolt do 1º Grupo de Caça, da Força Aérea Brasileira, que, por estar incorporada na aviação americana em uma unidade maior, não tinha contato direto com a FEB (suas ações ocorreram principalmente em outros pontos da frente).

A tomada do Castelo foi obra do regimento que já tinha sofrido muito antes ali, o 1º RI. O plano de ataque fora criado pelo oficial de operações do Estado-Maior da FEB, tenente-coronel Humberto de Alencar Castelo Branco, mais tarde presidente do Brasil após o golpe militar de 64. Castelo Branco é reverenciado pela maioria dos febianos (mas nem todos; entre as mais famosas e conhecidas briguinhas internas da FEB, está a rixa várias vezes citada entre ele e o chefe do Estado-Maior, coronel Floriano Lima Brayner[38]).

O ataque começou às 5h30 da manhã do dia 21. Doze horas e meia depois, os primeiros soldados do regimento atingiam o topo do monte, depois de andarem – e subirem – uma distância de 2,5 km desde o ponto de partida.

Ao contrário dos avanços temerários de antes, quase a peito aberto, desta vez a tropa soube progredir cuidadosamente, buscando cobertura a cada passo, evitando ataques frontais e tentando atingir o inimigo pelo flanco.

As armas mais "pesadas" da infantaria agem juntas para impedir os avanços. As metralhadoras forçam os soldados a se jogarem no chão. Uma vez aferrados a um ponto, começa um bombardeio com morteiros. O avanço precisa ir eliminando metodicamente essas armas inimigas, através da combinação de fogo e movimento. Mudando dinamicamente o ponto de onde sai o fogo das diversas armas, fazendo as unidades se apoiarem mutuamente, requisitando o apoio da artilharia, o avanço pode prosseguir desse modo sistemático. Mas não é fácil. O soldado que avança se expõe; o que defende tem a vantagem da camuflagem e da proteção. Por isso, muito menos gente basta para defender e muito mais é necessário para atacar.

O comandante do regimento costuma ter uma reserva de tropas para emergências – como nos casos de contra-ataques inimigos – ou, no ataque, para reforçar o ponto em que um sucesso é iminente. O coronel Aguinaldo Caiado de Castro, comandante do 1º RI, fez isso no Castelo com seus 3 batalhões. O 3º Batalhão atacou de frente; o 1º foi flanqueando as posições inimigas; o 2º ficou em reserva. A mesma coisa acontecia com as subunidades dos batalhões, as companhias. Enquanto duas atacam, uma fica de prontidão para reforçar aquela que tiver melhor sorte.

Um monte chamado Castelo

Um soldado e um sargento – Gomes, segundo Pitaluga – do Esquadrão de Reconhecimento examinam uma metralhadora alemã MG 42 em cima da torre de um dos carros blindados M-8.

A nossa Segunda Guerra

O 3º foi o que teve mais dificuldades. O coronel Caiado procurou então diminuir seus problemas ordenando fogo de artilharia contra os alemães que o mantinham imobilizado, assim como liberando a 5ª Companhia do Batalhão de reserva para reforçar o ataque bem-sucedido do 1º Batalhão. Às 18 horas, um pelotão da 1ª Companhia chegou à crista do Monte Castelo. Houve alemães que fugiram, em parte por uma confusão ocorrida quando tropas americanas entraram por erro no setor brasileiro. Mas 27 foram feitos prisioneiros, além de 5 outros feitos por um batalhão que deu apoio ao ataque, o 2º Batalhão do 11º RI. Os três batalhões do 1º RI tiveram 103 baixas no ataque, dos quais 12 mortos.

O cume do vizinho Torraccia ainda está em mãos alemãs no dia 22, apesar de os objetivos à esquerda da 10ª Divisão estarem tomados. Os brasileiros se consolidam no Castelo, progredindo um pouco mais para o norte.

No dia 23, os alemães ainda estão aferrados ao cume do Torraccia. Enquanto isso, os brasileiros tomaram os montes Della Casellina e Bella Vista. O avanço das duas divisões é um bom exemplo do velho ditado que diz que uma mão lava a outra. O avanço inicial americano facilitou a tomada do Castelo; a tomada e o avanço brasileiro desafogaram a pressão sobre a 10ª de Montanha.

No dia 24, finalmente o Torraccia está em mãos da 10ª, e os brasileiros avançam ainda mais, limpando La Serra do inimigo. Com o fim da resistência inimiga nesses dois pontos, termina, no dia 25 de fevereiro, a primeira fase da ofensiva limitada do 4º Corpo a oeste da rota 64. Deveria haver logo em seguida uma segunda fase de operações, que é adiada por alguns dias por causa do tempo ruim.

Desta vez, o 4º Corpo ataca, em 3 de março, as elevações a nordeste do Torraccia e do Castelo, de novo com a 10ª de Montanha pela esquerda e a FEB à direita. Em dois dias de intensa luta está completa a operação, com novas elevações em mãos aliadas. A FEB passa por Castelnuovo e ganha posições acima de Vergato – o tipo de mudança que a tropa considerava saudável, finalmente estar por cima do inimigo.

Depois dessas operações, a FEB descansa um pouco, e se move da direita para a esquerda das posições da 10ª. As duas divisões conquistaram

218

seus objetivos, criando um "trampolim" para as futuras operações. "Se uma dessas duas divisões tivesse falhado, a ofensiva teria sido adiada", lembra McCann.

Em 23 de março, os alemães ganham um novo comandante supremo, o general Heinrich von Vietinghoff, em substituição ao marechal de campo Kesselring, que fora designado para a frente do noroeste europeu. Vietinghoff era um oficial competente, embora não tão famoso quanto Kesselring, o principal responsável pelo avanço aliado na Itália ter seguido a passo de lesma desde setembro de 1943. Só em abril de 1945, com a guerra acabando, foi desferido o golpe mortal nos exércitos do Eixo na Itália. A corrida para Viena tinha sido perdida. Mas os alemães lutavam com a mesma ferocidade. Podiam não ganhar mais a guerra, mas não queriam perder a vida, e havia muitos que acreditavam nas promessas de sua propaganda de que uma "arma secreta" voltaria a lhes dar a vitória.

Notas

[1] Manoel Thomaz Castelo Branco, *O Brasil na II Grande Guerra*, Rio de Janeiro, Biblioteca do Exército, 1960, p. 252.

[2] Entrevista ao autor, por telefone de sua casa no Rio de Janeiro, março de 1995.

[3] Floriano de Lima Brayner, *A verdade sobre a FEB*, Rio de Janeiro, Civilização Brasileira, 1968, p. 258.

[4] *Os mortos da FEB*, Boletim Especial do Exército, Rio de Janeiro, 2 dez. 1946.

[5] Idem.

[6] Olívio Gondim de Uzeda, *Crônicas de guerra*, Rio de Janeiro, Biblioteca do Exército, 1952, p. 40.

[7] *Os mortos da FEB*, op. cit.

[8] Floriano de Lima Brayner, op. cit., p. 261.

[9] J. B. Mascarenhas de Moraes, *A FEB pelo seu comandante*, 2. ed., São Paulo, Instituto Progresso, 1947, p. 119.

[10] Floriano de Lima Brayner, op. cit., p. 265.

[11] Manoel Thomaz Castelo Branco, op. cit., pp. 253-4.

[12] Adhemar Rivermar de Almeida, "2 de dezembro de 1944", em *Revista do Exército Brasileiro*, Rio de Janeiro, v. 122, n. 2, pp. 42-8, abr./jun. 1985.

[13] Leonércio Soares, *Verdades e vergonhas da Força Expedicionária Brasileira*, Curitiba, edição do autor, 1985, p. 63.

[14] Idem, p. 65.

[15] Entrevista ao autor, Itália, junho de 1994.

[16] Idem.

[17] Rubem Braga, *Crônicas da guerra na Itália*, Rio de Janeiro, Record, 1985, p. 150.

[18] *U.S. Army in World War II, Chronology, 1941-1945*, editado pelo Center of Military History, U.S. Army, U.S. Government Printing Office, compilado por Mary H. Williams, Washington, 1989.

[19] Hélio Portocarrero de Castro, "A 7ª Cia. do 6º RI na defensiva de inverno, na Campanha da Itália – alguns fatos vividos", em *Revista do Exército Brasileiro*, Rio de Janeiro, 122 (3), pp. 29-44, jul./set. 1985.

[20] Olívio Gondim de Uzeda, *Crônicas de guerra*, Rio de Janeiro, Biblioteca do Exército, 1952, pp. 76-8.

[21] João de Segadas Viana, "Anotações para a História da FEB", em *Revista Militar Brasileira*, Rio de Janeiro, Imprensa Militar, 1946, p. 57.

[22] Rubem Braga, op. cit., p. 159.

[23] Tulio C. Campello de Souza, em Demócrito C. de Arruda et al., *Depoimento de oficiais da reserva sobre a FEB*, 2. ed., São Paulo, Ipê, 1949, pp. 223-4.

[24] John Keegan, *The Second World War*, New York, Penguin Books, 1990, pp. 367-8.
[25] Relatório sobre golpe de mão, III/6° RI, 8ª Cia., P.C. na cota 1.088 a N.E. de Monte Gorgolesco em 25 de março de 1945.
[26] Entrevista ao autor, São Paulo, fevereiro de 1995.
[27] Entrevista ao autor, São Paulo, março de 1995.
[28] Entrevista a Cesar Campiani Maximiano, *Onde estão nossos heróis: uma breve história dos brasileiros na 2ª Guerra*, São Paulo, edição do autor, 1995, p. 53.
[29] Ferdinando Piske, *Anotações do "front" italiano*, Florianópolis, FCC Edições, 1984, p. 94.
[30] Ordem de 2 de janeiro de 1945 do comandante da 2ª Companhia ao tenente Gonçalves, no arquivo pessoal de José Gonçalves.
[31] Entrevista ao autor, São Paulo, fevereiro de 1995.
[32] Jon Guttman, "Germany's Lightweight MG 34 and MG 42 Revolutionized the Machine Gun and Its Use on the Battlefield", em *World War II*, p. 14, set. 1992. Na mesma edição dessa revista há um artigo de outro autor sobre a participação brasileira na guerra que diz basicamente que depois de "dançar por aí" – sutil menção às vacilações de Vargas –, o país se junta aos Aliados e sai da guerra como uma nação moderna.
[33] Hal Burton, *The Ski Troops*, New York, Simon and Schuster, 1971.
[34] Idem, p. 167.
[35] Idem, p. 147.
[36] Frank McCann, *The Brazilian-American Alliance, 1937-1945*, Princeton, Princeton University Press, 1973, p. 276.
[37] Jon Guttman, op. cit., p. 14.
[38] O livro de Lima Brayner foi publicado depois da morte de Castelo, o que provocou revolta entre muitos militares. Fui informado de que a publicação do livro foi muito atrasada pela revisão, e que não era intenção de Brayner publicá-lo só após a morte do desafeto, como parecia ser o caso.

Montese e a ofensiva final

Com a chegada da primavera na Itália, uma nova "estação de campanha" surgiu. Os dois exércitos aliados, o 5º Americano e o 8º Britânico, puseram-se em marcha em abril. De 14 de abril a 2 de maio de 1945, as principais áreas do norte da Itália foram liberadas dos alemães.

O dia 14 de abril foi para a FEB o começo da maior batalha – e a mais sangrenta – travada por brasileiros desde a Guerra do Paraguai, a tomada de Montese. Ainda hoje é possível ver marcas de bala na fonte na praça da República em Montese, praça que na época se chamava Mussolini. Por

A nossa Segunda Guerra

ter sido libertada por brasileiros, a cidade batizou uma outra praça como "Piazza Brasile". Um livro feito em Montese contando o sofrimento de seus habitantes na Segunda Guerra tem um capítulo sobre os brasileiros com o sugestivo título "Generosos libertadores".[1] A capa do livro tem a foto de um dos carros blindados M-8 do Esquadrão de Reconhecimento da FEB passando pela cidade.

Os soldados aliados tinham comida bem mais farta que a população civil, o que estimulava um comércio variado – incluindo a prostituição. Sobre o tema, as melhores fontes ainda são a literatura e o cinema italianos do pós-guerra. Há libertadores mais ou menos generosos.

Também havia altruísmo puro e simples. As semelhanças entre português e italiano facilitavam o contato com a população civil. Havia na FEB muitos brasileiros de origem italiana, especialmente entre os paulistas, e vários italianos que tinham parentes no Brasil. O pai do soldado Vicente Gratagliano pediu a ele para procurar parentes na Itália, já que o Exército lhe tinha dado essa passagem de graça. Mas não foi possível. A FEB lutou no Norte e a família Gratagliano vinha do Sul, do calcanhar da península em forma de bota.

Eu pude ver uma prova sincera de gratidão em uma cerimônia no cemitério brasileiro de Pistoia, no dia 6 de junho de 1994. Uma senhora italiana, a professora Rosanna Pacinotti, foi lá tentar descobrir algo sobre um oficial "bom, generoso e correto" que tinha ajudado sua família durante a guerra. Ela tinha 20 anos quando conheceu o tenente mineiro Walter de Oliveira, da artilharia da FEB. Walter era um dos observadores do Exército que voavam nos aviões da 1ª ELO (Esquadrilha de Ligação e Observação).

Segundo Rosanna escreveu em uma carta que não chegou a ler naquela cerimônia oficial, o tenente Walter, "na véspera do Natal de 1944, foi hóspede em minha casa e partilhou conosco de um pobre jantar, mas com tanta bondade e cordialidade que não sentimos quão miseráveis éramos na ocasião".

Ela lembra detalhes como o nome do jipe do tenente: "Waltinho". E recorda a adoração que ele tinha pela fazenda onde viveu em Minas Gerais. Walter foi apelidado de "Grande Cuore" ("Grande Coração") pela família. Ele não costumava falar de guerra com ela, por isso 50 anos depois ela apenas achava que ele tinha algo a ver com a aviação.

Nenhum dos cerca de 40 veteranos na cerimônia em Pistoia se lembrava do tenente Oliveira. O presidente da Associação Nacional dos Veteranos da FEB, Sérgio Gomes Pereira, prometeu a ela procurar nos seus arquivos informações sobre o antigo tenente. De volta ao Brasil, tendo noticiado esse fato na *Folha de S.Paulo*, fui procurado pelo filho de Walter de Oliveira, que me informou que seu pai tinha morrido em 1959 e que ele gostaria de entrar em contato com ela. Rosanna me mostrou a foto do tenente, guardada desde a guerra, e me deu uma foto dela da época da guerra para entregar a ele. Enviei a foto a Walter de Oliveira Júnior.

A presença de Walter de Oliveira naquela família na véspera de Natal não era um fato fora do comum. "Nós adotávamos famílias", diz Rui Moreira Lima, cronista não só do 1º Grupo de Caça, como também da 1ª ELO. Os aviadores sentiam falta de convivência familiar e aproveitavam para ajudar famílias italianas com mantimentos. Recebiam em troca o convívio de que se ressentiam.

Um dos capítulos do clássico livro de Moreira Lima sobre o Grupo de Caça, *Senta a pua!*, tem um título que diz tudo: "1ª ELO, essa desconhecida".

Essa esquadrilha operava um tipo de avião que não se parece nem um pouco com uma arma de guerra: o teco-teco, Piper Cub L-4H. Lentos mas manobráveis, vulneráveis mas ágeis, os Piper Cubs tinham a função vital de observar onde a artilharia estava atirando. Por isso oficiais do Exército participavam das missões. O observador que participou de maior número de missões, capitão Ademar Gutierrez Ferreira, fez 71 voos. Walter de Oliveira estava entre os que mais voaram: fez 66 missões.

Até hoje Moreira Lima fica indignado ao comentar o que aconteceu com a esquadrilha, como pude perceber em uma conversa no final de março de 1995, assim que a ELO foi mencionada. Escreveu ele:

> A FAB jogou pela janela a experiência adquirida com grande sacrifício nos campos de batalha pela 1ª Esquadrilha de Ligação e Observação. O estranho é que a pequena unidade foi criada por um Aviso do Ministro da Aeronáutica, em 20 de julho de 1944, e extinta por um Boletim da Artilharia Divisionária do Exército![2]

Os brasileiros criaram o hábito de alimentar crianças italianas necessitadas. Um dos resultados é a permanência na linguagem da região de algumas palavras em português, segundo um morador, o italiano Giovanni Sulla. Uma delas é autoexplicativa: "mingau". Antônio André, ex-sargento e mecânico-chefe da 1ª Companhia de Transmissões da divisão brasileira, revisitou o Castelo em 1994 a pedido de uma equipe da Rede Globo. Foram recebidos por um pastor que tinha 14 anos quando a FEB ocupou o morro. "Ele fez festa, chorou, nos serviu pão, queijo e vinho", diz André.

Ainda hoje quem vagueia pelo campo da região italiana em que houve combates na Segunda Guerra pode encontrar equipamento militar abandonado. Há quem faça disso um *hobby* em tempo integral, como Sulla (tendo vasculhado a região por vários anos – desde que achou um capacete alemão em um galinheiro quando era criança –, Sulla criou um exótico "museu" de coisas da guerra, que inclui restos de munição, armas e uniformes. Entre seus achados está uma marmita e um pente brasileiros, ainda com a inscrição legível que diz terem sido feitos em São Paulo). E ainda hoje há marcas de balas em alguns pontos de cidades como Montese ou incrustadas em árvores.

Na batalha por Montese foram envolvidos pela única vez, simultaneamente, várias unidades de artilharia, o Esquadrão de Reconhecimento e os três regimentos de infantaria da FEB.

A ofensiva final na Itália deveria começar com uma ação do 8º Exército britânico no dia 9 de abril. Mas já no dia 1º, o 5º Corpo britânico inicia operações para melhorar suas posições no seu flanco direito, ao mesmo tempo atraindo para ali tropas inimigas, desviando a atenção alemã da esquerda, onde se daria o ataque principal.

No dia 5 de abril, os americanos também fizeram seu ataque "diversionário", para distrair a atenção do inimigo, através da 92ª Divisão, que ataca na costa lígure na direção da cidade de Massa. O ataque principal do 5º Exército deveria ser no dia 12, mas foi adiado pelo mau tempo para 14. Enquanto isso a ofensiva britânica prossegue.

O 4º Corpo americano avança então, no dia 14, na direção do vale do rio Pó, entre os rios Samoggia e Reno (que é paralelo à rota 64). A 10ª de Montanha está no centro do dispositivo do corpo, a FEB está à esquerda e a 1ª Blindada está à direita. Esse posicionamento da FEB mostra que os americanos – alguns deles – melhoraram o conceito que tinham da unidade brasileira. O ataque principal seria feito pela 10ª de Montanha e pela 1ª Blindada; o papel da FEB seria apoiar esse ataque em seu flanco esquerdo.

A missão originariamente prevista, contudo, era mais simples. Para a FEB e o 371° Regimento americano (de negros), "fixou-se a tarefa secundária de manter as suas respectivas posições bem como reconhecer o inimigo à sua frente em condições de persegui-lo, caso se retirasse", diz Castelo Branco.[3] Lima Brayner, sempre pronto a extravasar seu ressentimento contra os americanos, diz que o comandante do 4° Corpo, Crittenberger, deixava clara com isso a diferença de tratamento em relação às suas divisões. O documento com as missões das unidades, segundo ele, tem "uma censura velada e, ao mesmo tempo, uma demonstração camuflada de pouca confiança nas nossas forças".[4]

Havia um problema: as tropas alemãs na região de Montese-Montello ameaçavam o avanço dos americanos. Segundo os relatos dos brasileiros, quem lembrou que existia esse quisto, em uma reunião de Crittenberger com seus comandantes de divisão no dia 8 de abril, foi o comandante da 10ª, general George P. Hays, um experiente veterano da Primeira Guerra. Foi a deixa para Mascarenhas sugerir a missão para a FEB, ampliando-a consideravelmente. O ataque em Montese-Montello transformaria o papel da FEB. Esta deixaria de ser coadjuvante, como os regimentos da 92ª empenhados na ação diversionária. Se não tivesse cumprido sua missão, a FEB teria afetado negativamente o ataque principal à sua direita.

Por isso, no dia 14 de abril de 1945, a FEB atacou essa cidade. Depois da luta da montanha, a FEB experimentou outra modalidade de combate dificílima: a luta em área urbana, onde dobrar uma esquina é um ato corajoso. Escreveu o próprio Crittenberger:

> Os brasileiros alimentavam a esperança de que, no decorrer dos acontecimentos, viesse a surgir uma oportunidade que lhes permitisse participar mais ativamente da ofensiva. Não tiveram muito por que esperar. Às 12h15 do dia 14, o general Crittenberger notificou o comandante da divisão brasileira que poderia iniciar o avanço quando o desejasse.[5]

225

A nossa Segunda Guerra

Na frente brasileira, a ação principal era de responsabilidade do 3º Batalhão do 11º RI, no centro do dispositivo, que atacaria na direção de Serreto-Paravento-Montello, apoiado por tanques americanos. À sua esquerda estava o 1º Batalhão do mesmo regimento (o que tinha a agora injusta fama de "Laurindo"), cuja direção de ataque passava por Montaurigola e Montese. À direita desses dois estava o 2º Batalhão do 1º Regimento, protegendo o flanco do ataque principal.

Durante uma patrulha de reconhecimento antes do ataque, morreu um sargento que se tornou um símbolo. Max Wolff Filho, do 11º RI, tinha criado fama de uma bravura quase suicida. Fazia parte de um "Pelotão Especial", criado entre os patrulheiros mais ousados. Dias antes de sua morte tinha recebido a *Bronze Star* americana. Morreu com uma rajada de metralhadora, pouco depois de dar entrevista a correspondentes e ser fotografado.

O ataque principal começou às 13h30. Os comandantes brasileiros podiam acompanhar o ataque das alturas de Sassomolare, que comandam uma vista soberba de Montese. Os pelotões que avançavam tinham outra visão. O depoimento do responsável pelo primeiro pelotão a chegar à cidade é, portanto, um dos mais interessantes e merece ser citado com destaque.

O tenente Iporan Nunes de Oliveira comandava o 3º Pelotão da 2ª Companhia (1º Batalhão/11º Regimento). Dois dias antes do ataque ele fez uma patrulha de reconhecimento, a qual considera que foi importante para a vitória. O objetivo da patrulha era reconhecer Montaurigola, na direção de ataque do seu batalhão. Eram 21 homens, dos quais 3 eram especialistas na delicada tarefa de remover minas, que partiram às 9 horas de Biccochi, a sudeste de Montese.

A patrulha alcançou Montaurigola sem problemas, segundo relato de Iporan.[6] Ao chegar à metade dessa colina, progredindo na direção leste-oeste, a patrulha entrou em um campo minado. Por sorte, a chuva tinha descoberto algumas minas, e o soldado que vinha na frente pôde enxergá-las a tempo de evitar dar o passo fatal. Eram minas antipessoal, que foram retiradas em duas horas. A brecha tinha 40 metros de comprimento por 1 de largura.

O mesmo soldado que quase pisara nas minas, José Leite Furtado, morreu em seguida, vítima de uma rajada de metralhadora vinda de

226

uma casa na parte oeste da colina. Iporan pensou em tomar a casa, mas recebeu ordens para voltar. A patrulha retornou, trazendo o corpo de Furtado, tendo estudado o terreno que estava no caminho do ataque dois dias depois – incluindo a localização de um posto avançado e de um campo de minas.

A companhia de Iporan era a responsável pelo ataque à cidade. Dois dos pelotões atacariam primeiro, o dele e o 2º, comandado pelo tenente Ary Rauen. A escolha do flanco foi decidida "na cara ou coroa"; Rauen ficou com o flanco direito, que se descobriria ser o mais difícil. O 2º Pelotão ficou detido em frente a um campo minado e Rauen foi morto com um tiro na cabeça.

Iporan tinha planejado atacar Montese partindo do posto avançado de Montaurigola, mas, como não tinha sido tomado ainda pelo 1º Pelotão, optou por seguir uma ravina coberta de vegetação. Armadilhas explosivas (*booby-traps*) colocadas na estrada retardam um pouco o avanço até serem retiradas. Trata-se agora de subir as elevações de Montese. O terreno ajudava, pois, segundo Iporan, "assemelhava-se a grandes escadas". Mas dois dos grupos de combate tiveram de parar o avanço ao chegarem ao topo. Estavam já bem perto dos alemães, mas havia um terreno limpo, com vegetação rasteira, no meio, sem proteção para o avanço. Apenas um dos grupos de combate do pelotão não estava empregado. O tenente não poderia correr o risco de empregá-lo em um terreno sem cobertura. Concluiu Iporan:

> Em face destas meditações, não nos apressamos em acionar o último grupo, único trunfo que poder-nos-ia levar à vitória. Procuramos estudar meticulosamente o terreno e o inimigo, chegando à conclusão de que, atuando mais à esquerda, aumentaríamos as possibilidades de sucesso, porque os "degraus das escadarias" prolongavam-se quase junto a duas casas da esquerda.[7]

O último trunfo se pôs em movimento, apoiado por fogo dos dois outros grupos detidos. Em princípio, tudo parecia ir bem, mas o ímpeto do ataque foi diminuindo à medida que as duas casas ficavam mais próximas. Iporan foi então pessoalmente dirigir o ataque. Inadvertidamente, disparos da própria artilharia brasileira que poderiam ter dizimado o grupo ajudaram a progressão:

A nossa Segunda Guerra

O grupo em ação, comigo à testa; quando se aproximava do topo das escadarias do terreno, cerca de 40 metros das duas casas, e se preparava para tomar o dispositivo para o assalto, recebemos inesperada e surpreendentemente um denso bombardeio da nossa artilharia, que nos envolveu, juntamente com o inimigo.

Então bradamos: "Avante! Às casas!"

O grupo atingiu as posições inimigas, enquanto não se havia dissipado a fumaça da artilharia. Os alemães permaneciam no fundo de seus abrigos, quando os nossos ultrapassaram as suas posições, sabiamente camufladas. Tentaram, então, reagir, mas foram postos fora de combate. O comandante do pelotão procurou, imediatamente, reconhecer o terreno em frente e, quando o fazia, foi metralhado de uma das janelas laterais da casa grande, não sendo atingido, mas tendo a sua calça chamuscada.

Com isso, o 3º Pelotão conseguiu penetrar na defesa inimiga. Os outros grupos se juntam ao que subira primeiro e começam a atacar os alemães dentro da cidade. Às 19 horas, entra na cidade o resto da 2ª Companhia com seu comandante, capitão Sidney Teixeira Álvares. Na manhã do dia seguinte a cidade começa a ser limpa do inimigo.

O símbolo de Montese é a sua torre, construída na Idade Média para servir de proteção contra inimigos. Em 1945, ela servia como ponto de observação para a artilharia alemã. Iporan pessoalmente prendeu os dois soldados que estavam nela. A descrição da cena pode ser vista em qualquer filme de Hollywood. Ele deu um pontapé na porta e penetrou impetuosamente para seu interior, armado com uma carabina .30, dando de cara, a menos de 3 metros, com os dois soldados alemães que, surpreendidos, entregaram-se imediatamente, sem esboçar nenhuma reação.

O que os filmes deixam de mostrar é o efeito da guerra na população civil. Montese foi a comuna da província de Módena mais devastada na guerra, diz o autor italiano Walter Bellisi. De 1.121 casas, foram destruídas 833. Até o fim de 1946, os feridos e mutilados – incluindo os que pisavam nas minas alemãs ainda espalhadas pelo campo – passavam de 700. Os mortos – homens, mulheres, crianças – da cidade na guerra foram 189.

Uma das vítimas foi Maria Teresa Mazzetti, de 21 anos. Bellisi cita o diário de Arnaldo Mazzetti. "Olhávamos a tropa em fila indiana ir ao ataque enquanto o campo era todo coberto de impactos de granadas, Maria, Duílio e

228

Montese e a ofensiva final

eu observávamos o combate de uma distância de cerca de dois quilômetros", escreveu Arnaldo. Mas, por volta das 13 horas, passa uma coluna de tanques americanos perto deles, e imediatamente os alemães disparam sua artilharia contra os blindados. Um estilhaço de granada atinge a moça, que cai ferida dentro de casa. "Morreu algumas horas depois", termina a lacônica anotação do diário de Arnaldo.[8] A família Mazzetti já tinha perdido antes Sílvio, 48 anos, em outro duelo de artilharia, no dia 30 de março.

Ainda no dia 15, é a vez do 2° Corpo americano entrar em ação atacando na direção de Bolonha na região a leste da rota 64. Os alemães agora só podem mesmo recuar, acossados em vários pontos da frente.

No dia 16, os esforços da FEB têm como resultado um alívio da pressão alemã sobre o flanco esquerdo da 10ª de Montanha. As várias divisões se protegem mutuamente. Era, afinal, um trabalho de equipe.

A tomada da cidade só se completou no dia 16 e exigiu ainda apoio do 6° RI, cuja 8ª Companhia foi uma das que mais sofreram depois que parte dela penetrou em campos minados.

"O bombardeio foi tremendo, eu tinha a impressão de que os alemães não iam aguentar, mas eles estavam feito doidos", diz José Orlandino da Costa e Sousa, do 6° RI, que foi ferido no pé e na cabeça nessa batalha.[9] O bombardeio em Montese pela artilharia está entre os mais pesados da campanha da Itália.

A FEB teve mais 453 baixas, mortos e feridos, nessa frente, em três dias – "índice bastante elevado, embora modesto em relação à 10ª DIMth que, só no primeiro dia de operações, perdeu 553 homens", segundo Castelo Branco.[10] Foram feitos 453 prisioneiros alemães.

Durante a tomada da cidade, o tenente José Gonçalves estava em seu observatório de artilheiro em Sassomolare, pouco acima de onde estava o general Mascarenhas. Ele tinha deixado o seu pelotão – Gonçalves diz que foi uma boa solução, pois vivia às turras com o comandante da companhia. Ele agora cuidava dos obuses do regimento. Por algum tempo, por ser de infantaria, agiu como observador avançado dos tiros dos canhões. Rômulo França, amigo de Gonçalves, estava por perto observando a cidade ao longe, mas eles ainda não se conheciam. Só foram se conhecer por acaso, mais de 40 anos depois, no aeroporto de São Paulo, porque ambos estavam com

229

o distintivo da cobra fumando. E só 50 anos depois, quando os 2 viajaram à Itália e voltaram a Sassomolare, é que descobriram que tinham estado a poucos metros de distância um do outro.

Foi a partir de Montese que Pitaluga teve sua chance de cumprir o papel tradicional da cavalaria, em uma corrida alucinada pelo noroeste italiano. Com a ofensiva da primavera, a defesa alemã, a Linha Gótica, foi rompida e eles começaram uma retirada. Cidades importantes como Bolonha caíram em mãos aliadas. Milhares de alemães seriam feitos prisioneiros pela FEB e por outras unidades aliadas.

A marca do esquadrão de velozes carros blindados era a impetuosidade de Pitaluga, a maneira como disparavam pelas estradas italianas em busca de informação sobre o inimigo. "Ele era muito louco", dizem hoje, com admiração, os veteranos sobre o antigo capitão da cavalaria. Pitaluga explica que não é bem assim:

> O esquadrão é uma arma de espaço, precisa de espaço livre. Por isso, quando se soltava, o esquadrão saía assim, e o pessoal dizia que era louco. Não é louco, o esquadrão sabe a sua missão, aproveitar os espaços que tem. A cavalaria tem aspectos especiais, peculiares na sua maneira de ser.

Em Montese, região intensamente minada, o esquadrão teve dois dos carros blindados danificados por mina. E o seu comandante quase perde a chance de cumprir sua missão – e quase perde uma mão. Ainda hoje ele tem restos de pólvora na mão, resultado de um acidente com a escorva de uma arma antitanque alemã. A carga principal da arma já tinha sido usada. Um tenente de engenharia que o acompanhava, curioso com o armamento abandonado, puxa o gatilho e a escorva explode. "Era a primeira missão como cavalaria. Olhei bem e falei um palavrão. Logo agora que a guerra começou pra mim! Um acidente besta", diz Pitaluga. Ele teve sorte. Foi só um ferimento. Sobraram "esses pontos pretos na mão. Pólvora alemã".

Quando Montese caiu, o esquadrão já estava há quatro dias na retaguarda das forças de infantaria, procurando conhecer o terreno, os campos de mina, o valor do inimigo e o que a infantaria estava fazendo – resumindo, estudando como sair. "Quando ele esteve para ser lançado, teve de deixar seus carros M-8 porque as estradas do outro lado estavam todas bloqueadas. Tive

Montese e a ofensiva final

de sair só na base de jipe. A primeira ação minha, de Montese ao Panaro, foi tudo na base de jipe. Depois é que os M-8 passaram."

A 1ª Divisão Blindada americana, graças ao apoio da 85ª de Infantaria americana à sua direita, muda de posição e passa à esquerda da 10ª de Montanha, que estava fazendo um avanço rápido e pôde fazer no dia 18 cerca de 3 mil prisioneiros. O comando orienta as divisões de modo a garantir o avanço da 10ª, dentro da velha máxima de que é necessário reforçar o sucesso. No setor britânico da frente também há uma retirada generalizada dos alemães.

No dia 20, o 5º Exército americano já emerge na planície do rio Pó. Bolonha é tomada por poloneses e americanos. No dia 23, a 10ª cruza o Pó, enquanto a 1ª Blindada também atinge o rio em outros dois pontos e a FEB toma Marano e Vignola.

No dia 26, a FEB elimina um bolsão de resistência alemão em Collecchio, a sudoeste de Parma. Quem chegou primeiro foi o Esquadrão de Reconhecimento. "Eu cheguei em Collecchio ao meio-dia e fiquei sozinho até as seis da tarde. Já estava ocupando quase metade quando chegou a infantaria", diz seu comandante. Ele tinha passado antes por Parma, onde cooperou com a infantaria americana. Teve então ordem para ir a Collecchio, onde entrou lutando, combatendo inclusive com pequenos carros blindados alemães. A notícia dessa resistência deixou o comando preocupado, segundo Manoel Thomaz Castelo Branco, com a sorte do esquadrão.[11]

Esse era o único esquadrão da divisão, e seus carros blindados eram muito vulneráveis a tanques e canhões antitanque. Por sorte, um dos encontros foi com blindados ainda menores. Declara Pitaluga:

> Eu tive superioridade em Collecchio contra os carros de reconhecimento alemães, com canhão de 20 mm. O M-8 é de reconhecimento, não de combate. Manobreiro, valente, para a época era bom. O que aconteceu é que um Esquadrão de Reconhecimento era muito pouco para uma divisão. O alemão tinha um batalhão de reconhecimento na dele, com dois ou três esquadrões.

Ele quase foi morto ao fazer uma curva. Os personagens dessa história às vezes se cruzam em situações como essa. Gerson Machado Pires estava por perto quando Pitaluga quase foi acertado por um canhão alemão. O

231

A nossa Segunda Guerra

capitão de cavalaria estava na torre do M-8. Nessa posição de comando, uma maneira de dar ordens rápidas ao motorista é encostar o pé nas suas costas. Por exemplo, o pé no lado direito significa virar à direita. Colocar os dois pés no ombro significa parar rapidamente. Foi o que ele teve de fazer: "Era um 88. Fui atravessar a praça de Collecchio e tive a intuição. Tinha visto esse canhão atirar, tinha dado dois tiros. Quando parei, vi aquele clarão. O motorista até perguntou, 'foi o senhor que atirou?', eu falei, 'não, foram eles'. Bateu na parede em frente. Mais uns dois metros..."

A infantaria, do 6º RI e do 11º RI, chegou depois do esquadrão.

Em Collecchio, o paulista Jairo Junqueira da Silva, do 11º Regimento de Infantaria, assestava seus morteiros perto de uma igreja. Ele subiu na torre para poder observar o tiro de suas peças. Em 1994, ele fez questão de rever a torre onde servia de alvo para os alemães. Demorou para reconhecê-la, mas habitantes locais mostraram-lhe marcas de bala ainda existentes na torre. Os alemães que eram aprisionados eram colocados temporariamente dentro da igreja.[12]

Ali perto Jairo pôde ver uma das melhores facetas do general Zenóbio. O general que comandou a infantaria da FEB, na opinião de muitos veteranos, não era nenhum gênio militar – por exemplo, não tinha o brilhantismo tático de Castelo Branco, dizem. Excessivamente apegado aos dogmas da instrução francesa, não conseguiria pensar em uma batalha de movimento fluida e complexa, a não ser o "vamos em frente".

Em compensação, sua coragem física era inegável. "O Zenóbio era tão louco quanto esse Silvino, até mais", disse ele a colegas do Batalhão (o 3º do 6º RI) comandado por Silvino, um major famoso por não ligar para as granadas caindo em volta.

> Foi lá em Collecchio, perto da igreja, que até hoje está lá, com o jardim na frente, modificado. Estávamos lá, na porta da casa, não sei como o Zenóbio apareceu lá. Estava cheio de gente e eu com o morteiro em posição na frente da casa. De repente, vem vindo uma patrulha alemã, em frente do jardim, coberta pelo mato do jardim. Estava a pouca distância e o cara começou a atirar. A primeira coisa que você tem a fazer é se jogar no chão. O Zenóbio ficou em pé, como se fosse comandante de grupo de combate. Soldados, por aqui! Sargento vai por ali! Não sei o quê, vai por lá! Ele de pé e eu estava, como todo mundo, deitado, com aquela metralhadora atirando pertinho, né? E ele não arredou pé, não deitou, não fez nada disso.[13]

Um blindado M-8 do Esquadrão de Reconhecimento passa por Montese. Posando sobre o blindado está o sargento que cuidava dos aspectos administrativos do esquadrão.

Nada aconteceu ao general, e a patrulha alemã infiltrada se retirou.

Na fase de perseguição final, outro integrante do 6º RI, Antônio Gomes Linard, cearense, se reuniu a tanques Sherman americanos, e lembra quando um deles foi atingido ao seu lado por um tiro de bazuca alemã. O tanque foi apenas danificado. "O artilheiro do tanque era bom, meteu chumbo e nós também", declara Linard.

O apoio de tanques era uma constante nessa fase. "Subimos em um tanque e fomos avançando. Quando encontramos os alemães, recebemos tiro direto e saltamos de cima do tanque", diz Paulo Maretti, de Jundiaí (SP), do mesmo regimento.

Os blindados americanos que auxiliavam os brasileiros eram, em geral, da 1ª Divisão Blindada americana, mas também de batalhões independentes. O general Mark Clark declarou em suas memórias que um dos seus problemas era encontrar tanquistas que conseguissem falar português (ou espanhol) para se comunicar com os brasileiros. O tanque geralmente era o prolífico M4 Sherman (o segundo tanque mais produzido da história, com inacreditáveis 49.234 unidades; só perdeu, por pouco, para o T-34 soviético, cuja produção, incluindo o pós-guerra, passou dos 50 mil). Outros blindados comumente vistos com brasileiros em volta (ou em cima, pegando uma carona para a frente) eram os destruidores de tanques (*tank destroyers*) M10. Tratava-se de um veículo de blindagem mais leve, com torre aberta em cima, mas com canhão mais pesado, que os americanos projetaram para a função específica de combater tanques inimigos.

Os blindados americanos foram uma surpresa para os brasileiros, porque os poucos tanques que havia no Brasil eram os obsoletos e pequenos Renault e Fiat Ansaldo CV 33. A cooperação blindados-infantaria, vital para um exército moderno, só foi aprendida mesmo na Itália. Só lá é que os soldados foram descobrir que na traseira do tanque existe um telefone para se comunicar com a tripulação...

No dia 27, cessa a resistência da divisão alemã presa ao sul do Pó abaixo de Cremona; outras duas divisões estão sendo eliminadas na região ao sul da rota 9. As unidades aliadas movimentam-se de modo a impedir a fuga do inimigo, principalmente na direção da Alemanha.

Montese e a ofensiva final

Ápio de Freitas, do 6º Regimento de Infantaria, estava com seu pelotão à beira da estrada quando foi convidado pelo capitão Ernani Ayrosa da Silva para procurar saber o que tinha acontecido com uma parte da tropa brasileira. Saíram em um jipe junto com o soldado Hilário Décimo Zanesco na manhã do dia 28.

O jipe passou por um caminhão com soldados americanos negros mortos da 92ª Divisão de Infantaria. Em seguida foram alvejados por alemães. Ao tentar dar ré, o jipe passou por uma mina antitanque, "e foi atirado a 30 metros de distância".[14] Freitas perdeu 16 dentes, teve fratura exposta em um dedo e no braço e precisou de 18 pontos na língua.

Freitas foi capturado pelos alemães junto com Ayrosa, que depois da guerra chegaria a general. Zanesco morreu na hora e só três dias depois seu corpo foi encontrado. Ele já tinha se arriscado antes, como revela o boletim do Exército sobre os mortos da FEB:

> Na manhã de 28 de abril de 1945, ofereceu-se voluntariamente para fazer um reconhecimento nas linhas inimigas, cumprindo integralmente a missão recebida. Tendo sido surpreendido, já no regresso, enfrentou o inimigo com sua carabina, permitindo que outros companheiros que ocupavam a sua viatura pudessem se retirar. Durante o ataque a Goiano, ainda nesse mesmo dia, mais uma vez se ofereceu voluntariamente para ir com a sua viatura fazer novo reconhecimento nas linhas inimigas, desempenhando cabalmente a missão e, ao regressar, foi morto por estilhaços de uma mina antitanque.

A captura de Freitas e Ayrosa durou uma noite, pois no dia seguinte os alemães captores foram por sua vez presos por outros brasileiros.

No mesmo dia 28 de abril, Benito Mussolini foi executado por guerrilheiros perto do lago Como. Era o ponto-final do fascismo, o período mais caricato – e trágico – da história italiana.

Depois de Collecchio, o Esquadrão de Reconhecimento ainda teve luta encarniçada em outros pontos. Em Felegara, um dos M-8 foi destruído. Pitaluga mandou um dos blindados seguir pela estrada de ferro para cercar a cidade, enquanto tomava outra direção. De repente, "veio um alemão correndo. Pelo rádio, eu gritei pra ele, 'não entra na cidade'. Quando ele entrou, esse camarada de bazuca atirou no motor dele. Aí incendiou. Não perdeu um homem, todos saíram, caíram dentro da vala, e eu com meu carro dei apoio quando os alemães quiseram chegar perto deles. Esse M-8 eu perdi completamente".

Agora as diversas unidades aliadas já estão em trabalho de cerco e aniquilação do inimigo. No dia 29 de abril, a FEB recebe a rendição de dois generais comandantes de divisão – Otto Fretter-Pico, da 148ª Divisão de Infantaria alemã, e Mano Carloni, da Divisão Itália. Milão já está nas mãos de guerrilheiros. Turim está sem defesas e é logo alcançada por forças aliadas.

Em Fornovo di Taro, um pouco ao sul de Collecchio, 14.779 alemães e italianos foram feitos prisioneiros por soldados brasileiros, a maioria da 148ª, que foi cercada e se rendeu. Um soldado do 6º RI, Pedro dos Santos, lembra que os alemães se renderam disciplinadamente. "Foi bonito, eles fizeram saudação e deixaram as armas ao lado da estrada", diz Santos.[15] "Tinham disciplina até o final", completa seu colega de regimento, Afonso dos Passos.[16]

No avanço para Fornovo, a FEB, notadamente o 6º RI (comandado pelo coronel Nelson de Melo desde 23 de fevereiro), teve de agir rápido para cortar a retirada alemã. Os caminhões da artilharia foram requisitados para transportar a infantaria em correria pela estrada, em uma das mais acertadas decisões do comando brasileiro.

A captura dos alemães foi o ponto-final das grandes operações da FEB. Depois de Fornovo, os expedicionários latino-americanos fizeram trabalhos finais de "limpeza" de unidades inimigas no vale do rio Pó junto aos aliados americanos. Muitas cidades italianas já estavam sendo libertadas por guerrilheiros antifascistas na véspera da chegada das tropas aliadas.

No dia 1º de maio é anunciada a morte de Hitler. Elementos da FEB chegam a Alessandria, onde encontram elementos da 92ª, que chegaram pelo sul. O esquadrão de Pitaluga, a arma mais móvel da FEB, continua sua correria disciplinada. "Eu entrei em Torino no dia 1º de maio, a primeira tropa brasileira a entrar em Torino, que já estava nas mãos dos partisanos. Tive discussão com o prefeito comunista, que disse 'não precisamos mais de vocês aqui, já conquistamos a cidade'." A mesma coisa acontecia em vários pontos do norte italiano. Os guerrilheiros tomavam as cidades,

Montese e a ofensiva final

O terceiro-sargento Otaviano da Silva guarda prisioneiros alemães feitos em Fornovo. Esta foto clássica foi publicada na capa do livro *1944: o Brasil na Guerra*, de Hélio Silva.

A nossa Segunda Guerra

agora que os alemães tinham fugido, e achavam que podiam dispensar os Aliados. A oeste, tropas francesas discretamente ocupam pontos além-fronteira, em uma nada sutil tentativa de anexar alguns pedacinhos do país derrotado. A leste, os guerrilheiros iugoslavos comunistas de Tito, com muito menos discrição, tentam tomar outros tantos pedaços de território italiano. As tropas do 15º Grupo de Exércitos pisam em ovos para evitar confrontos com esses apressados aliados (as pendências territoriais foram depois acertadas pela diplomacia).

O esquadrão foi deixado descansando em uma fábrica de Turim – a Fiat. Seu capitão saiu de jipe para checar uma informação de que alemães estariam atacando uma pequena vila. Acabou topando com um general alemão cercado por milhares de suas tropas. Foi um momento tenso. Pitaluga entregou a ele a mensagem do marechal Alexander pedindo rendição e voltou.

No dia 2 de maio cessa a resistência alemã no norte italiano. No dia 4, os exércitos aliados na Itália entram em contato, através do passo de Brenner, com tropas vindas da Áustria. Em 8 de maio de 1945, os alemães se rendem incondicionalmente em todo o continente. O sucessor de Hitler como Führer do povo alemão, por poucos dias, foi o almirante Karl Dönitz, comandante em chefe da Marinha alemã desde 1943. Foi uma sucessão irônica, pois Dönitz não era um militante fanático do Partido Nacional-socialista dos Trabalhadores Alemães (e apesar de a única tarefa disponível ser aceitar a rendição, houve líderes nazistas que ficaram enciumados por terem sido preteridos na sucessão). Como chefe da arma submarina e depois da Marinha, Dönitz foi o militar alemão que mais próximo esteve de derrotar os aliados ocidentais. Sem ele e seus submarinos, o Brasil provavelmente teria permanecido neutro.

Depois que a guerra acabou, os brasileiros ainda permaneceram por pouco tempo participando da ocupação na Itália, até 3 de junho de 1945. Entre 3 e 20 de junho, a FEB começou a se deslocar para o sul da Itália para embarcar em navios de volta ao Brasil. O último escalão deixou Nápoles em 19 de setembro.

Foi nessa fase final da guerra que a Marinha sofreu a sua maior perda, o afundamento do cruzador Bahia em um acidente. Ainda há quem

Montese e a ofensiva final

Soldados da FEB a bordo do navio Pedro I, que partiu de Nápoles no dia 12/7/1945 e chegou ao Rio em 3/8/1945. A bordo estavam o Esquadrão de Reconhecimento, a Companhia do Quartel-General e a Companhia de Manutenção.

tenha dúvida sobre o que aconteceu, embora a conclusão oficial seja plausível. O Bahia estava em uma missão de apoio aos aviões que retornavam às Américas a partir da África. O cruzador fazia um exercício com canhões antiaéreos e um artilheiro acertou por engano nas bombas de profundidade na popa, que explodiram. A proteção do canhão que impediria que ele disparasse tão baixo tinha sido retirada. Quando se descobriu que o submarino alemão U-977 tinha chegado pouco depois à Argentina, especulou-se que ele teria afundado o cruzador, num último ato de desafio de um alemão inconformado com a derrota (tanto estava, que preferiu fugir para a Argentina a render-se). Também se investigou a presença a bordo de nazistas de alto escalão. A investigação inocentou o submarino. O cruzador teve 336 mortos, 332 da Marinha e 4 marinheiros americanos que estavam a bordo para fazer a comunicação com os aviões. Só se salvaram 36 tripulantes, porque houve falha de comunicação e os náufragos ficaram vagando no mar em balsas por 4 dias sem receber socorro. Após o naufrágio, 271 homens tinham chegado às balsas, mas 230 morreriam nos dias seguintes e mais 5 já a bordo do cargueiro britânico que os tirou do mar.

Dos 486 mortos que a Marinha teve na guerra, 332 foram no Bahia; 99 no navio auxiliar Vital de Oliveira e 33 na corveta Camaquá, que emborcou em mar agitado. A Marinha mercante teve 972 mortos e desaparecidos, entre tripulantes e passageiros, em 32 navios atacados (não necessariamente afundados).[17]

A grande maioria dos mortos das marinhas de guerra e mercante não tem sepultura. Morreram no mar. Em dezembro de 1945, o cemitério da FEB em Pistoia tinha 451 brasileiros enterrados – 443 da FEB e 8 aviadores do 1º Grupo de Caça.[18] Quando foi terminado o monumento aos mortos da guerra no Rio, eles foram trazidos de Pistoia. Esse cemitério na Itália ainda tem o corpo de um brasileiro, desconhecido, que foi achado anos depois da guerra em Montese.

Cinquenta anos depois, os municípios de Montese e Gaggio Montano planejaram inaugurar três monumentos, em Guanella, Monte Castelo e Montese, durante as comemorações do fim da guerra em maio. Por mais que tenham sofrido com a guerra, eles não esqueceram quem os libertou do nazifascismo em 1944-1945.

De volta ao Brasil, a FEB passou primeiro pela fase de festas, com desfiles públicos comemorando a vitória. Receberam até um uniforme novo, que não agradou a muitos. Dizia-se que o chapéu mole recebido parecia chapéu de gari.

O choque maior da volta foi político. O governo Vargas temia que os expedicionários tramassem contra seu governo e a ordem de desmobilização da tropa data de 6 de julho, quando a FEB ainda estava na Europa. O primeiro escalão a voltar só desembarcou no Rio de Janeiro em 18 de julho. O ditador tinha medo de que a tropa recém-chegada esticasse o desfile até o palácio presidencial para depô-lo.

O receio de Vargas tinha algum fundamento, já que era patente a contradição de uma força expedicionária lutando contra ditaduras fora do país tendo uma dentro do seu próprio território. O governo tentou diminuir essa influência espalhando os expedicionários pelo país.

A volta da FEB aumentou a força das correntes democratizantes na sociedade e dentro do Exército. A própria disciplina, rígida e formal, do Exército de modelo francês foi sendo lentamente abrandada. A FEB ajudou a acelerar o processo de democratização na sociedade brasileira e dentro do Exército. Ironicamente, os mesmos militares que garantiram o Estado Novo, notadamente os generais antes simpatizantes do Eixo, Pedro Aurélio de Góis Monteiro e Eurico Gaspar Dutra, participaram do movimento para derrubá-lo. Os chefes das Forças Armadas depuseram Vargas em 29 de outubro de 1945.

"Quando a gente voltou, a gente fez a democracia", diz Antônio Cruchaki, ex-soldado do 9º Batalhão de Engenharia, fazendo um resumo que faria um cientista político se arrepiar pela simplicidade – mas que é fundamentalmente correto. A FEB foi um dos fatores da democratização em 1945. E ela pôde ter esse papel porque, "apesar das muitas deficiências, omissões ou erros aqui apontados", como diz a introdução do livro dos oficiais da reserva, ela representou o Brasil na Segunda Guerra. E representou bem.

Notas

1. *Montese: fascismo, guerra, ricostruzione*, Montese, Golinelli Editore, 1990.
2. Rui Moreira Lima, *Senta a pua!*, 2. ed. ampl., Belo Horizonte/Rio de Janeiro, Itatiaia/Instituto Histórico-Cultural da Aeronáutica, 1989, p. 337.
3. Manoel Thomaz Castelo Branco, *O Brasil na II Grande Guerra*, Rio de Janeiro, Biblioteca do Exército, 1960, p. 407.
4. Floriano de Lima Brayner, *A verdade sobre a FEB*, Rio de Janeiro, Civilização Brasileira, 1968, p. 392.
5. Willis D. Crittenberger, *Campanha ao noroeste da Itália, 14 de abril a 2 de maio de 1945* (*The Final Campaign Across Italy*), Rio de Janeiro, Biblioteca do Exército, 1952, p. 51.
6. Iporan Nunes de Oliveira, "Conquista de Montese vista por um comandante de pelotão de ataque", em *Revista do Exército Brasileiro*, 122 (2), pp. 23-32, abr./jun. 1985.
7. Idem, p. 28.
8. Walter Bellisi, "Montese, ultimo baluardo tedesco", em *Montese: fascismo, guerra, ricostruzione*, op. cit., pp. 249-86.
9. Entrevista ao autor, Itália, junho de 1994.
10. Manoel Thomaz Castelo Branco, op. cit., p. 434.
11. Idem, p. 449.
12. Entrevista ao autor, Itália, junho de 1994.
13. Entrevista ao autor, São Paulo, fevereiro de 1995.
14. Entrevista ao autor, Itália, junho de 1994.
15. Entrevista ao autor, Itália, junho de 1994.
16. Vários autores, Entrevista ao autor, Itália, junho de 1994.
17. Vários autores, *História naval brasileira*, Rio de Janeiro, Serviço de Documentação Geral da Marinha, 1985, t. II, v. V, pp. 360 e 415.
18. J. B. Mascarenhas de Moraes, *A FEB pelo seu comandante*, 2. ed., São Paulo, Instituto Progresso, 1947, p. 271.

Um repórter múltiplo

LEÃO SERVA

Quando Ricardo Bonalume Neto nasceu, em setembro de 1960, a Segunda Guerra Mundial tinha acabado há pouco mais de 15 anos. É o tempo que separa a reeleição de Lula ou a Copa do Mundo da Alemanha, em 2006, e a segunda onda da pandemia de covid-19, em 2021, menos do que "uma geração".

Tão curto intervalo fazia com que muitos personagens continuassem assombrando o noticiário. Reportagens ainda especulavam se Hitler tinha realmente se matado em Berlim ou estava foragido em um país da América Latina, frequentemente saíam notícias de que tinha sido visto na Argentina. Meses antes de Bonalume nascer, o carrasco nazista Adolf Eichmann foi capturado em Buenos Aires, pelo serviço secreto israelense, levado para Israel onde foi julgado e executado dois anos depois.

Aqui no Brasil, oficiais que lutaram na Itália contra o totalitarismo nazifascista e, ao voltar, tinham impulsionado o fim da ditadura do Estado Novo de Getúlio Vargas, naquele início da década de 1960 tramavam a implantação de uma nova ditadura, o que fizeram em abril de 1964, sob o comando de um herói da luta na Itália, o então tenente-coronel Humberto Castelo Branco, primeiro presidente do ciclo ditatorial, com a patente de marechal.

Na infância e na juventude de Bonalume, a Segunda Guerra era tema de brincadeiras de crianças, curiosidades na imprensa, histórias à mesa de jantar. A proximidade, naturalmente, tornou sua geração muito interessada na história do conflito. E isso explica em parte a origem deste *A nossa Segunda Guerra*, de Ricardo Bonalume Neto.

* * *

O leitor há de perdoar o tom pessoal deste texto. Conheci Bonalume em 1972, quando ele entrou no primeiro ano do antigo "ginásio" (hoje 6º ano) do Colégio Santa Cruz, um paraíso de educação liberal da elite paulistana em tempos de ditadura militar. Sou um ano mais velho, era seu veterano, o que naquele instante fazia uma grande diferença.

Bona, como era conhecido, sempre pareceu uma figura singular, começando por sua pele alva como se jamais tomasse sol. Suas diversões sempre guardavam distância da maioria dos outros alunos, mais ligados em futebol e outros esportes praticados nas aulas de Educação Física ou horas de lazer.

Tínhamos como amigos comuns dois irmãos, Otavio e Silvio Horta, que frequentemente nos convidavam à sua casa, próxima da escola. Sua mãe era Nina Horta, uma figura luminosa, intelectual culta e mãe acolhedora, que animava os almoços com histórias de escritores, pensadores etc. E Bona, o mais novo entre nós, navegava bem naquele rico repertório de literatura. Anos depois, ela se tornaria a mais charmosa entre os colunistas de gastronomia da *Folha de S.Paulo*, onde Bonalume e eu também trabalhamos.

Antes dos almoços, líamos jornais impressos. Nossa adolescência se desenrolou no auge da ditadura militar, tínhamos colegas vítimas da repressão política, como Marcelo Rubens Paiva, cujo pai tinha sido morto sob tortura; professores eram presos, sumiam em fuga ou se escondiam por um tempo. Por tudo isso, éramos incentivados a não falar de política brasileira fora de casa: as pessoas tendiam a expressar algum sentimento em conversas sobre política internacional. Era o tempo da Guerra Fria, em que pipocavam conflitos controlados pelas grandes potências, divididas em dois blocos ("Ocidental" ou "capitalista", sob a liderança norte-americana; e "comunista", sob a liderança da Rússia soviética, em aliança instável com a China).

Desde a adolescência, os traços marcantes da personalidade de Bonalume já se revelavam: era informal, simpático, divertido, estudioso, provocador, culto, com fama de bom aluno, um nerd sem o estereótipo do nerd. Outro traço marcante era um ligeiro estrabismo, que olhava o interlocutor meio de lado e, unido a um levantar de sobrancelhas, lhe dava certo ar inquiridor, desconfiado, talvez esnobe. Quando consulto o Google Images para olhar seu rosto, em destaque vem uma foto que retrata exatamente essa expressão que ele tinha desde pequeno (com a qual escondia um bom humor constante).

Bonalume gostava de notícias do exterior, especialmente sobre guerras. Falar do Vietnã, por exemplo, era ao mesmo tempo uma metáfora da política brasileira e um teste de conhecimento sobre armamentos em disputa: bombas de Napalm, bombardeiros B-52, mísseis SAM-7, caças Phantom americanos que enfrentavam os MiG russos, fuzis Kalashnikov (AK-47) versus M-14... Nós praticávamos também uma diversão que hoje parece coisa do tempo dos dinossauros: o modelismo. Com centenas de peças, montávamos pequenas miniaturas de aviões da Segunda Guerra Mundial e posteriores, que depois usávamos para simular cenas de batalhas. É provável que nessas conversas e brincadeiras sobre o noticiário real excitássemos as mesmas áreas do cérebro que muitos jovens de hoje exercitam nos videogames.

De uma forma muito clara, aquilo nos preparava para a profissão que viríamos a ter a partir da década seguinte. Ele se interessava por ciência e histórias de cientistas o que me levou a crer, apostar mesmo, que ele seria um grande pesquisador.

* * *

Terminei o segundo grau e, ao ingressar na universidade, perdemos contato. Formado em Jornalismo, no começo dos anos 1980 fui trabalhar na *Folha de S.Paulo*, onde logo me tornei editor. A *Folha* então só contratava jornalistas por concursos públicos, as vagas eram anunciadas nos classificados do jornal e atraíam dezenas de currículos para avaliação. Num certo mês em que eu substituía o editor da Ilustrada em férias, Marcos Augusto Gonçalves, conduzi uma dessas seleções, minha primeira no jornal.

Era uma vaga para cobertura de um mês de férias. Me surpreendi com o nome de Bonalume entre os candidatos: a descrição de sua cultura geral era impressionante, mas faltava referência a estudos científicos. Que lástima, pensei, o Brasil perdeu um homem de ciência e ganhou mais um jornalista.

[Na mesma época, outro colega da escola, Marcelo Damato, estudou Física e tinha tudo para brilhar no mundo da física nuclear. Contra meus conselhos, quis ser jornalista esportivo, onde se destacou com louvor. Olhando para trás, penso que o jornalismo brasileiro exerceu um fascínio sobre nossa geração que talvez só tenha paradigma, no mundo atual, nas grandes multinacionais da tecnologia.]

Na entrevista com o candidato Ricardo Bonalume, critiquei sua opção pelo jornalismo. Disse que ele estava se candidatando a uma carreira de horizonte limitado, quando poderia ser um cientista famoso. Mas logo ele me fez ver que não o convenceria. Contou que já estava trabalhando em um jornal de bairro. Mirava-se no exemplo de dois ídolos: George Orwell e Paulo Francis, na época o colunista mais popular da imprensa, um polemista de cultura renascentista, que navegava com facilidade por diversos campos, do teatro à economia, da história à música e, principalmente, à literatura. Francis era uma espécie de "efeito Orloff" do Bona, ou pelo menos assim ele sonhava. Foi contratado.

Ele começou a trabalhar na Ilustrada naquele histórico início de 1985, em que Tancredo Neves foi eleito presidente da República por um colégio eleitoral, em Brasília, ao mesmo tempo que o festival Rock in Rio se realizava na antiga capital, gerando um período de otimismo e alegria generalizada na opinião pública. Um tempo cujo *zeitgeist* era expresso pelos versos de "Fullgás", de Marina Lima e Antônio Cícero: "Você me abre seus braços e a gente faz um país".

Em seguida à cobertura de férias na Ilustrada, surgiu uma vaga na editoria de Política, chefiada pelo jovem editor André Singer, e lá se foi Bonalume. Logo se decepcionou com o cotidiano da área. Dizia gostar de "Política com P maiúsculo" e odiar o rame-rame da "politiquinha".

Era um momento histórico também em nosso *front* jornalístico: o jornal vivia uma revolução editorial. Sob a liderança de Otavio Frias Filho, que tinha assumido a direção de Redação no ano anterior, o jornal adotava novos padrões editoriais e novas tecnologias jornalísticas. Em um processo

246

muito rápido, uma geração deixou a empresa e uma nova, com pouco mais de 20 anos, assumiu a condução do processo.

Para elevar o padrão editorial da *Folha*, Frias Filho ou OFF, como era chamado, consultava regularmente as coleções dos melhores jornais do mundo para verificar como haviam tratado grandes fatos da história. Em alguns casos isso foi muito importante para a cobertura da *Folha*. Um exemplo é a capa do jornal que noticiou a morte de Tancredo Neves, em 22 de abril de 1985: ela reproduz, como uma homenagem cifrada, a capa do *The New York Times* com a morte de Franklin Roosevelt. Se o leitor tiver paciência, descobrirá que o texto contém a mesma cadência e desenrola em sequência as mesmas informações até terminar com as últimas palavras atribuídas a Tancredo, como fizera o jornal nova-iorquino 40 anos e 10 dias antes (em 12 de abril de 1945).

Entre seus muitos interesses, Frias Filho era fascinado por jornalismo científico. Isso se manifestava de várias formas, mas a mais clara e marcante era a constante citação de que o melhor jornal do mundo, *The New York Times*, dedicou a manchete de sua edição de 17 de fevereiro de 1923 para a abertura da tumba do faraó Tutankamon, que o jornal classificou como "provavelmente, o dia mais extraordinário em toda a história das escavações do passado egípcio".

Os historiadores de jornalismo do futuro poderão discutir por muitos anos se foi coincidência, sincronicidade ou obra da providência o fato de que um jovem jornalista fascinado por jornalismo científico tenha assumido a direção de Redação do jornal, que logo viria a se tornar o maior do país, na mesma época em que um jovem de inteligência excepcional, dono de inigualável cultura geral, que poderia ter sido um promissor cientista, se incorporava à equipe do jornal.

O tempo se encarregou de resolver a questão: por iniciativa de Otavio, a *Folha* criou uma editoria de Ciência, com uma estrutura enxuta e funcionamento semelhante ao que norteara recentemente o mesmo *The New York Times*: uma editoria com pouco espaço fixo, mas que produziria textos de apoio para todas as outras editoriais onde a ciência estivesse presente.

Coube ao jornalista Luiz Caversan a implantação do projeto e ele logo chamou Bonalume para a equipe pioneira. Traumatizado com a política, Bona encontrou ali seu lugar no espaço jornalístico: rapidamente se tornou

247

o melhor repórter de ciência no país, ainda que produzisse frequentes reportagens sobre guerras e tecnologia de armamentos. Logo passou a publicar furos de reportagem e, além da *Folha*, passou a contribuir regularmente para algumas das melhores revistas científicas internacionais.

[Na carreira jornalística brasileira, frequentemente, a promoção para o repórter talentoso é um cargo de editor. Bonalume logo percebeu que esse não era seu destino: em um fim de semana qualquer em que substituiu o editor de folga, a equipe cometeu algumas bobagens trágicas no fechamento. Uma lista de classificados em vestibulares saiu com erros importantes. Ele ligou para o editor de folga, anunciou a dimensão do erro e decretou: "Eu não nasci para editor e nunca mais quero me expor a isso". E assim foi: nunca mais foi chamado a exercer tarefas de editor. Desde então, ganhou destaque profissional, sempre como repórter. Deixou a tarefa de editor de Ciência, e por que não, do jornalismo científico de sua geração, para pessoas mais habilidosas para a administração da burocracia do cotidiano, para quem o caos deve ser reduzido à ordem. São talentos complementares, do editor e do repórter, mas, parafraseando o grande repórter norte-americano David Halberstam, referindo-se aos fotógrafos, nós todos sempre soubemos que aqueles que estavam no front *eram os melhores.]*

* * *

Um dia, eu me tornei editor de Turismo, era a realização de um sonho de infância, a própria encarnação do jornalismo para mim, ao menos até então (eu ignorava uma máxima que ensina que o editor não viaja, fica na sede cuidando das reportagens de outros). No final de 1987, recebi o convite para o que eu considerei "a viagem de uma vida": embarcar em uma das caravelas da frota que replicava a viagem dos primeiros navios que foram da Inglaterra para a Austrália, comemorando os 200 anos do início da colonização britânica da ilha.

O roteiro da flotilha, que levaria muitas semanas, passava pelo litoral do Brasil, por Salvador, Bahia, e Rio de Janeiro. A oportunidade oferecida era a de embarcar no Rio de Janeiro e seguir com o grupo até a Cidade do Cabo (África do Sul) ou até a Austrália. O jornalista deveria trabalhar como tripulante no barco. Uma aventura e tanto, inesquecível.

Convidei Bonalume para a missão. Ele adorou. Combinamos que ele iria apenas até a Cidade do Cabo, cerca de duas semanas. Foi designado para um veleiro pequeno, com cinco ou seis tripulantes, que não tinha rádio para falar com o continente, durante a travessia do Atlântico.

Passados uns tantos dias, eu estava de plantão em um domingo e pela primeira vez seria responsável pelo fechamento da Primeira Página do jornal. Ao chegar à Redação havia uma mensagem do Bona: na travessia haviam enfrentado uma terrível tormenta. Um companheiro de barco se despegou e caiu no mar, desaparecendo. A viagem idílica tinha se tornado uma tragédia. O relato da aventura ganhou uma grande chamada na primeira página e ele se tornou o centro das atenções da Redação por várias semanas.

Bonalume tinha essa sorte, grandes histórias caíam em seu colo, mas elas o encontravam preparado para compreendê-las e narrar com propriedade e estilo.

* * *

Este livro que você tem em mãos é a realização desses diversos aspectos da personalidade *sui generis* de Ricardo Bonalume Neto: com pouco mais de 30 anos, Bona faz uma obra cheia de novas apurações sobre o conflito que acabara 50 anos antes, informações precisas sobre armas, destacamentos, identidade de militares, locais de batalhas, pessoas retratadas nas imagens que encontrou para ilustrar o livro etc. Ele ainda era um jovem autor, mas sua obra revela um escritor maduro, que dialoga com obras de referência enquanto desenrola a própria apuração.

É muito impressionante a carência de relatos populares sobre a participação brasileira naquele conflito (talvez superada apenas pelo silêncio absoluto sobre o Brasil na Primeira Guerra). É exemplar disso o fato de que Rubem Braga tenha alcançado destaque profissional como repórter cobrindo os pracinhas, mas seu livro *Crônicas da guerra na Itália* é dos menos badalados do maior cronista de nossa literatura. O mesmo vale para Joel Silveira, outro que entrou para o panteão de nossa imprensa escrita e depois se tornou um escritor popular, mas cujos relatos de guerra são obscurecidos por crônicas e reportagens posteriores.

Uma hipótese pode ser a difícil relação de grande parte da opinião pública brasileira com as Forças Armadas: o intervencionismo militar na política sempre dividiu opiniões e alguns dos heróis dos campos de batalha de 1944 em 20 anos se tornaram defensores da ditadura e depois seus líderes.

A nossa Segunda Guerra

Outra causa pode ser a falta de fotografias espetaculares: a correspondência de guerra nasceu sob a coincidência da cobertura da Guerra da Crimeia (1853-56) ao mesmo tempo pelo primeiro repórter de texto enviado ao conflito (William Howard Russell, do jornal *The Times*) e pelo primeiro fotógrafo (Roger Fenton). Desde então, todos os grandes conflitos que marcaram época tiveram coberturas com imagens. Já a cobertura da participação brasileira na Segunda Guerra Mundial não teve a expressão fotográfica correspondente ao destaque dos repórteres de texto que lá estiveram.

Essa é outra lacuna que Bonalume ajuda a preencher: o livro recupera imagens e identifica seus personagens, criando uma expressão visual para o que antes eram principalmente palavras. Mas o melhor de tudo são as histórias: ele conseguiu recuperar os detalhes, reconstruir o suspense e a emoção dos sucessos e fracassos dos pracinhas brasileiros nas batalhas travadas nos campos frios da Itália, muitas vezes sob neve. Isso só foi possível graças às dezenas de contatos que ele fez e, com sua simpatia, conquistou.

Lançado originalmente em 1995, o livro estava esgotado há anos. Sua merecida reedição enseja a oportunidade de relembrar e homenagear o autor, Ricardo Bonalume Neto, vítima de uma morte prematura aos 57 anos, por complicações de uma cirurgia. Ao longo da carreira, Bona recebeu o prêmio José Reis de Divulgação Científica (1990) e, pouco antes de falecer, a comenda da Ordem do Mérito Naval, que ele comemorou com grande alegria. Sendo um jornalista informal e divertido, ficava orgulhoso de se ver reconhecido pelos militares, sempre tão formais.

Bona era uma figura querida em todas as áreas da *Folha* e outras redações da imprensa. Sua curiosidade não tinha limites. Além de ciência e assuntos militares, era capaz de comentar com surpreendente profundidade, típica de sua genialidade multíplice, questões sobre agronegócio, música, economia, literatura antiga, religião e cultura pop. Em cursos sobre jornalismo de moda, a editora Lilian Pacce costuma citar como exemplos da importância frequentemente irreconhecida da moda as constantes manifestações de interesse daquele que ela reputa "o mais inteligente dos jornalistas da *Folha* naquela época". Com o perdão de todos os outros, Bonalume era mesmo.

Leão Serva é diretor de Jornalismo da TV Cultura. Foi editor-assistente de Educação e Ciência, depois secretário de Redação e correspondente de guerra da *Folha de S.Paulo*.

250

Bibliografia

A PARTICIPAÇÃO DA MARINHA na Segunda Guerra Mundial. *Atas da conferência*, Serviço de Documentação Geral da Marinha, 1974.

ALEXANDER OF TUNIS, Field-Marshal Earl. *The Alexander Memoirs, 1940-1945*. London: Cassell, 1962.

ALMEIDA, Adhemar Rivermar de. "2 de dezembro de 1944". *Revista do Exército Brasileiro*. Rio de Janeiro, v. 122, n. 2, abr./jun. 1985, pp. 42-8.

ANDRADE, Roberto Pereira de. *História da construção aeronáutica no Brasil*. São Paulo: Artgraph, 1991.

ARRUDA, Demócrito C. de et al. *Depoimento de oficiais da reserva sobre a FEB*. 2. ed. São Paulo: Ipê, 1949.

BLUMENSON, Martin; STOKESBURY, James L. *Masters of the Art of Command*. Boston: Houghton Mifflin, 1975 [republicado em Nova York, Da Capo Press, 1990].

BOOT, Chris. *Great Photographers of World War II*. London: Magna Books, 1993.

BRAGA, Rubem. *Crônicas da guerra na Itália*. Rio de Janeiro: Record, 1985.

BRAYNER, Floriano de Lima. *A verdade sobre a FEB*. Rio de Janeiro: Civilização Brasileira, 1968.

BURTON, Hal. *The Ski Troops*. New York: Simon and Schuster, 1971.

CARONE, Edgard. *O Estado Novo*: 1937-1945. São Paulo: Difel, s.d.

CASTELO BRANCO, Manoel Thomaz. *O Brasil na II Grande Guerra*. Rio de Janeiro: Biblioteca do Exército, 1960.

CASTRO, Hélio Portocarrero de. "A 7ª Cia. do 6º RI na defensiva de inverno, na Campanha da Itália – alguns fatos vividos". *Revista do Exército Brasileiro*. Rio de Janeiro, 122 (3), jul./set. 1985, pp. 29-44.

CLARK, Mark W. *Calculated Risk*. New York: Harper & Brothers, 1950.

CORNIA, Carlo. *Monterosa*: storia della Divisione Alpina Monterosa della R.S.I. Udine: Del Bianco, 1971.

COSTA, Octavio. *Trinta anos depois da volta*. Rio de Janeiro: Expressão e Cultura, 1975.

COWARD, B. R. *Battleships & Battlecruisers of the Royal Navy Since 1861*. London: Ian Altan, 1986.

CRITTENBERGER, Willis D. *Campanha ao noroeste da Itália, 14 de abril a 2 de maio de 1945*. Rio de Janeiro: Biblioteca do Exército, 1952.

DER VAT, Dan van. *The Atlantic Campaign:* World War II's Great Struggle at Sea. New York: Harper & Row, 1988.

DICKENS, Peter. *Warship Profile n° 20*. Windsor: Profile Publications, 1972.

DIXON, Norman F. *On the Psychology of Military Incompetence*. London: Jonathan Cape, 1976.

DUARTE, Paulo de Queiroz. *Dias de guerra no Atlântico Sul*. Rio de Janeiro: Biblioteca do Exército, 1968.

ESTATÍSTICAS HISTÓRICAS DO BRASIL: séries econômicas, demográficas e sociais de 1550 a 1988. 2. ed. rev. e atual. Rio de Janeiro: IBGE, 1990.

FIALKA, John J. *The Hotel Warriors*: Covering the Gulf. The Media Studies Project/Woodrow Wilson Center, 1992.

FONSECA, Luís Felipe Perdigão da. *Missão de guerra*: os expedicionários da FAB na guerra europeia. 3. ed. Rio de Janeiro: Civilização Brasileira, 1983.

FORTES, Heitor Borges. *Velhos regimentos*. Rio de Janeiro: Biblioteca do Exército, 1964.

FOSS, Christopher et al. *Illustrated Encyclopedia of the World's Tanks and Fighting Vehicles*. London: Salamander Books, 1977.

GAMA, Artur Oscar Saldanha da. *A Marinha do Brasil na Segunda Guerra Mundial*. Rio de Janeiro: Capemi, 1982.

GASTALDONI, Ivo. *A última guerra romântica:* memória de um piloto de patrulha. Rio de Janeiro: Instituto Histórico-Cultural da Aeronáutica, 1993.

GONÇALVES, José. Nosso revés em Somacolonia. In: ARRUDA, Demócrito C. et al. *Depoimento de oficiais da reserva sobre a FEB*. 2. ed. São Paulo: Ipê, 1949, pp. 183-99.

GRÖNER, Erich. *German Warships, 1815-1945*. Rev. e aum. por Dieter Jung e Martin Maass. London: Conway Maritime Press, 1991 (a edição alemã original é de 1983).

GUTTMAN, Jon. "Germany's Lightweight MG 34 and MG 42 Revolutionized the Machine Gun and Its Use on the Battlefield". *Revista World War II*, set. 1992.

HAYES, Robert A. *Nação armada*: a mística militar brasileira. Rio de Janeiro: Biblioteca do Exército, 1991.

HILTON, Stanley. *Oswaldo Aranha*: uma biografia. Rio de Janeiro: Objetiva, 1994.

HISTÓRIA DO EXÉRCITO BRASILEIRO. Rio de Janeiro/Brasília: Estado-Maior do Exército, 1972, 3 v.

HUMBLE, Richard. *A Marinha alemã*: a esquadra de alto-mar. Rio de Janeiro: Renes, 1974. (Coleção História ilustrada da 2ª Guerra Mundial).

INSTITUTO HISTÓRICO-CULTURAL DA AERONÁUTICA (Incaer). *História geral da Aeronáutica brasileira*. Rio de Janeiro/Belo Horizonte: Incaer/Villa Rica Editoras Reunidas, 1991, v. 3.

JACKSON, W. G. F. *The Battle for Italy*. New York: Harper & Row Publishers/Evanston, 1967.

KEEGAN, John. *The Face of Battle*. New York: Penguin Books, 1978.

_____. *The Second World War*. New York: Penguin Books, 1990.

KNIGHTLEY, Phillip. *A primeira vítima*. Rio de Janeiro: Nova Fronteira, 1978.

Bibliografia

LAMBERT, John; ROSS, Al. *Allied Coastal Forces of World War II*. London: Conway Maritime Press, 1990. v. 1: Fairmile Designs & U.S. Submarine Chasers.

LAVENÈRE-WANDERLEY, Nelson Freire. *História da Força Aérea Brasileira*. 2. ed. s.l.: Ministério da Aeronáutica, 1975, pp. 220-6.

LIMA JÚNIOR, Raul da Cruz. *Quebra-canela*: a engenharia brasileira na campanha da Itália. Rio de Janeiro: Biblioteca do Exército, 1981.

LIMA, Rui Moreira *Senta a pua!* 2. ed. ampl. Belo Horizonte/Rio de Janeiro: Itatiaia/Instituto Histórico-Cultural da Aeronáutica, 1989.

MALAN, Alfredo Souto. *Missão militar francesa de instrução junto ao Exército brasileiro*. Rio de Janeiro: Biblioteca do Exército, 1988.

MARSHALL, Samuel L. A. *Vietnam*: Three Battles. New York: Da Capo Press, s.d.

MASON, David. *Submarinos alemães:* a arma oculta. Rio de Janeiro: Renes, 1975. (Coleção História ilustrada da 2ª Guerra Mundial).

MAXIMIANO, Cesar Campiani. *Onde estão nossos heróis*: uma breve história dos brasileiros na Segunda Guerra. São Paulo: edição do autor, 1995.

MCCANN, Frank D. *The Brazilian-American Alliance, 1937-1945*. Princeton: Princeton University Press, 1973.

_____. A Força Expedicionária Brasileira na campanha italiana, 1944-1945. In: SILVEIRA, Joel; MITKE, Thassilo (orgs.). *A luta dos pracinhas*. 3. ed. rev. e aum. Rio de Janeiro: Record, 1993.

MIDDLEBROOK, Martin. *Convoy*: the Battle for Convoys SC.122 and HX.229. Allen Lane/Penguin Books, 1976/1978.

MILLER, David. *Submarines of the World*. New York: Orion Books, 1991.

MILLER, Lee G. *The Story of Ernie Pyle*. New York: Viking Press, 1950.

MINNICH, Mike. "Senta a pua!". *Aviation*, jan. 1993, p. 34.

MOCELLIN, Fernando Péreyron. *A Missão 60*: memórias de um piloto de guerra brasileiro. Rio de Janeiro: Biblioteca do Exército, 1971.

MONDEY, David. *Concise Guide to American Aircraft of World War II*. London: Temple Press, 1982.

MONTESE: fascismo, guerra, ricostruzione. Montese: Golinelli Editore, 1990.

MOORE, John (ed.). *Jane's American Fighting Ships of the 20ᵗʰ Century*. New York: Mallard Press, 1991.

MORAES, J. B. Mascarenhas de. *A FEB pelo seu comandante*. 2. ed. São Paulo: Instituto Progresso, 1947.

MOTTA, J. E. Magalhães. *Força Aérea Brasileira, 1941-1961*: como eu a vi... Rio de Janeiro: Incaer, 1992.

NOWELL, Charles E. *History of the Fourth Fleet*: First Draft Narrative. Seção Histórica da Esquadra do Atlântico, 1945.

O GLOBO EXPEDICIONÁRIO. Agência Globo, s.d.

OLIVEIRA, Iporan Nunes. "Conquista de Montese vista por um comandante de pelotão de ataque". *Revista do Exército Brasileiro*, 122 (2), abr./jun. 1985, pp. 23-32.

ORWELL, George. *The Collected Essays, Journalism and Letters of George Orwell*. Londres: Penguin Books, 1970. v. 3: As I Please 1943-1945.

OS MORTOS DA FEB. Boletim Especial do Exército, Rio de Janeiro, 2 dez. 1946.

PAIVA, Gilberto Affonso Ferreira. *Lembranças e relatos de um veterano do 1º Grupo de Caça*. 2. ed. Recife: Editora Fundação Antônio dos Santos Abranches, 1982.

PATTON JR., George S. *A guerra que eu vi*. Rio de Janeiro: Biblioteca do Exército, 1979.

PEEKE, Carroll E. "A cobra fumando". *Américas*, v. 21, n. 7, pp. 9-15, 1969.

PEREIRA NETTO, Francisco C. "Aviação militar brasileira: 1916-1984". *Revista Aeronáutica*, Rio de Janeiro, 1984.

PISKE, Ferdinando. *Anotações do "front" italiano*. Florianópolis: FCC Edições, 1984.

PITALUGA, Plínio. A FEB não foi ganhar a guerra sozinha. Nem podia. In: SILVEIRA, Joel; MITKE, Thassilo (orgs.). *A luta dos pracinhas*. 3. ed. rev. e aum. Rio de Janeiro: Record, 1993.

PRESTON, Antony. *An Illustrated History of the Navies of World War II*. London: Hamlyn, 1976.

REVISTA DO EXÉRCITO BRASILEIRO. Rio de Janeiro, 121 (2), abr./jun. 1984.

REVISTA DO EXÉRCITO BRASILEIRO. Rio de Janeiro, 122 (2), abr./jun. 1985.

REVISTA DO EXÉRCITO BRASILEIRO. Rio de Janeiro, 122 (3), jul./set. 1985.

ROCHA, João Evangelista Mendes da. *Senha e contra-senha*. Rio de Janeiro: edição do autor, s.d.

ROHWER, Jürgen. "Operações navais da Alemanha no litoral do Brasil durante a Segunda Guerra Mundial". *Revista Navigator*, Serviço de Documentação da Marinha, n° 18, jan./dez. 1982.

_____. *Axis Submarine Successes, 1939-1945*. Annapolis: Naval Institute Press, 1983.

ROSIGNOLI, Guido. *The Allied Forces in Italy*: 1943-45. s.l.: Ermanno Alberteili Editore, 1989.

SCHAEFFER, Heinz. *U-boat 977*. New York: W. W. Norton & Company, 1952.

SCHEINA, Robert. *Latin America*: a Naval History, 1810-1987. Annapolis: Naval Institute Press, 1987.

SCHNAIDERMAN, Boris. *Guerra em surdina*. 2. ed. São Paulo: Brasiliense, 1985.

SHOWELL, Jak. P. Mallmann. *U-Boats under the Swastika*. Annapolis: Naval Institute Press, 1987.

SILVA, Hélio. *1944*: o Brasil na Guerra. Rio de Janeiro: Civilização Brasileira, 1974.

SILVEIRA, Joaquim Xavier da. *Cruzes Brancas*: o diário de um pracinha. Rio de Janeiro: José Olympio, 1947.

_____. *A FEB por um soldado*. Rio de Janeiro: Nova Fronteira, 1989.

SILVEIRA, Joel; MITKE, Thassilo. *A luta dos pracinhas*. 3. ed. rev. e aum. Rio de Janeiro: Record, 1993.

SIQUEIRA, Deoclécio Lima de. *Fronteiras*: a patrulha aérea e o adeus do arco e flecha. Rio de Janeiro: Revista Aeronáutica Editora, s.d.

SOARES, Leonércio. *Verdades e vergonhas da Força Expedicionária Brasileira*. Curitiba: edição do autor, 1985.

TAYLOR, A. J. P. *The Second World War*: an Illustrated History. London: Penguin Books, 1976.

THE ARMY AIR FORCES IN WORLD WAR II. Office of Air Force History, Washington, 1983.

THE OFFICIAL WORLD WAR II GUIDE TO THE ARMY AIR FORCES. New York: Bonanza Books, 1988.

TORRES, Alberto Martins. *Overnight Tapachula*: histórias de aviador. Rio de Janeiro: Revista Aeronáutica Editora, 1985.

UZEDA, Olívio Gondim de. *Crônicas de guerra*. Rio de Janeiro: Biblioteca do Exército, 1952.

VÁRIOS AUTORES. *História naval brasileira*. Rio de Janeiro: Serviço de Documentação Geral da Marinha, 1985, t. II, v. V.

VIANA, João de Segadas. "Anotações para a história da FEB". *Revista Militar Brasileira*. Rio de Janeiro, Imprensa Militar, 1946.

VIEGAS, João Alexandre. *Vencendo o Azul*: história da indústria e tecnologia aeronáutica no Brasil. São Paulo: Livraria Duas Cidades/CNPq, 1989.

WAACK, William. *As duas faces da glória*: a FEB vista pelos seus aliados e inimigos. Rio de Janeiro: Nova Fronteira, 1985.

WALTERS, Vernon A. *Missões silenciosas*. Rio de Janeiro: Biblioteca do Exército, 1986.

WILLIAMS, Mary H. (org.). *U.S. Army in World War II, Chronology, 1941-1945*. Washington: Center of Military History, U.S. Army, U.S. Government Printing Office, 1989.

WINGATE, John. *Warships in Profile*. Windsor: Profile Publications, 1971.

GRÁFICA PAYM
Tel. [11] 4392-3344
paym@graficapaym.com.br